Rainer Werner

Was bleibt, stiften die Dichter

Dichter und ihre Werke
vom Barock bis zur Gegenwart

Verlag Auriga Berlin

Rainer Werner

Was bleibt, stiften die Dichter

Dichter und ihre Werke
vom Barock bis zur Gegenwart

Verlag Auriga Berlin

Bibliographische Information der Deutschen Nationalbibliothek:

Die Deutsche Nationalbibliothek verzeichnet diese Publikation in der Deutschen Nationalbibliographie; detaillierte bibliographische Daten sind im Internet über http://dnb.dnb.de abrufbar.

www.rainer-werner.com
http://guteschuleblog.wordpress.com
Grafische Gestaltung: Patricia Strunk - ColouredMonkey
Coverbilder: iStock
Herstellung und Verlag:
BoD – Books on Demand, Norderstedt

ISBN: 9783751954457

Inhalt

Literarische Strömungen im 20. Jahrhundert

Weitere Bücher des Autors

Vorwort

Deutsch ist das Unterrichtsfach, das den Schülern reichhaltige Bildungserlebnisse bescheren kann. Sie lernen meisterhafte Werke unserer großen Dichter kennen, die ihnen geistige Orientierung bieten. Viele Werke enthalten Bezüge zu Philosophie, Religion, Mythologie und Geschichte, die den geistigen Horizont der Schüler erweitern. An der sprachlichen Gestaltung der Werke können sie ihr Sprachgefühl schulen. Deutschlehrer unterschätzen gerne das Potential, das in der Biografie der Dichter verborgen liegt. Schüler möchten wissen, welcher Liebesbeziehung sich Goethes berühmtes Gedicht "Willkommen und Abschied" verdankt. Sie möchten erfahren, in welcher Lebenssituation und geistigen Verfassung Franz Kafka war, als er eine Erzählung schrieb, in der sich ein junger Mann eines Morgens in einen Käfer verwandelt sieht. Lange Zeit galt es in der Literaturdidaktik als anstößig, das Leben unserer Dichter und Schriftsteller zur Interpretation ihrer Werke heranzuziehen. Die Befassung mit dem "autonomen" Text selbst sollte nicht durch vorschnelle Rückschlüsse auf die Lebensumstände, denen die Werke ihre Entstehung verdanken, verwässert werden. Dabei genügt oft ein Blick in die Biografie eines Dichters, um die Nähe von Werk und Leben zu erkennen. Goethe spricht in seiner Autobiografie "Dichtung und Wahrheit" davon, dass seine Werke "Bruchstücke einer großen Konfession" gewesen seien. Von dem Literaturkritiker Marcel Reich-Ranicki kennen wir die Aussage, dass das Erstlingswerk eines Dichters meistens gelinge, weil es aus dem eigenen Leben geschöpft sei, das mehr zu bieten habe, als die freie Erfindungsgabe erschaffen könne.

Natürlich muss man bei der biografischen Deutung von Literatur die Vermittlungsschritte bedenken, die zwischen den Lebensumständen der Dichter und ihren Werken liegen. Literatur enthält neben gesellschaftlichen und biografischen Aspekten immer auch einen autonomen Kern, der im philosophischen Gehalt und der ästhetischen Struktur der Werke begründet liegt. Dennoch möchten Schüler gerne wissen, wie sich das Leben der Dichter abgespielt hat, deren Werken sie sich im Unterricht mit Hingabe widmen. Die

Deutschlehrkräfte sollten diesem Wunsch entgegenkommen und über das Leben unserer Dichter Auskunft geben.

Dieses Buch soll den Lehrkräften dabei helfen, den Schülern im Literaturunterricht die Vita der großen deutschen Dichter näher zu bringen. In jedem Dichter-Porträt werden die wichtigsten Lebensstationen benannt und die in der jeweiligen Phase entstandenen Werke in knapper Form interpretiert. Bei der Auswahl der vorgestellten Werke wird auf ihre Qualität besonderen Wert gelegt. Im Zentrum stehen vor allem die Werke, die auch heute noch Gegenstand des Literaturunterrichts sind.

Ich widme dieses Buch den Schülern des John-Lennon-Gymnasiums in Berlin-Mitte, die meinen Unterricht mit ihrer Neugier und ihrem Lerneifer bereichert haben.

Rainer Werner
Berlin, 2020

Anmerkung:

Die Jubiläums-Artikel zu den folgenden Dichtern erschienen unter meinem Namen im Erstdruck in der *Katholischen Bildung*, Verbandsorgan des Vereins katholischer deutscher Lehrerinnen e.V., Hedwig-Dransfeld-Platz 4, 45143 Essen:

Heinrich Heine (2/2016); Bertolt Brecht (5/2016); Andreas Gryphius (7+8/2016); Rainer Maria Rilke (10/2016); Hermann Hesse (7+8/2017); Theodor Storm (11+12/2017); Annette von Droste-Hülshoff (5+6/2018); Theodor Fontane (9+10/2018); Else Lasker-Schüler (1+2/2019); Franz Kafka (5+6/2019); Gottfried Keller (7+8/2019); Kurt Tucholsky (1+2/2020); Friedrich Hölderlin (3+4/2020).

Andreas Gryphius

Es ist alles eitel.

Andreas Gryphius kennen wir vor allem als Dichter der Vanitas. Das lateinische Wort bedeutet Vergeblichkeit, Nichtigkeit. Es geht auf eine Stelle im Alten Testament zurück, an der der Prediger Kohelet, der Sohn Davids, sagt: "Es ist alles ganz eitel [...]. Was hat der Mensch für Gewinn von all seiner Mühe, die er hat unter der Sonne?" Martin Luther verwendet in seiner Bibelübersetzung den Begriff "eitel" in seinem ursprünglichen Sinne von "nichtig". Die meisten Gedichte von Andreas Gryphius, selbst die wenigen Liebesgedichte, die er verfasst hat, handeln von dem Gefühl der Vergeblichkeit.

Geboren in gefährlicher Zeit

Andreas Gryphius wird am 2. Oktober 1616 - also zwei Jahre vor Ausbruch des Dreißigjährigen Krieges - in Glogau, einer Kleinstadt im damaligen Fürstentum Glogau, Niederschlesien, geboren. Heute ist die Stadt polnisch und heißt Glogów. Stadt und Herzogtum haben eine bewegte Geschichte. Mal gehören sie zur böhmischen Krone, mal werden sie vom polnischen König regiert. Vom großen Krieg wird die Stadt mehrfach in Mitleidenschaft gezogen. 1632 wird sie von den Protestanten eingenommen, ein Jahr später von den Katholiken zurückerobert. 1642 wird sie von schwedischen Truppen besetzt. Gryphius´ Vater ist lutherischer Pfarrer. Sein Name ist Paul Greif. Der Sohn hat den Familiennamen später zu Gryphius latinisiert, wie es im Zeitalter des Humanismus bei Intellektuellen üblich gewesen ist. Durch die spätantike Namensvariante will man sich vom "finsteren" Mittelalter abgrenzen und an die helle Antike anknüpfen. Andreas Gryphius hat schon als Kind schwere Verlusterfahrungen zu verkraften. Der Vater stirbt, als der Junge vier Jahre alt ist; beim Tod der Mutter ist er vierzehn. Einige Biografen vermuten, dass hier die eigentliche Quelle für das beim Dichter unerschöpfliche Thema der

Vergeblichkeit liegt. 1928 beginnt der kaiserliche Landeshauptmann mit der Zwangskatholisierung Glogaus. Die Protestanten werden aus der Stadt vertrieben. Darunter befindet sich auch Michael Eder, der Stiefvater des kleinen Andreas. Er ist ebenfalls protestantischer Pfarrer. Er flieht in das kleine Städtchen Driebritz, das im damaligen Polen liegt und als glaubenstolerant gilt. Erst als Andreas 15 Jahre alt ist, darf er seinem Stiefvater ins Exil folgen. Um Andreas von katholischen Schulen fernhalten zu können, unterrichtet ihn der Stiefvater selbst. 18-jährig nimmt der junge Mann das Studium am Akademischen Gymnasium in Danzig auf. Hier lernt er die unterschiedlichen theologischen Richtungen, die er bislang nur in ihrer praktischen Auswirkung erfahren hat, auch theoretisch kennen. Gleichzeitig macht er sich mit der wegweisenden Dichtungstheorie des Martin Opitz vertraut (1597-1639), die dieser in seiner Schrift "Buch von der Deutschen Poeterey" (1624) niedergelegt hat. Von hier ab wird er die damals gebräuchlichen Formen der Dichtung nicht nur perfekt beherrschen, sondern sie auch für seinen spezifischen poetischen Ton nutzbar machen.

Studium, Bildungsreisen, Rückkehr in die Heimat

Zum Studium begibt sich Andreas Gryphius in die niederländische Stadt Leiden, eine der führenden protestantischen Universitäten Europas. Er schreibt sich als Student der Philosophie ein und hört Vorlesungen u.a. auch von René Descartes. Als Privatdozent bietet Gryphius eigene Seminare in Mathematik, Astronomie, Poesie und Geschichte an. 1644 bricht Gryphius mit einer Gruppe junger pommerscher Adeliger zu einer vierjährigen Reise durch Frankreich und Italien auf. Solche Kavalierstouren sind seit der Renaissance üblich. Sie dienen dazu, den Angehörigen des Adels und des Bildungsbürgertums nach Vollendung des Studiums den letzten Schliff zu geben, bevor sie in den Beruf und ins Eheleben eintreten. Bevorzugte Ziele sind Frankreich, Italien, Spanien und das Heilige Land. Dass sich Gryphius einer Gruppe Adeliger anschließen darf, verdankt er einem prominenten Gönner, dem kaiserlichen Beamten

Georg Schönborn, dessen Söhne er als Hauslehrer ("Hofmeister") unterrichtet und zum Studium begleitet hat. Nach der Rückkehr nach Deutschland erhält Gryphius einige ehrenvolle Berufungen als akademischer Lehrer, darunter eine Professur für Mathematik, die er allesamt ablehnt. Stattdessen kehrt er in seine Heimat Schlesien zurück und lässt sich in seiner Geburtsstadt Glogau nieder. Dort wird er ein Jahr nach dem Friedensschluss von Münster und Osnabrück ("Westfälischer Frieden", 1648) juristischer Vertreter (Syndikus) der Glogauer Landstände. Der Friedensvertrag hat die Prinzipien des "Augsburger Religionsfriedens" (1555) bestätigt. Danach gilt weiterhin das Prinzip "cuius regio, eius religio": Der Herrscher bestimmt die Konfession seiner Untertanen. Religiöse Minderheiten erhalten das Recht, mitsamt ihrer Familie und ihrer Habe auszuwandern. In manchen Regionen Deutschlands gibt es nach dem Westfälischen Frieden allerdings auch konfessionell gemischte Landstände, denen freie Religionsausübung gewährt werden sollte. Trotz der vertraglichen Garantien gibt es jedoch in der Praxis ständig Reibereien. Die konfessionelle Koexistenz muss immer wieder aufs Neue ausgehandelt werden. Dieser Aufgabe widmet sich der Jurist Andreas Gryphius mit Leidenschaft und mit dem rhetorischen Geschick eines protestantischen Pfarrers. Er sieht diese Aufgabe als so wichtig an, dass er dafür auf die akademischen Ehren als Professor verzichtet.

Urerfahrung Krieg: „Die Kirch´ ist umgekehret"

Der Dreißigjährige Krieg fällt fast genau in die Lebenszeit von Andreas Gryphius. Nur in der Zeit seines Studiums im holländischen Leiden (1638-44) und während seiner Bildungsreise nach Frankreich und Italien (1644-47) weilt er außerhalb Deutschlands. So kann es nicht ausbleiben, dass er vom grausamen Geschehen dieses Krieges menschlich und auch als Dichter stark beeinflusst wird. Schon in seiner Kindheit - als 12-Jähriger - muss er miterleben, dass sein Stiefvater und seine Mutter aus der Heimatstadt vertrieben werden, weil sie dem evangelischen Glauben angehören. Viele seiner Werke handeln deshalb von der Grausamkeit des Krieges und von den seelischen Verwundungen, die er hervorruft. Am bekanntesten von allen Kriegsgedichten wurde das Sonett **"Tränen des Vaterlandes / Anno 1636"**.

Tränen des Vaterlandes / Anno 1636

Wir sind doch nunmehr ganz, ja mehr denn ganz verheeret!
Der frechen Völker Schar, die rasende Posaun
Das vom Blut fette Schwert, die donnernde Karthaun
Hat aller Schweiß, und Fleiß, und Vorrat aufgezehret.

Die Türme stehn in Glut, die Kirch' ist umgekehret.
Das Rathaus liegt im Graus, die Starken sind zerhaun,
Die Jungfern sind geschänd't, und wo wir hin nur schaun,
Ist Feuer, Pest, und Tod, der Herz und Geist durchfähret.

Hier durch die Schanz und Stadt, rinnt allzeit frisches Blut.
Dreimal sind schon sechs Jahr, als unser Ströme Flut,
Von Leichen fast verstopft, sich langsam fort gedrungen.

Doch schweig ich noch von dem, was ärger als der Tod,
Was grimmer denn die Pest, und Glut und Hungersnot,
Dass nun der Seelen Schatz so vielen abgezwungen.

In drastischen Bildern malt der Dichter die Verwüstung von Stadt und Land und die Ermordung der Menschen, die in den Malstrom der Vernichtung geraten. Die Stadt wird verwüstet und gebrandschatzt (*"Die Türme steht in Glut"*), Frauen vergewaltigt (*"Die Jungfern sind geschänd't"*). Die Pest wütet noch zusätzlich in den Städten und rafft die Menschen in Scharen dahin. Die Formulierung *"Die Kirch ist umgekehret"* kann man realistisch deuten - das Kirchengebäude wird zerstört - , aber auch im übertragenen Sinne: Die Menschen müssen ihren Glauben aufgeben, weil der Sieger in der Schlacht dem Volk einen anderen Glauben diktiert. Mit Gryphius´ Heimatstadt Glogau ist dies mehrfach geschehen. Die Antithese *"Doch schweig ich..."* im ersten

Terzett des Gedichts weist auf das hin, was der fromme Dichter immer als das Grausamste empfunden hat: Den Gläubigen wird ihr Glaube ("*der Seelen Schatz*") geraubt. Sie werden in eine fremde Konfession gezwungen.

Das Gedicht zeigt die formale Gestaltung, die wir von den meisten seiner Gedichte kennen. Es ist ein Sonett mit zwei Quartetten und zwei Terzetten. Das Metrum ist der Alexandriner, also ein sechshebiger jambischer Reimvers, der in der Mitte eine Zäsur aufweist. Im Original ist die Zäsur durch einen Schrägstrich (/) gekennzeichnet.

Ein anderes Gedicht zeigt, dass Gryphius vor der Wucht des pathetischen Ausdrucks nicht zurückschreckt. In dem Sonett **"An einen Unschuldigen Leidenden"** werden über drei Verse hinweg die Folterwerkzeuge aufgezählt, die im großen Krieg zum Instrumentarium des Schreckens gehörten:

"Ein Brandpfahl und ein Rad, Pech, Folter, Blei und Zangen, Strick, Messer, Hacken, Beil, ein Holzstoß und ein Schwert Und siedend Öl und Blei, ein Spieß, ein glühend Pferd [...]"

Für uns moderne Zeitgenossen ist die Schlussfolgerung des Gedichts nur schwer nachzuvollziehen. Gryphius lobt den Tod als christlicher Märtyrer.

"Der ist kein rechter Christ / dem vor dem Kreuze grauet".

Der Dichter der Vergeblichkeit: „Ein Irrlicht dieser Zeit"

Schon als 21-Jähriger hat Andreas Gryphius das poetische Thema seines Lebens gefunden und auch schon formvollendet gestaltet: das Vanitas-Motiv. Das Sonett **"Menschliches Elende"** erscheint 1637 in der Gedichtsammlung **"Lissaer Sonette"**. In diesem Jahr hält sich Gryphius auf dem Gut der Familie Schönborn auf, wo sein Bruder als Pfarrer amtiert. Der frisch gebackene Student Andreas nimmt bei der befreundeten Familie eine Stelle als Hauslehrer für die Kinder an. Die Tätigkeit lässt ihm genügend Zeit für eigene Dichtungen. Die so entstandene Sammlung von Sonetten lässt er im polnischen Lissa drucken, was den Namen des Zyklus erklärt.

Menschliches Elende

Was sind wir Menschen doch? ein Wohnhaus grimmer Schmerzen.
Ein Ball des falschen Glücks / ein Irrlicht dieser Zeit.
Ein Schauplatz herber Angst / besetzt mit scharfem Leid /
Ein bald verschmelzter Schnee und abgebrannte Kerzen.

Dies Leben fleucht davon wie ein Geschwätz und Scherzen.
Die vor uns abgelegt des schwachen Leibes Kleid
Und in das Toten-Buch der großen Sterblichkeit
Längst eingeschrieben sind / sind uns aus Sinn und Herzen.

Gleich wie ein eitel Traum leicht aus der Acht hinfällt /
Und wie ein Strom verscheust / den keine Macht aufhält:
So muss auch unser Nam / Lob Ehr und Ruhm verschwinden /

Was itzund Atem holt / muss mit der Luft entfliehn /
Was nach uns kommen wird / wird uns ins Grab nachziehn
Was sag ich? wir vergehn wie Rauch von starken Winden

Auf die Schlüsselfrage der menschlichen Existenz *"Was sind mir Menschen doch?"* gibt das lyrische Ich im ersten Quartett sechs Antworten, die alle auf dasselbe hinauslaufen: Der Mensch ist ein vergängliches Wesen. In den nächsten drei Strophen wird das Motiv der Vergänglichkeit variiert, indem das Leben des Menschen mit flüchtigen Erscheinungen der menschlichen Kommunikation (Geschwätz, Scherze) und der Natur (Fluss, Luft, Rauch, Wind) verglichen wird. Die Folgerung, die der Mensch aus der Erkenntnis der Vergänglichkeit ziehen sollte, bleibt ausgespart. In anderen Vanitas-Gedichten hat sie Gryphius in die Schluss-Pointe gesetzt: Nur der christliche Glaube kann der menschlichen Existenz Dauer verleihen.

Im letzten Jahr seines Studiums in Leiden, 1643, dichtet Gryphius die bekannte Ode, die die Vanitas-Vokabel dreifach im Titel führt. In 15 Strophen wird das Motiv variiert und auf den Höhepunkt der

Erkenntnis geführt, dass es angesichts der Vergänglichkeit des menschlichen Lebens darauf ankommt, am einzig Haltbaren, der Gotteszuversicht, festzuhalten.

Vanitas! Vanitatum Vanitas!

Die Herrlichkeit der Erden
Muss Rauch und Asche werden.
Kein Fels, kein Erz kann stehn.
Dies, was uns kann ergötzen,
Was wir für ewig schätzen,
Wird als ein leichter Traum vergehn.

[...]

Wohl dem, der auf ihn trauet!
Er hat recht fest gebauet.
Und ob er hier gleich fällt:
Wird er doch dort bestehen
Und nimmermehr vergehen
Weil ihn die Stärke selbst erhält.

Die Ode findet sich im Evangelischen Gesangbuch als Lied Nr. 527 unter dem Titel "Die Herrlichkeit der Erden". Es wird nach der Melodie "Innsbruck, ich muss dich lassen", komponiert von Heinrich Isaac (um 1450-1517), gesungen.

Das wohl bekannteste Gedicht von Andreas Gyphius stammt aus dem Kriegsjahr 1637. Der Dichter ist erst 21 Jahre alt, als ihm diese weisen Verse gelingen.

Es ist alles eitel

Du siehst, wohin du siehst, nur Eitelkeit auf Erden.
Was dieser heute baut, reißt jener morgen ein:
Wo jetzt noch Städte stehn, wird eine Wiese sein,

Auf der ein Schäferskind wird spielen mit den Herden.

Was jetzt noch prächtig blüht, soll bald zertreten werden.
Was jetzt so pocht und trotzt, ist morgen Asch' und Bein,
Nichts ist, das ewig sei, kein Erz, kein Marmorstein.
Jetzt lacht das Glück uns an, bald donnern die Beschwerden.

Der hohen Taten Ruhm muss wie ein Traum vergehn.
Soll denn das Spiel der Zeit, der leichte Mensch, bestehn?
Ach! Was ist alles dies, was wir für köstlich achten,

Als schlechte Nichtigkeit, als Schatten, Staub und Wind;
Als eine Wiesenblum', die man nicht wieder find't.
Noch will, was ewig ist, kein einzig Mensch betrachten!

Die ins Auge springende rhetorische Figur des Gedichts ist die Antithese. Sie zieht sich durch das ganze Gedicht hindurch. Dem vermeintlich prallen und unverwüstlichen Leben werden die Erscheinungen des Todes gegenübergestellt: Häuser - Zerstörung, Städte - Wiese, Blumen - zertretene Überreste, lebendiger Leib - Gebeine, Ruhm - Traumgespinst. Das *Spiel der Zeit* - eine beliebte Wendung des Dichters - macht alles zuschanden, worauf sich der Mensch etwas einbildet. Dieses Sonett mündet in die epigrammatische Schlusspointe, dass nur die Hinwendung zu Gott die Vergänglichkeit überdauern kann.

Gryphius als Liebesdichter: „Öffnet mir das Herz"

Als Dichter der Liebe wird Gryphius in der Fachliteratur gemeinhin nicht gewürdigt - zu Unrecht. Wie alle Barockdichter hat auch er sich mit der Thematik des "Carpe diem", zu der die Erotik gehört, auseinandergesetzt. Die Menschen im Barock sind innerlich zerrissen zwischen Weltbejahung und Sinnengenuss hier und Weltverneinung und Jenseitssehnsucht dort. Dem "Carpe diem" (Nutze den Tag) steht deshalb das "Memento mori" (Gedenke des Todes) unerbittlich gegenüber.

Für den erotischen Lebensgenuss im Barock steht beispielhaft das Gedicht von Martin Opitz (1597-1639) **„Ach liebste lass uns eilen"** (1624).

> Ach liebste lass uns eilen / Wir haben Zeit / Es schadet das Verweilen / Uns beiderseit.
>
> Der Edlen Schönheit Gaben / Fliehn Fuß für Fuß / Dass alles was wir haben / Verschwinden muss [...]"
>
> Drum lass uns jetzt genießen / Der Jugend Frucht / Eh´ als wir folgen müssen / Der Jahre Flucht. [...]

Aus dem Verfall des weiblichen Körpers und der Vergänglichkeit seiner Schönheit gibt es für das lyrische Ich nur eine Schlussfolgerung: das erotische Verlangen. Die Erotik muss intensiv ausgelebt werden, solange dies noch möglich ist.

Diese Einstellung wird man bei Gryphius vergeblich suchen. Sein Liebesbedürfnis ist von anderer Art. Es zielt auf eine geistige Veredelung des Körperlichen ab:

"Verdeckt die bloße Brust / und öffnet mir das Herz" [...] (**"An Eugenien"**)

In den Gedichten, die der Dichter einer anonymen - vermutlich nur ideellen - Geliebten namens Eugenie widmet, paraphrasiert er mehrfach diesen Gedanken:

"Doch schöner / wenn den Leib ein´ edle Seele ziert,
Die einzig sich nur lässt die Tugend unterweisen." [...] (**"An Eugenien"**)

Die geistige Übereinstimmung der Liebespartner hält Gryphius deshalb für entscheidend, weil das Körperliche der Vergänglichkeit, dem schleichenden Verfall preisgegeben ist. In einem der Eugenien-Gedichte verdeutlicht der Dichter die Vergänglichkeit alles Irdischen am Beispiel der Rose, die durch das *"Spiel der Zeit"* verwelkt: *"Eugenie, so gehts / so schwindet was wir schauen."* Der Vergänglichkeit des

Körpers stellt Gryphius den *"keuschen Geist"* der Geliebten und die *"Blume der Zucht"* gegenüber, die einzig den Verfall überdauern können. Die Liebe der Frau soll in erster Linie den "Geist" des Geliebten *"erwecken"*. Das gelingt nicht im schnellen Liebesgenuss mit wechselnden Partnerinnen, sondern nur in der Ehe (*"...durch ein Band / das ewig sei..."*, **"An Eugenien"**). An diese Devise hat sich Gryphius auch selbst gehalten. 1649 heiratet er die Fraustädter Kaufmannstochter Rosine Deutschländer, mit der er danach sieben Kinder hat.

Neben den Eugenie-Gedichten gibt es einige sarkastische Spottgedichte, die an wechselnde Frauen gerichtet sind (An Lucinden; An Jolinden; An Melanien). In ihnen wird die Verführungskraft der Frau abgewertet: *"Was ist der zarte Mund? / Ein Köcher voller Pfeile"* (**"An Lucinden"**) oder die Schmink- und Putzlust der koketten Frau kritisiert: *"Die Schmink ist´s / die euch so blutrote Lippen macht [...] Euer eingekauftes Haar kann auch ein Kind erkennen"* (**"An Jolinden"**).

Ganz und gar ungewöhnlich ist das Gedicht **"Über die Gebeine der ausgegrabenen Philosetten"**. Darin demonstriert das lyrische Ich am Beispiel der Knochen eines verstorbenen und wieder ausgegrabenen Mädchens das Prinzip des Verfalls: *"O hässlich´ Anblick! ach! wo sind die güldnen Haar!"* - Wenn ein Betrachter des Skeletts den Schädel in Augenschein nimmt, soll er sich vergegenwärtigen, dass nur die Seele die Verwesung des Körpers überdauern kann: *"Ist jemand / der sich nicht für diese Stirn entsetzt? / Der denke / wie sich werd´ alsdann sein Geist befinden."* Hier sieht man, dass bei Gryphius selbst bei den Liebesgedichten der religiöse Grundton, die christliche Erwartung der ewigen Seligkeit, immer mitschwingt.

Der Dichter der Glaubenszuversicht: „Die Nacht schwingt ihre Fahn"

1650 entsteht eines seiner schönsten Sonette: **"Abend"**. Mit der Rückkehr in seine Heimatstadt Glogau beginnt der letzte Lebensabschnitt des Dichters. Das Gedicht gestaltet die Einsicht, dass wir dem Lebensabend unweigerlich entgegengehen, in eindringlicher Bildersprache.

Abend

Der schnelle Tag ist hin, die Nacht schwingt ihre Fahn
Und führt die Sternen auf. Der Menschen müde Scharen
Verlassen Feld und Werk. Wo Tier und Vögel waren,
Trauert jetzt die Einsamkeit. Wie ist die Zeit vertan!

Der Port naht mehr und mehr sich zu der Glieder Kahn.
Gleich wie dies Licht verfiel, so wird in wenig Jahren
Ich, du und was man hat und was man sieht hinfahren.
Dies Leben kommt mir vor als eine Rennebahn.

Lass höchster Gott mich doch nicht auf dem Laufplatz gleiten
Lass mich nicht Ach, nicht Pracht, nicht Lust, nicht Angst verleiten.
Dein ewig-heller Glanz sei vor und neben mir.

Lass, wenn der müde Leib entschläft, die Seele wachen.
Und wenn der letzte Tag wird mit mir Abend machen,
So reiß mich aus dem Tal der Finsternis zu dir.

Die großen Abend- und Nachtgedichte der Romantik (Eichendorff, Novalis, Brentano) sind ohne das Vorbild dieses Gedichts nur schwer vorstellbar.

Andreas Gryphius stirbt am 16. Juli 1664 an einem Schlaganfall, den er in Ausübung seines juristischen Amtes während einer Sitzung der Glogauer Landstände erleidet. Er liegt in Glogau begraben. In einer *"Grabschrift / die er ihm selbst in tödtlicher Leibes Schwachheit auffgesetzet"*, hat Gryphius seinen Tod geistig vorbereitet. Auch darin dominiert das Motiv der Vergänglichkeit. Es wird didaktisch gewendet, indem die Betrachter der Grabinschrift gezwungen sind, die Botschaft der Vanitas in sich aufzunehmen.

"Ich bin nicht mehr denn du / ich bin was du gewesen /
Bald wirst du seyn was ich. Mein Wissen / Thun und Lesen /
Mein Nahme / meine Zeit / mein Leben / Ruhm und Stand
Verschwinden als ein Rauch [...]"

Was bleibt von Andreas Gryphius?

Gryphius hat nicht nur Gedichte verfasst, wie man glauben könnte, wenn man diese Lebensbeschreibung liest. Auf die Kommentierung seiner Trauer- und Lustspiele wurde hier verzichtet, weil sie sich weder auf der Bühne noch im Literaturunterricht unserer Schulen gehalten haben. Allenfalls eine der Komödien, **"Peter Squenz"**, ist ab und zu als typische Barock-Komödie auf der Bühne zu sehen. Wir kennen den Plot aus Shakespeares Theaterstück "Ein Sommernachtstraum", wo die Handwerker-Truppe um Peter Squenz die Tragödie „Pyramus und Thisbe" aus Ovids „Metamorphosen" aufführt und tollpatschig in eine Slapstick-Komödie verwandelt.

Unsterblich bleiben die Gedichte von Andreas Gryphius, vor allem die Sonette **"Es ist alles eitel"**, **"Abend"**, **"Tränen des Vaterlandes"** und **"Menschliches Elende"**. Sie gestalten die menschliche Grunderfahrung der Vergänglichkeit allen Lebens, der kein Mensch ausweichen kann. Auch wenn heute vielen Zeitgenossen die christliche Glaubenszuversicht nicht mehr zu Gebote steht, kann man sich der suggestiven Wirkung der Vanitas-Lyrik von Andreas Gryphius nicht entziehen.

Verwendete Literatur

Andreas Gryphius: Gedichte, Nachwort von Thomas Borgstedt, Reclam Verlag, Stuttgart 2012
Andreas Gryphius: Dichtungen, Texte deutscher Literatur 1500-1800, hgg. von Otto Conrady, München 1968

Anmerkung

Bei der Wiedergabe der vollständigen Gedichte wurde aus Gründen der leichteren Lesbarkeit auf moderne Textfassungen zurückgegriffen. Der germanistische Kenner und Liebhaber findet in den einschlägigen Anthologien die Originalfassungen.

Gotthold Ephraim Lessing

„Es genügt, ein Mensch zu heißen."

Das Leben

Gotthold Ephraim Lessing wird am 22. Januar 1729 im sächsischen Kamenz nahe Dresden geboren. Sein Vater Johann Gottfried Lessing ist der Pastor der Hauptkirche St. Marien, seine Mutter Justina Lessing, geb. Feller, ist die Tochter seines Amtsvorgängers. Der kleine Gotthold wächst in einem protestantischen Elternhaus auf, das von strengen Glaubensvorstellungen geprägt ist. Vom Vater erbt der Sohn die Liebe zur Welt der Bücher und einen starken Bildungstrieb. Der kleine Gotthold ist hochbegabt. Schon mit fünf Jahren liest er die Bibel und den evangelischen Katechismus. In der Lateinschule seines Geburtsorts Kamenz bei Dresden gilt er als geistiger Überflieger. Der Kurfürst von Sachsen bewilligt ihm ein Stipendium für die Fürstenschule St. Afra in Meißen. Sie gilt als Anstalt für die Ausbildung der geistigen Elite des Landes. Auf dem Stundenplan stehen Theologie, Latein, Griechisch, Geschichte, Mathematik und Logik. Auch in diesem Internat ist Lessing ein herausragender Schüler, der durch seinen Scharfsinn und sein enormes Gedächtnis hervorsticht. Die Lehrkräfte merken schnell, dass auch St. Afra nicht mehr genügt, um den Wissensdurst des Jungen zu stillen. Rektor Theophilus Grabner schreibt über seinen Meisterschüler: "Es ist ein Pferd, das doppeltes Futter haben muss. Die Lektiones, die andern zu schwer werden, sind ihm kinderleicht. Wir können ihn fast nicht mehr brauchen." - Mit siebzehn Jahren beginnt Lessing in Leipzig das Studium der Theologie und Philosophie. Er schreibt sein erstes Lustspiel, **"Der junge Gelehrte"**, den die Schauspielertruppe um Friederike Caroline Neuber (die "Neuberin") aufführt. In Leipzig beginnt der bisherige Büchermensch das Leben in all seinen Facetten zu entdecken: "*...die Bücher würden mich wohl gelehrt, aber nimmermehr zu einem Menschen machen.*" (Brief an die Mutter). Dem ersten Lustspiel folgen weitere. Auch Gedichte und Erzählungen entstehen, die in verschiedenen Zeitschriften gedruckt werden. Nach zwei Jahren verlässt Lessing fluchtartig die Stadt, um sich vor seinen Gläubigern zu retten. Er hat für die Schauspielertruppe gebürgt und muss nach ihrem Bankrott für die Schulden aufkommen. Er schreibt sich an der Universität zu Wittenberg ein, wo er mit dem Medizinstudium beginnt. Vermutlich hat er es jetzt auf einen soliden Brotberuf abgesehen. 1752 schließt er das Medizinstudium mit dem Magisterexamen ab. Von 1751 bis 1755 lebt Lessing - nur von der Examenszeit in Wittenberg im Jahre 1752 unterbrochen - in Berlin. Dort schließt er Freundschaft mit dem Philosophen Moses Mendelssohn, dem Verleger Christoph Friedrich Nicolai und dem Schriftsteller Ewald von Kleist. Als Mitglied im "Montagsclub" kommt er mit weiteren Berliner Geistesgrößen in Berührung. Zwischen seinem 27. und 41. Lebensjahr führt Lessing ein unstetes Wanderleben - immer auf der Suche nach einer einträglichen beruflichen Position. Die Stationen führen ihn über Leipzig und Breslau nach Hamburg, wo er 1767 die Stelle des Dramaturgen am Hamburger Nationaltheater übernimmt. Das Projekt scheitert 1770 an der mangelnden Zuschauerresonanz. Lessing verlässt Hamburg mit einem Berg von Schulden und wird zum Leiter der berühmten Bibliothek von Herzog August II. von Braunschweig-Wolfenbüttel ("Bibliotheca Augusta") bestellt. 1776 verleiht ihm der Herzog den Titel eines Hofrats. Im gleichen Jahr heiratet er die Kaufmannswitwe Eva König, die er von seiner Hamburger Zeit her kennt. Beiden ist nur ein kurzes gemeinsames Glück beschieden. Eva Lessing stirbt am 10. Januar 1778 nach der Geburt ihres Kindes am Kindbettfieber. Im Todeszimmer seiner Ehefrau schreibt Lessing sein letztes Theaterstück **"Nathan der Weise"**. Am 15. Februar 1781 stirbt Gotthold Ephraim Lessing in Braunschweig an einem Schlaganfall. Auf dem Dom-St. Magnifriedhof wird er bestattet.

Gedichte, Epigramme und Fabeln

Gedichte schreibt Lessing nur in seiner Jugendzeit. Es sind überwiegend Liebes- und Trinklieder im anakreontischen Stil der Zeit:

Eine Gesundheit

> Trinket, Brüder, lasst uns trinken,
> Bis wir berauscht zu Boden sinken;
> Doch bittet Gott den Herren,
> Dass Könige nicht trinken.
>
> Denn da sie unberauscht
> Die halbe Welt zerstören,
> Was würden sie nicht tun,
> Wenn sie betrunken wären?

Die zweite Spielart der Lyrik, die Lessing nutzt, sind Epigramme, also kurze zugespitzte Sinngedichte. Sie dienen der Belehrung des Lesers, aber auch der streitbaren Auseinandersetzung mit weltanschaulichen Gegnern.

> Wer wird nicht einen *Klopstock* loben?
> Doch wird ihn jeder lesen? - Nein.
> Wir wollen weniger erhoben
> Und fleißiger gelesen sein.

Lessing dichtet zahlreiche Fabeln. Dabei bedient er sich der Reim- und Prosaform. Mit dieser Gattung lässt sich eine belehrende Intention besonders gut verfolgen. Am Ende der Fabel steht in der Regel eine Pointe, die eine allgemeine Moral verkündet.

Der Tanzbär

Ein Tanzbär war der Kett` entrissen,
Kam wieder in den Wald zurück,
Und tanzte seiner Schar ein Meisterstück
Auf den gewohnten Hinterfüßen.

"Seht", schrie er, "das ist Kunst; das lernt man in der Welt.
Tut es mir nach, wenn´s euch gefällt,
Und wenn ihr könnt!" - "Geh", brummt ein alter Bär,
"Dergleichen Kunst, sie sei so schwer,
Sie sei so rar sie sei,
Zeigt deinen niedern Geist und deine Sklaverei."

Ein großer Hofmann sein,
Ein Mann, dem Schmeichelei und List
Statt Witz und Tugend ist;
Der durch Kabalen steigt, des Fürsten Gunst erstiehlt,
Mit Wort und Schwur als Komplimenten spielt,
Ein solcher Mann, ein großer Hofmann sein,
Schließt das Lob oder Tadel ein?

Ein in Gefangenschaft gehaltener Bär hat sich von seinen Ketten befreit und kehrt zu seinen Artgenossen zurück. Als er ihnen die Tanzkunststücke vorführt, die ihm in Gefangenschaft antrainiert wurden, weist ihn ein alter Bär zurecht. Für ihn ist die vermeintliche Kunst Ausdruck einer Sklavenmentalität. In der zweiten Strophe wird diese Aussage auf die menschliche Sphäre übertragen. Die Eigenschaften, die sich ein Höfling *("Hofmann")* aneignet, um dem adeligen Herrn zu gefallen, seien keine Tugenden, sondern verwerfliche *"Schmeichelei*[en]". Im Gewande der Tierfabel kritisiert Lessing die kriecherischen Bemühungen mancher Bürger, ihrem adeligen Dienstherrn gefällig zu sein. Er plädiert für bürgerliches Selbstbewusstsein und Abgrenzung vom Adel.

In den beiden Prosafabeln **"Der Löwe mit dem Esel"** und **"Der Esel mit dem Löwen"** setzt sich diese Kritik fort. Ein Löwe macht sich *"die fürchterliche Stimme"* des Esels zunutze, um im Wald Tiere zu jagen. Eine *"naseweise Krähe"* kritisiert den König der Löwen, weil er sich mit einem schnöden Esel abgibt. Der Löwe verweist in seiner Antwort auf den Nutzeffekt, den der Esel ihm bietet. Die Pointe zeigt, dass die *"Großen"...*"einen Niedrigen* [nur] *ihrer Gesellschaft würdigen"*, wenn sie einen Nutzen aus ihm ziehen können. In der zweiten Fabel wird der Esel, der in Gesellschaft des Löwen in den Wald geht, von einem Artgenossen begrüßt: *"Guten Tag, mein Bruder!"* - Dessen schroffe Antwort (*"Unverschämter"*) verdeutlicht, dass sich die Niedrigen sogar noch etwas darauf einbilden, wenn sie von den Hochgestellten ausgenutzt werden. Beide Fabeln sollen das Selbstbewusstsein des Bürgertums stärken.

"Minna von Barnhelm oder das Soldatenglück": "Ich bin eine große Liebhaberin von Vernunft"

Am 30. September 1767 wird das Lustspiel **"Minna von Barnhelm oder das Soldatenglück"** am Hamburger Nationaltheater unter großer Begeisterung des Publikums uraufgeführt. Es nimmt Bezug auf den Siebenjährigen Krieg (1756 - 1763), in dessen Verlauf das Preußen Friedrichs II. sich die österreichische Provinz Schlesien einverleibt. Der preußische Major Tellheim hat den Dienst quittiert, weil er von der Militärverwaltung verdächtigt worden war, sächsische Kontributionen in die eigene Tasche gesteckt zu haben. Zu seiner wohlhabenden Verlobten Minna von Barnhelm hat er die Beziehung abgebrochen, weil er sich als ehrloser Mann ihrer nicht mehr würdig empfindet. Durch Zufall treffen sie in einem Berliner Gasthof wieder aufeinander. Tellheim hat beim geldgierigen Wirt seinen Verlobungsring versetzt, um mit dem Erlös seine Schulden zu bezahlen. Minna kauft den Ring zurück und steckt ihn an den Finger. Bei einer Aussprache stellt sie die schlichte Frage: *"Lieben Sie mich noch, Tellheim?"* - Larmoyant antwortet er, dass er als *"der verabschiedete, der an seiner Ehre gekränkte, der Krüppel, der Bettler"* keinen Anspruch mehr auf ihre Liebe erheben könne. Jetzt weiß Minna, dass sie den verletzten Stolz Tellheims nur mit Hilfe einer List kurieren kann. Sie fingiert den Verlust ihres Vermögens, um sich Tellheim als mittellose Frau zu präsentieren. Prompt erwacht bei ihm der Instinkt des männlichen Beschützers: "...*ihr Unglück hebt mich empor, ich sehe wieder frei um mich und fühle mich willig und stark, alles für sie zu unternehmen.*" - Nachdem Minna noch das Geheimnis des Verlobungsringes an ihrem Finger gelüftet hat, löst sich alles in Wohlgefallen auf.

Lessing gelingt mit seiner **"Minna von Barnhelm"** ein Musterbeispiel für die von ihm geforderte Komödienform, die sich von den seichten Lustspielen französischer Provenienz abhebt: "*Das Possenspiel will nur zum Lachen bewegen; das weinerliche Lustspiel will nur rühren; die wahre Komödie will beides.*" - Die Komödie ist zugleich ein Beispiel für den Triumph aufgeklärten Denkens, weil die weibliche Protagonistin, die von sich sagt, sie sei eine "*große Verehrerin von Vernunft*", mit eben dieser Gabe den Knoten der Verwirrung löst. Gegenüber Schriftstellerkollegen, die den preußischen Kriegserfolg mit hymnischem Patriotismus feiern, reagiert Lessing mit Zurückhaltung: "*Ich habe überhaupt von der Liebe des Vaterlandes [...] keinen Begriff, und sie scheinet mir aufs höchste eine heroische Schwachheit, die ich gern entbehre.*" (Brief vom 14. 02. 1759) - Minna ist das Theaterstück Lessings, das sich als besonders bühnenwirksam erwiesen hat. Es wird bis heute gerne auf unseren Bühnen gespielt.

"Emilia Galotti": "Eine Rose gebrochen, bevor der Sturm sie entblättert."

Das Trauerspiel in fünf Akten erscheint 1772 und wird im selben Jahr in Braunschweig uraufgeführt. Thema ist - wie in bürgerlichen Trauerspielen des 18. Jahrhunderts üblich - die Tugend eines Bürgermädchens, das durch die Nachstellungen eines lüsternen Adeligen bedroht ist. Emilia Galotti steht vor der Heirat mit dem Grafen Appiani. Beide wollen ihr junges Glück in gesellschaftlicher Abgeschiedenheit auf dem Lande leben. Durch die Ehe mit einer Bürgerlichen wäre dem Grafen ohnehin ein Leben am Hofe verschlossen. Prinz Hettore Gonzala hat ein Auge auf das schöne Bürgermädchen geworfen und ihr sogar in der Kirche während der Messe erotische Komplimente gemacht (*"Er sprach von Schönheit, von Liebe."*). Der zynische Kammerdiener des Prinzen, Marinelli, entwickelt einen abgefeimten Plan, um die Hochzeit zu vereiteln und das junge Mädchen dem Prinzen zuzuführen. Er lässt die Kutsche auf der Fahrt zur Trauung zum Schein überfallen, um Emilia zu "retten". In Wirklichkeit lässt er Emilia auf das Lustschloss des Prinzen entführen. Im Handgemenge der fingierten Entführung wird der Bräutigam getötet. Auf dem Lustschloss des Prinzen gibt sich dieser als Retter Emilias aus. Diese durchschaut die List und verlangt, ihre Eltern zu sehen. Emilias Vater, Odoardo Galotti, wird, als er auf dem Schloss eintrifft, von der Mätresse des Prinzen, Orsina, aufgeklärt, welches Schicksal Emilia zu erwarten hat, wenn sie in die Hände des Prinzen gerät: *"Doch was kann Ihre Tochter dafür? - Bald wird auch sie verlassen sein. - Und dann wieder eine! - Und wieder eine!"* - Sie steckt dem Vater einen Dolch zu, mit dem er den Prinzen ermorden soll. Sein bürgerliches Ehrgefühl hindert Odoardo daran, die Tochter durch einen Mord zu befreien. Als er seiner Tochter gegenübersteht, fleht sie ihn an, ihr den Dolch zu geben, damit sie sich töten kann: *"Ich allein in seinen Händen? - Nimmermehr, mein Vater."* - Der Vater erinnert sie an die Kostbarkeit ihres Lebens. Sie antwortet ihm mit dem Hinweis, dass sie der Verführung des Prinzen vielleicht nicht widerstehen und deshalb ihre Unschuld verlieren könnte: *"Verführung ist die wahre Gewalt. - Ich habe Blut, mein Vater; [...] auch meine Sinne sind Sinne. Ich stehe für nichts."* - Der Vater sträubt sich gegen das Verlangen seiner Tochter. Erst als diese auf einen Vater verweist, der ehedem seine Tochter selbst getötet hat, um sie *"von der Schande zu retten"*, erdolcht er sie. Ihre letzten Worte klagen den Despoten an, der den Vater zu dieser schrecklichen Tat gezwungen hat: *"Eine Rose gebrochen, ehe der Sturm sie entblättert."*

Das Drama zeigt die Kunst Lessings, plastische und zugleich differenzierte Charaktere auf die Bühne zu stellen. Odoardo verkörpert den typischen Patriarchen, der misstrauisch über seine Tochter wacht. Seine Frau Claudia ist die etwas naive Gattin, die sich geschmeichelt fühlt, wenn die Tochter von den Nachstellungen durch den mächtigsten Mann im Staat berichtet. Emilia wird nicht eindimensional als frommes Mädchen geschildert, die mit allen Mitteln ihre Unschuld verteidigt. Sie wird auch als ein junge Frau gezeigt, die für die erotischen Schmeicheleien des Prinzen empfänglich ist, wenngleich Sitte und Moral es verbieten, sich darauf einzulassen. Vielleicht fühlt sie sich auch deshalb durch die Komplimente geschmeichelt, weil ihr zukünftiger Ehemann ein eher langweiliger Liebhaber zu sein scheint. Sein Urteil über die Vorzüge Emilias lassen Erotik und Leidenschaft vermissen: *"Ich werde eine fromme Frau an Ihnen haben."* - Lessings Charaktere spiegeln die Vielfalt menschlicher Emotionen wider. Dadurch werden ihre Motive psychologisch begründbar und für den Zuschauer nachvollziehbar.

Die zeitgenössische Kritik des Dramas bezieht sich vor allem auf den Schluss. Der Prinz weist gegenüber dem Vater alle Schuld von sich und schickt seinen Kammerdiener Marinelli als Schuldigen in die Wüste: *"Geh, dich auf ewig zu verbergen."* - Der Vater begibt sich als Mörder seiner Tochter in Gefangenschaft des Prinzen, der im Kleinstaat auch die Hohe Gerichtsbarkeit innehat. Gleichzeitig verweist er auf das Jüngste Gericht, in dem Gott den Prinzen richten wird: *"Und dann dort - erwarte ich Sie vor dem Richter unser aller!"* - In der historischen Vorlage des antiken Historikers Livius, die Lessing für sein Drama benutzt hat, erdolcht ein Vater seine Tochter Virginia, um sie vor der Vergewaltigung durch den Diktator Appius Claudius zu bewahren. Diese Tat wird zum Anlass für einen Volksaufstand der Römer, durch den der Frevler von der Macht vertrieben wird. Auf diese politische Dimension verzichtet Lessing bewusst, wenn er schreibt: *"Er [Lessing] hat geglaubt, dass das Schicksal einer Tochter, die von ihrem Vater umgebracht wird, dem ihre Tugend werter ist als ihr Leben, für sich schon tragisch genug und fähig genug sei, die Seele zu erschüttern, wenn auch gleich kein Umsturz der ganzen Staatsverfassung darauf folgte."* - Kritiker äußern den Verdacht, Lessing habe auf den Volksaufstand verzichtet, um die Zensur zu besänftigen, damit das Drama auf den deutschen Bühnen überhaupt aufgeführt werden kann. Die Zuschauer haben die politische Brisanz des Stückes gleichwohl erkannt, weil

Handlung (Attentat auf eine Hochzeitskutsche, Entführung der Braut, Tötung des Bräutigams) und Charaktere (lüsterner Prinz, abgefeimter Kammerdiener) eine deutliche Sprache sprechen. Eine Szene hat einen besonders adelskritischen Inhalt: Der Sekretär Rota legt dem Prinzen ein Todesurteil zur Unterzeichnung vor. Der durch seine Leidenschaft abgelenkte Prinz sagt zu ihm: *"Nur her! Geschwind. [...] Es könnte schon geschehen sein. Ich bin eilig."* Die Szene zeigt, wie wenig bei einem absolutistischen Herrscher ein Menschenleben zählt.

Lessing akzentuiert die Dramentheorie des Aristoteles, der zufolge das Drama "Furcht und Mitleid" erregen sollte, indem er das Gewicht auf das Mitleid legt, das als starke Emotion die Gefühle der Zuschauer in Bewegung setzen kann: *"Der mitleidige Mensch ist der beste Mensch, zu allen gesellschaftlichen Tugenden, zu allen Arten der Großmut der aufgelegteste."* - Dem Pfarrerssohn Lessing wird auch bewusst gewesen sein, dass Mitleid eine christliche Haltung darstellt.

Lessings Trauerspiel **"Emilia Galotti"** schreibt schon zwei Jahre nach seiner Uraufführung Literaturgeschichte. In Goethes Erfolgsroman "Die Leiden des jungen Werther" (1774) wird geschildert, dass der Protagonist, als er sich erschießt, ein Exemplar des Trauerspiels "Emilia Galotti" auf dem Pult liegen hat. Lessing ist über diesen Romanschluss nicht erfreut, weil er das reale Vorbild für den Selbstmörder Werther, Johann Friedrich Jerusalem, als Erzieher der herzoglichen Familie in Braunschweig gut gekannt hat und seinen Charakter durch Goethe verfälscht sieht.

"Nathan der Weise": "...wieviel andächtig schwärmen leichter als gut handeln ist."

Lessings letztes Drama **"Nathan der Weise"**, das er ein *"dramatisches Gedicht"* nennt, erscheint 1781. Zwei Jahre später wird es in Berlin uraufgeführt. Ort der Handlung ist Jerusalem nach dem dritten Kreuzzug. Diese vielfach umkämpfte Stadt stellt für die drei großen Weltreligionen Christentum, Judentum und Islam ein heiliger Ort dar. Der reiche Jude Nathan kommt von einer Geschäftsreise zurück und erfährt, dass seine Tochter Recha von einem Tempelherrn, der einem christlichen Ritterorden angehört, vor dem Feuertod gerettet worden ist. Der Tempelherr ist vom Sultan Saladin kurz vor seiner Hinrichtung begnadigt worden, weil er seinem verstorbenen Bruder Assad ähnlich sieht. Der Sultan bittet den reichen Juden Nathan zu sich, weil er sich in Geldnöten befindet. Im Gespräch mit dem Sultan erzählt Nathan die berühmte **"Ringparabel"**, die des Sultans Frage nach der wahren Religion beantworten soll. Ein orientalischer König hat drei Söhne, die er gleichermaßen liebt. Er steht vor der schwierigen Entscheidung, einen Ring - ein altes Erbstück des Königshauses - an denjenigen weiterzugeben, den er am meisten liebt. Der Ring hat die Eigenschaft, seinen Träger *"vor Gott und Menschen angenehm zu machen."* Der König lässt zwei weitere Ringe anfertigen, die dem echten Ring aufs Haar gleichen, und übergibt vor seinem Tod die drei Ringe an seine Söhne. Als sie sich um den echten Ring streiten, schlichtet ein kluger Richter den Streit mit folgenden Worten:

"Es eifre jeder seiner unbestochnen
Von Vorurteilen freien Liebe nach!
Es strebe von euch jeder um die Wette,
Die Kraft des Steins in seinem Ring' an Tag
Zu legen! komme dieser Kraft mit Sanftmut,
Mit herzlicher Verträglichkeit, mit Wohltun,
Mit innigster Ergebenheit in Gott
Zu Hilf'!"

Als Gleichnis für die drei Weltreligionen gedacht, enthält es die Botschaft, dass sich der Wahrheitsgehalt einer Religion nicht in ihren Bekundungen, sondern in ihrer praktischen Humanität erweist. Der Sultan ist von dieser Erkenntnis begeistert und trägt dem Juden seine Freundschaft an. Das Drama nimmt seinen Fortgang. Der Tempelherr verliebt sich in Recha. In der Folge wird aufgedeckt, dass Recha nicht die leibliche Tochter von Nathan, sondern von ihm als kleines, christlich getauftes Waisenkind adoptiert worden ist. Der Tempelherr ist also Rechas Bruder. Nathan hat das kleine Mädchen als sein Kind angenommen, nachdem seine Frau und sieben Söhne bei einem christlichen Pogrom umgekommen sind: *"Ich nahm / Das Kind [...] küsst´ es, warf / Mich auf die Knie´ und schluchzte: Gott! auf Sieben / Doch nun schon Eines wieder!"* - Die beiden Geschwister stehen zu Nathan, in dem sie einen Vater im Sinne einer Geistes- und Seelenverwandtschaft sehen. Recha ruft unter Tränen: *"Keiner, keiner sonst!"* . Die Harmonie, mit dem das Drama schließt, ist ein Symbol für die Art und Weise, wie Menschen verschiedenen Glaubens zusammenleben könnten.

Das Drama verdankt seine Entstehung einer Kontroverse, die Lessing als Bibliothekar in Wolfenbüttel mit dem Hamburger Pastor Melchior Goeze ausgetragen hat. Es ist der Pastor, der sich dafür ausgesprochen hat, Goethes "Werther" zu verbieten. Im Streit mit Goeze geht es Lessing um die Kritik an der christlichen Offenbarungsreligion. In mehreren Streitschriften (**"Anti-Goeze"**, 1778) setzt Lessing der Theologie der Offenbarung den Deismus gegenüber, eine natürliche und vernünftige Religion, der zufolge Gott die Welt zwar erschaffen, ihren Gang jedoch den Naturgesetzen anvertraut hat, die wie ein ablaufendes Uhrwerk wirken. Der Deismus postuliert, dass der Mensch in seinem Wirken frei und nicht Gottes unmittelbarem Willen unterworfen sei. Als Lessings Dienstherr Herzog Karl I. von Braunschweig-Wolfenbüttel ihm weitere Veröffentlichungen im Goeze-Streit untersagt, weicht er auf das Gebiet des Theaters aus: *"Ich muss versuchen, ob man mich auf meiner alten Kanzel, auf dem Theater, wenigstens noch ungestört wird predigen lassen."* In dem hartherzigen und dogmatischen christlichen Patriarchen von Jerusalem hat Lessing ein Portrait seines Feindes Goeze gezeichnet. Als ihn der Tempelherr fragt, wie mit einem Juden zu verfahren sei, der ein getauftes Christenkind als Tochter annimmt und als Jüdin erzieht, antwortete er fanatisch: *"...der Jude wird verbrannt."*

Nach Lessings Tod 1781 wird sein "Nathan" Gegenstand erbitterter Auseinandersetzungen. Christen sehen in ihm einen Anschlag auf das Christentum, Juden müssen antisemitische Angriffe über sich ergehen lassen. Erst im 19. Jahrhundert wird der "Nathan" als Beispiel vorbildlicher religiöser Toleranz zur gymnasialen Schullektüre. Im "Dritten Reich" wird das Drama wegen seiner judenfreundlichen Tendenz totgeschwiegen. Nach 1945 wird es wieder in den Kanon der

Schullektüre aufgenommen. Bis heute wird es auf unseren Bühnen gespielt.

Lessing als Erneuerer des deutschen Theaters

Im Jahre 1767 wird das "Hamburgische Nationaltheater" gegründet, als dessen Dramaturg Lessing berufen wird. Aus diesem Anlass veröffentlicht er eine Sammlung theaterkritischer Beiträge, die später als **"Hamburgische Dramaturgie"** berühmt werden sollte. Die Sammlung enthält kritische Besprechungen der aufgeführten Stücke und daraus abgeleitet die Darlegung einer eigenen Theatertheorie. In Ablehnung des französischen Klassizismus der Autoren Racine, Corneille und Moliere formuliert er eine Dramenkonzeption, die die sklavische Umsetzung der Poetologie des Aristoteles zugunsten einer freien und schöpferischen Handhabung kritisiert und überwindet. Lessing fordert tragische Helden, die eine Identifikation des Publikums ermöglichen. Diese könne nur gelingen bei einer *"Wahrscheinlichkeit der Umstände"* und mit lebensnahen Helden, die weder *"völlige Bösewichte"* noch zu tugendhaft sein dürften. Die Ranghöhe der Helden müsse man erniedrigen, sie also nicht länger nur in der Welt der Götter und Könige suchen. Lessing hält an dem Postulat des Aristoteles fest, dass eine Tragödie beim Zuschauer "Furcht und Mitleid" erregen solle. Dazu Lessing: *"Mitleid entsteht, wenn der, der es nicht verdient, ins Unglück gerät, Furcht, wenn es jemand ist, der dem Zuschauer ähnlich ist."* Die Reinigung von diesen Affekten (Katharsis) gelinge nur, wenn das Drama beim Zuschauer eine tragische Erschütterung auslöse. Die lockere Anwendung der drei Einheiten des Dramas (Ort, Zeit und Handlung) mündet bei Lessing in der Bewunderung der Dramen von William Shakespeare, der eine Generation später zum Vorbild der Dramatiker des "Sturm und Drang" werden sollte. Lessing hat durch diese Sammlung der Entwicklung des deutschen Theaters entscheidende Impulse verliehen. Er will *"den Deutschen ein Nationaltheater [...] verschaffen, da wir Deutsche noch keine Nation sind."* - Diese Intention teilt Lessing mit vielen Intellektuellen, die anlässlich der politischen Zersplitterung

Deutschlands in unzählige Kleinstaaten am Gedanken einer übergreifenden Nationalkultur festhalten. Lessings Theatertheorie hat spätere Dramatiker entscheidend inspiriert. Ohne seine Anregungen wären die Ideen von Hamann, Herder, Schiller und Goethe über das Theater nicht denkbar.

Was von Lessing bleibt

Die Theaterstücke "**Minna von Barnhelm**", "**Emilia Galotti**" und "**Nathan der Weise**" gehören zum festen Bestand unserer Theaterbühnen. Sie werden auch im Literaturunterricht unserer Schulen noch gerne gelesen. Die Streitschriften, die Lessing in seinem Leben verfasst hat, sind zeitbedingt und deshalb nur noch von historischem Interesse. Mit seiner spitzen Feder begründet er eine Tradition intellektueller Polemik, die über Heinrich Heine, Karl Kraus, Alfred Kerr und Kurt Tucholsky bis zu Marcel Reich-Ranicki führt. Lessing gilt als einer der letzten europäischen Universalgelehrten. Er hat sich auf vielen Gebieten zu Hause gefühlt: in der Poesie, der Archäologie, der Theatertheorie, in der Mathematik, Theologie und Medizin. Mit seinem scharfen Geist und seinem großen Schreibtalent hat er auf all diesen Gebieten nachhaltige Spuren hinterlassen.

Verwendete Literatur

Gotthold Ephraim Lessing: Gesammelte Werke in zwei Bänden, Bertelsmann Verlag, Gütersloh, o. J.
Wilhelm von Sternburg: Lessing, Rowohlts Monographien, Reinbek bei Hamburg, 2010

Friedrich Schiller

„Alle Menschen werden Brüder.“

Friedrich Schiller wird am 10. November 1759 in Marbach am Neckar geboren. Sein Vater Johann Kaspar ist Offizier im Dienst des württembergischen Herzogs Karl Eugen. Seine Mutter Elisabeth Dorothea ist eine Gastwirtstochter. Friedrich verbringt einen Teil seiner Kindheit in dem schwäbischen Dorf Lorch, weil sein Vater im nahen Schwäbisch Gmünd stationiert ist. An dem jungen Friedrich fallen schon früh sein aufgeweckter Geist und sein rednerisches Talent auf. Seine Schwester Christophine erzählt ein Kindheitserlebnis, wonach sich der Junge mit einer schwarzen Schürze versehen auf einen Küchenstuhl gestellt und wie ein Pfarrer gepredigt habe: "Dann musste sich alles um ihn herum still und andächtig verhalten und ihm zuhören." - Beeinflusst von Pfarrer Moser aus Lorch, der ihn sehr beeindruckt hat, möchte Friedrich Theologie studieren und Pastor werden. Es sollte anders kommen, weil der Landesherr ein Auge auf den aufgeweckten Jungen geworfen hat. Er nimmt ihn in seine "Militär-Pflanzschule" auf Schloss Solitude bei Stuttgart auf. Diese Einrichtung, eine Mischung aus Kaserne, Kloster und Universität, ist vom Herzog gegründet worden, um in ihr den Nachwuchs für Militär und Verwaltung auszubilden. Da das Studium der Theologie nicht zugelassen ist, studiert Friedrich zuerst Jura, wechselt später dann zur Medizin. Auf dieser Schule erhält er auch entscheidende philosophisch-literarische Einflüsse, vor allem durch den jungen Dozenten Jakob Friedrich Abel. Durch ihn lernt er die Philosophie der Aufklärung und die Dramen Shakespears kennen.

Schillers Jugendzeit fällt in die literarische Epoche des Sturm und Drang. Ihr Wegbereiter ist Friedrich Gottlieb Klopstock, der mit seinem Begriff der "Innerlichkeit" die Strömung der Empfindsamkeit begründet, die dem Rationalismus der Aufklärung die Gefühlskultur als gleichberechtigt gegenüberstellt. Der junge Schiller schwärmt genauso enthusiastisch für Klopstocks Versepos "Messias", wie das der junge Goethe getan hat. In der "Hohen Karlsschule", wie die Ausbildungsstätte ab 1775 heißt, lernt Schiller vor allem Shakespeare kennen und verehren. In ihm erkennt er das poetische Genie, von dem in der jugendbewegten Epoche des Sturm und Drang immer die Rede ist. Die Figuren in den Shakespeareschen Dramen sind genau die starken Persönlichkeiten, die das Schicksal in die Schranken zwingen, wie es der Geniekult der Zeit verlangt. In der Menschengestaltung dieser Dramen und in ihrer dramatischen Verstrickung findet der Student Schiller die Vorbilder für seine späteren Dramen.

"Die Räuber": "Mein Geist dürstet nach Taten, mein Atem nach Freiheit"

Schiller beginnt die Arbeit an den "Räubern" als 18-jähriger Student, während er an seiner medizinischen Dissertation schreibt. Als er Ende 1780 - inzwischen 21 Jahre alt - aus der Akademie entlassen wird, arbeitet er als Militärarzt im Grenadierregiment Augé. Während der Nachtwachen schreibt er das Drama zu Ende und lässt es auf eigene Kosten unter einem Pseudonym drucken. Für die Mannheimer Nationalbühne, die an dem Text Interesse bekundet hat, stellt er eine bühnentaugliche Fassung her. Dort wird das Drama am 13. Januar 1782 uraufgeführt. Schiller reist zu dieser Aufführung ohne Urlaub und unter falschem Namen nach Mannheim und kann die Begeisterungsstürme des Publikums genießen.

Die wichtigste Quelle für die Handlung des Dramas findet Schiller in der Erzählung "Zur Geschichte des menschlichen Herzens" von Christian Friedrich Daniel Schubart. Anleihen für die dramatische Gestaltung und den sprachlichen Duktus entlehnt Schiller den Dramen Shakespeares ("Richard III.", "Othello"), Goethes "Götz von Berlichingen" und den Dramen von Gerstenberg und Klinger.

Im Zentrum der "Räuber" steht der Konflikt zweier verfeindeter Brüder. Der erstgeborene Karl ist der Lieblingssohn des Vaters, eines betagten Grafen. Karl besitzt ein gewinnendes Wesen, der zweitgeborene Franz hingegen einen bösartigen und berechnenden Charakter. Als Karl in Leipzig studiert, beginnt Franz gegen ihn eine

Intrige, um ihm das Erbe, das nach damaligem Erbrecht dem ältesten Sohn zufällt, abspenstig zu machen. Er unterschlägt einen Brief von Karl, in dem er den Vater wegen seines ausschweifenden Lebenswandels um Vergebung bittet. Stattdessen liest er dem Vater einen gefälschten Brief eines angeblichen Gewährsmannes aus Leipzig vor, in dem Karl als Frauenschänder und Verbrecher hingestellt wird. Franz kann den entsetzten Vater dazu überreden, Karl zu verstoßen. Den Brief mit dem väterlichen Urteil schreibt er selbst. Die Warnung des Vaters - *"Aber bring meinen Sohn nicht zur Verzweiflung!"* - schlägt er dabei in den Wind. Als Karl diesen Brief liest, verliert er den Glauben an eine gütige Weltordnung (*"Menschen - Menschen! falsche heuchlerische Krokodilbrut!"*). Er stellt sich einigen zwielichtigen Kumpanen als Räuberhauptmann zur Verfügung. Während seine Räubergesellen wahllos rauben und plündern, versucht Karl den Untaten einen ehrenhaften Anstrich zu verleihen, indem er die Reichen ausraubt und das erbeutete Geld den Armen zukommen lässt. Franz hat es unterdessen geschafft, mit Hilfe einer weiteren Lüge über den verbrecherischen Sohn dem Vater das Herz zu brechen und sich als Graf an seine Stelle zu setzen. Den Vater steckt er in ein dunkles Verließ. Als er Karls Verlobte Amalia als Geliebte erobern will, stößt er auf ihren entschiedenen Widerstand. Ihre Liebe zu Karl ist so stark, dass sie den Lügen über seinen Lebenswandel keinen Glauben schenkt. Als Karl inkognito das väterliche Schloss besucht und seinen Vater in einem Turmverließ dahinvegetieren sieht, gibt er seinen Räubern den Befehl, das Schloss zu stürmen. Franz entzieht sich der brüderlichen Rache durch Selbstmord. Als die Räuber sehen, dass sich Karl anschickt, sein Hauptmannsamt niederzulegen, um Amalia zu heiraten, erinnern sie ihn an seinen Eid, in dem er geschworen hat, sie niemals im Stich zu lassen. Karl ersticht darauf seine Geliebte, um sich durch dieses Opfer vom Eid zu lösen. Danach ergibt er sich dem Gericht. Dabei begeht er noch eine gute Tat, indem er einem Tagelöhner die Belohnung zukommen lassen will, die auf seinen Kopf ausgesetzt wurde (*"...dem Mann kann geholfen werden"*).

Während Franz Moor, der Materialist und Sozialdarwinist, sich das ganze Drama hindurch als derjenige zeigt, der unverstellt das Böse verkörpert, ringt sich sein Bruder Karl, durch die Intrige seines Bruders zeitweilig zum Bösen verführt, durch Irrungen und Wirrungen schließlich zum Guten durch. Dabei bleibt in seinem Denken als philosophischer Hintergrund die Vision von der Harmonie aller Wesen, die sich in Liebe zugetan sind, stets präsent. Drückt sie sich zu Anfang, bevor ihn der verhängnisvolle Brief des Bruders erreicht, noch im Traum von einer privaten Idylle aus *("Im Schatten meiner väterlichen Haine, in den Armen meiner Amalia")*, erweitert sich dieser Traum zur Vision einer gerechten kosmischen Ordnung *("die ganze Welt e i n e Familie und ein Vater dort oben")*, um schließlich in die Bekräftigung einer solchen Ordnung auch im Bereich der menschlichen Gemeinschaft zu münden *("beleidigte Gesetze"; "misshandelte Ordnung")*. Während seines Weges der Gewalt hat Karl Moor unfreiwillig demonstriert, wessen der Mensch, und sei es der Gute, in seinem weltverbesserlichen Wahn fähig ist. Insofern ist der Weg Karl Moors eine Demonstration menschlicher Verführbarkeit zum Bösen. In dieser Kernaussage des Dramas liegt auch das Geheimnis verborgen, warum das Jugenddrama Schillers alle Zeitläufte unbeschadet überstanden hat und bei den Aufführungen stets seine Aktualität und Frische beweist. Der idealistische Gutmensch ist zu jeder Zeit und aus jedem sich findenden Anlass heraus verführbar zu Fanatismus und Gewalt. Erst die Unterwerfung unter die auch noch so fragwürdigen Regeln der menschlichen Gesellschaft, modern gesprochen: die Anerkennung des Gewaltmonopols des Staates, können die Gewähr dafür bieten, dass im Exzess des Faustrechts und der Selbstjustiz nicht der *"ganze Bau der sittlichen Welt"* (Karl Moor) aus den Fugen gerät. Mit dieser Erkenntnis des Protagonisten, mit der das Drama endet, hat sich der junge Schiller, gerade einmal 21 Jahre alt, zu einer Denkfigur durchgerungen, die in der klassischen Epoche die Werke der großen Dichter prägen sollte.

Das Drama verkörpert stilistisch die poetischen Prinzipien der Epoche des Sturm und Drang. Die Handlung entwickelt sich im Kontrastverfahren. Die Szenen mit den beiden Kontrahenten Karl und Franz wechseln in dichter Folge ab. Dabei nimmt die Dramatik immer mehr zu, woran die Sprache mit ihren pathetischen Aufgipfelungen ihren Anteil hat. Die Regieanweisungen geben vornehmlich Gebärden (*"wider die Wand rennend"*) oder Affekte (*"Er...weinet heftig"*) wieder. Kurze Ausrufe charakterisieren die Dialoge (*"Einziger, Unzertrennlicher..."*).

Die Wirkung des Dramas auf die Zuschauer der Uraufführung ist fulminant, wie ein Augenzeuge beschreibt: "Das Theater glich einem Irrenhause, rollende Augen, geballte Fäuste, stampfende Füße, heißere Aufschreie im Zuschauerraum! (...) Es war eine allgemeine Auflösung wie im Chaos, aus dessen Nebeln eine neue Schöpfung hervorbricht." - Diese "neue Schöpfung" - "Die Räuber" - wird zu einem wichtigen Werk des Sturm und Drang und gehört seitdem der Weltliteratur an. 1792 verleiht die Französische Nationalversammlung Schiller in Anerkennung dieses Dramas die französische Staatsbürgerschaft.

Mit diesem grandiosen Erfolg findet Schiller seine Berufung zum Beruf des Dichters. Da ihm Herzog Karl Eugen die Schriftstellerein untersagt, bleibt ihm nur als Ausweg nur die Flucht aus Württemberg ins liberale "Ausland" - nach Baden. In der Nacht vom 22. auf den 23. September 1782 reist er mit seinem Freund Andreas Schleicher nach Mannheim. Als Regimentsarzt macht er sich damit der Fahnenflucht schuldig. Dem Intendanten des Theaters, Dalberg, bietet er sein neues Drama an: **"Die Verschwörung des Fiesco zu Genua"**. Da sich sein Wunsch, am Theater eine Stelle als Dramaturg zu erhalten, zerschlägt, begibt er sich auf das Gut der Mutter seines Studienfreundes Wilhelm von Wolzogen nach Bauerbach in Thüringen. Dort lebt er materiell abgesichert und weit genug von Württemberg entfernt unter dem Pseudonym Dr. Ritter und vollendet sein drittes Drama: "Luise Millerin" - später **"Kabale und Liebe"** genannt.

"Kabale und Liebe": "Ich fürchte nichts - nichts - als die Grenzen deiner Liebe"

Der adelige Offizier Ferdinand von Walter nimmt bei dem kleinbürgerlichen Musiker Miller Flötenunterricht. Er verliebt sich in dessen sechzehnjährige Tochter Luise. Während sich die naive und ruhmsüchtige Mutter einbildet, ihre Tochter könne den jungen Adeligen heiraten, weiß der lebenskluge Vater, dass die strengen Klassenschranken eine eheliche Verbindung der beiden Liebenden verbieten. Er befürchtet, dass Ferdinand seine Tochter nur als Mätresse missbrauchen könnte. Deshalb dringt er im Gespräch mit der Tochter darauf, dass sie die Liebesbeziehung beendet. Ferdinands Vater möchte seinen Sohn mit der ehemaligen Mätresse des Herzogs, Lady Milford, verheiraten, um seinem Vorgesetzten einen Gefallen zu tun. Gegen ein Liebesverhältnis Ferdinands mit Luise außerhalb der Ehe hätte der Vater nichts einzuwenden, weil es am Hofe gang und gäbe ist, neben der Ehefrau noch Mätressen zu haben. Ferdinand weist das Heiratsansinnen strikt zurück und besteht auf der Liebe zu Luise. Sekretär Wurm, der selbst ein Auge auf Luise geworfen hat, rät seinem Präsidenten zu einer List, um das Liebesverhältnis zwischen Ferdinand und Luise zu zerstören. Er zwingt Luise mit der Drohung, ihr Vater werde wegen seiner Grobheiten gegenüber dem Präsidenten verhaftet, einen Liebesbrief an einen Höfling zu schreiben. Dieser spielt den Brief Ferdinand in die Hände, welcher auf die Täuschung hereinfällt und vor Eifersucht rast. Er stellt Luise in ihrer elterlichen Wohnung zur Rede. Da sie auf die Bibel geschworen hat, die Fälschung des Briefes nicht zu verraten, schweigt Luise. Ferdinand muss also an die Echtheit des Briefes glauben. In seiner Raserei vergiftet er die Limonade, aus der Luise trinkt. Als das Gift wirkt, trinkt er den Rest. Beide sterben, als gerade der Präsident auf der Bildfläche erscheint. Der Präsident und sein Sekretär übergeben sich dem Gericht.

Das Drama kritisiert die Willkür absolutistischer Adelsherrschaft. Vorbild des Potentaten im Drama ist Herzog Karl Eugen von Württemberg, der den historischen Quellen zufolge sein Herzogtum völlig heruntergewirtschaftet hat. Ursachen dafür sind sein großes stehendes Heer, sein üppiger Hofstaat mit 1.800 Bediensten und seine kostspielige Mätressenwirtschaft. Er versucht sogar, seinen Etat aufzubessern, indem er 3.000 Landeskinder als Soldaten an den englischen König "vermietet", der sie im amerikanischen

Unabhängigkeitskrieg einzusetzen gedenkt. Der Handel misslingt, weil der Herzog die anvisierte Anzahl an Soldaten nicht aufzubringen vermag. Schiller hat dem schändlichen Handel ein eindringliches Denkmal gesetzt, indem er in der sog. "Kammerdienerszene" (II,2) einen Diener des Herzogs auftreten lässt, der der Mätresse Lady Milford im Auftrag seines Herrn kostbare Brillanten überbringt, die vom Erlös des Soldatenhandels bezahlt worden sind. Einige Söhne des Dieners sind auch unter den verkauften Soldaten. Die Mätresse lässt sich von der Erzählung rühren und verweigert die Annahme des Schmucks.

Im Drama tritt der Herzog selbst nicht auf, ist aber stets präsent, weil die zentrale Herrscherfigur, Präsident von Walter, ihr Handeln stets am Willen des Herzogs ausrichtet. Der Präsident selbst ist ein skrupelloser Herrscher, der Menschen wie Marionetten behandelt und seinen Interessen gefügig macht. Er hat sein Amt bekommen, weil er seinen Vorgänger hat ermorden lassen. Urkundenfälschung und Betrug sind für ihn übliche Herrschaftsmethoden. Auch sein Sohn Ferdinand muss sich seinen Karriereplänen fügen, was freilich misslingt, weil Ferdinand in Liebesdingen nur seinem Herzen folgt. Im Umbruch vom Absolutismus zu Aufklärung und Empfindsamkeit ist dies ein Motiv, das selbst Menschen aus dem Adel erfasst. Dass Ferdinand an seiner Liebe zu Luise festhält und, als er von ihrem vermeintlichen Liebesbetrug erfährt, mit ihr sterben will, durchkreuzt die Pläne des Vaters und bringt ihn auch politisch zu Fall, weil Sekretär Wurm ankündigt, die kriminelle Vergangenheit des Präsidenten zu enthüllen.

Die Liebe zwischen Ferdinand und Luise stößt an die Schranken, die sich im 18. Jahrhundert noch zwischen den unterschiedlichen sozialen Klassen - Adel und Bürgertum - auftürmen. Eine echte Herzensbeziehung ist im Machtkalkül des Adels nicht vorgesehen, weil er Heiraten in erster Linie als Mittel des Machterhalts oder der territorialen Ausdehnung begreift. Das Bürgertum respektiert diese Klassenschranke, weil es den Adel für moralisch verwerflich hält und ihm nicht gerne eine untadelige Tochter anvertrauen möchte. Da eine Heirat ausgeschlossen ist, bleibt den bürgerlichen Mädchen, wenn sie sich auf adelige Liebhaber einlassen, oft nur ein Schicksal als Mätresse. Bürgerliche Eltern sind darauf bedacht, ihre Töchter fromm und tugendhaft zu erziehen. Sie sollen ihre sexuelle Unschuld bewahren, bis sie den Mann geheiratet haben, den sie lieben. Die Unberührtheit wird von den Familien als wichtiges Kapital angesehen, das den Töchtern eine gute Partie mit einem Mann aus dem Bürgertum ermöglicht. Auch Luise ist zur Tugendhaftigkeit und im christlichen Glauben erzogen worden. Sie ist sogar bereit, auf Ferdinand *"für dieses Leben"* zu verzichten, um ihn im christlichen Paradies umso freudiger in die Arme schließen zu können. Ferdinand hingegen will Luise im wirklichen Leben lieben können. Im Kampf um Luise will er die Klassenschranken überwinden und seinen Vater herausfordern *("Wer kann den Bund zwoer Herzen lösen?")*. Dass ihre Liebe scheitert, liegt nicht nur an den äußerlichen Hindernissen. Schuld ist auch der Absolutheitsanspruch, den beide an die Liebe stellen.

Schiller ordnet sein Drama dem "bürgerlichen Trauerspiel" zu. Vorbild ist das Drama "Emilia Galotti" von Lessing, in dem der Ständekonflikt ebenfalls zum Tod des bürgerlichen Mädchens führt. Der Vater tötet seine Tochter, um sie vor den Nachstellungen eines lasterhaften Adeligen zu schützen. Der Satz Ferdinands *"aufs Äußerste treibts nur die Liebe"* könnte als Motto beider Dramen gelten.

Der Forderung der Sturm-und-Drang-Dichtung nach einer "natürlichen Rede" folgend, hat Schiller das Drama nicht in Versen, sondern in Prosa verfasst. Wie in den anderen frühen Dramen des Dichters ist die Sprache in "Kabale und Liebe" rhetorisch aufgeladen. Die Figurenrede ist dem Charakter der Personen und ihrer sozialen Zugehörigkeit gemäß gestaltet. Dabei tendiert ihre Rede häufig zum Deklamatorischen, weil die Personen allzu oft eine Weltanschauung verkünden.

Das Drama hat sich bis heute auf der Bühne und im Deutschunterricht behauptet. Wurde es von den Zeitgenossen als "Dolchstoß in das Herz des Absolutismus" empfunden, wirkt es heute als Drama, in dem sich Macht und Ohnmacht der Liebe auf tragische Weise offenbaren.

"Die Verschwörung des Fiesco zu Genua": "Leben heißt träumen..."

In diesem Drama wendet sich Schiller einem historischen Stoff zu: dem Putsch des Giovanni Luigi de Fieschi gegen den Alleinherrscher Genuas, Andrea Doria, im Jahre 1547. Schiller verfährt frei mit den historischen Ereignissen, vor allem beim Schluss des Dramas, für die er drei Varianten findet. Fiesco, der Graf von Lavagno, setzt sich nach einigem Zögern an die Spitze des Aufstands, den die Adeligen Genuas gegen die tyrannische Herrschaft des Dogen Andrea Doria und seines brutalen Neffen Gianettino Doria unternehmen wollen. Mit im Bunde ist der *"verschworene Republikaner"* Verrina, dessen Tochter Berta von Gianettino vergewaltigt worden ist. Bertas Bräutigam rächt die Untat, indem er den Neffen ersticht. Als der Aufstand erfolgreich ist, legt Fiesco den Purpurmantel eines Herzogs an, um sich die Alleinherrschaft zu sichern. Aus Enttäuschung über diesen Verrat an den republikanischen Idealen stürzt ihn darauf Verrina von einer Planke zwischen zwei Schiffen ins Meer. In der zweiten Schlussfassung widersteht Fiesco der Faszination der Macht und wird zum überzeugten Republikaner, zu Genuas *"glücklichstem Bürger"*. Die dritte Fassung wiederum kehrt zur Aussage der ersten zurück: Fiesco wird von Verrina erdolcht, als er sich zum Herzog ausrufen lässt. Schiller geht es bei diesem Drama um die Darstellung eines außergewöhnlichen Charakters, der zwischen republikanischer Milde und herrischem Gebaren schwankt. Wie auch schon Karl Moor in den "Räubern" scheitert Fiesco im Kampf um die ideale Gesellschaft an den Widersprüchen seiner eigenen Persönlichkeit.

1785 verlässt Schiller enttäuscht Mannheim und lässt sich in Leipzig, später in Dresden nieder. Er ist der Einladung eines Verehrers gefolgt, den er nur von dessen schwärmerischen Briefen her kennt: Christian Gottfried Körner. In dieser Zeit schreibt er sein viertes Drama **"Don Carlos"**. Der Freundschaft mit Körner setzt er in der Ode **"An die Freude"** ein literarisches Denkmal (*"Wem der große Wurf gelungen, / Eines Freundes Freund zu sein"*).

"Don Carlos. Infant von Spanien": "Geben Sie Gedanken-freiheit!"

Auch in diesem Drama bezieht sich Schiller auf ein historisches Ereignis: auf den Mordplan von Don Carlos gegen seinen Vater, den spanischen König Philipp II. (1556-1598). Der Plan wird entdeckt und Don Carlos ins Gefängnis geworfen, wo er 1568 stirbt. Bei der Handlungsführung geht Schiller sehr frei mit den historischen Ereignissen um. Don Carlos, der Sohn des Königs, möchte zusammen mit seinem Jugendfreund, dem Marquis von Posa, das strenge Regiment der spanischen Krone über die Niederlande beenden und dem unterdrückten Volk die Freiheit schenken. Carlos ist jedoch abgelenkt durch seine Liebe zu seiner Stiefmutter Elisabeth, die von ihr nicht erwidert wird. Er lässt sich von Posa dazu überreden, den Vater um die Kommandogewalt über die spanischen Truppen in den Niederlanden zu bitten. Philipp lehnt den Wunsch ab, weil er den Sohn für zu weich hält. Das Kommando bleibt in den Händen des Herzogs Alba, den die Freunde für einen "*Henkersknecht*" halten. In einem Zusammentreffen Posas mit dem König enthüllt der jugendliche Schwärmer seine republikanische Gesinnung und drängt den König, den Niederlanden die Freiheit zu geben: "*Ein Federzug von dieser Hand, und neu / Erschaffen wird die Erde. Geben Sie / Gedankenfreiheit...*". Als die Hofdame Prinzessin Eboli dem König die Liebe seines Sohnes zu seiner Gattin aufdecken will, wird sie von Posa erstochen. In einem fingierten Schreiben beschuldigt sich Posa selbst des Hochverrats. Er wird verhaftet und standrechtlich erschossen. Carlos kommt frei und flüchtet in die Niederlande. Der Opfertod seines Freundes hat ihn zu seiner ursprünglichen politischen Mission zurückgeführt: "*Ich eile, mein bedrängtes Volk / Zu retten von Tyrannenhand.*" - Das Drama "Don Carlos" ist ein Ideendrama (Freiheit und Selbstbestimmung gegen Unterdrückung und Machtanspruch) und zugleich ein politisches Staatsdrama, das die Winkelzüge der Macht enthüllt. In Anspielung auf die Zeit, in der Schiller lebt und wirkt, wird der Antagonismus zweier politischer Positionen ausgetragen. Posa und Carlos stehen für ein aufgeklärtes, humanes

Königtum, während Philipp und Alba für das absolute Machtstreben adeliger Herrschaft stehen. Schiller hat dieses Drama in Jamben verfasst und im Untertitel ein *"dramatisches Gedicht"* genannt. Das Drama steht am Übergang zur klassischen Periode im Schaffen des Dichters.

Am 15. 12. 1788 wird Friedrich Schiller in Jena zum Professor für Geschichte berufen. Die Vermittlung beim Herzog Karl August hatte Johann Wolfgang von Goethe übernommen. Die Professur verändert die Lebensbedingungen Schillers, die bislang von bitteren Geldsorgen geprägt waren, von Grund auf. Am 26. 05. 1788 hält er seine Antrittsvorlesung zu der Frage „Was heißt und zu welchem Ende studiert man Universalgeschichte?" - Auch sein privates Leben nimmt eine glückliche Wendung. Am 22. 02. 1790 heiratet er Charlotte von Lengefeld. In der darauf folgenden klassischen Periode vollendet Schiller fünf Dramen: **"Wallenstein"**, **"Maria Stuart"**, **"Die Jungfrau von Orleans"**, **"Wilhelm Tell"** und **"Die Braut von Messina"**.

Friedrich Schiller hat zwei historische Darstellungen verfasst, die ihn zu einem der berühmtesten Geschichtsschreiber seiner Zeit machen: **"Geschichte des Abfalls der Vereinigten Niederlande von der spanischen Regierung"** (1788) und **"Geschichte des Dreißigjährigen Krieges"** (1791-1792). Das erste historische Werk ist die beste Empfehlung für seine Berufung auf den Lehrstuhl für Geschichte an der Universität Jena. Das zweite Werk ist Grundlage für sein späteres Drama **"Wallenstein"** (1798).

"Wallenstein": "Ob Glück, ob Unglück aufgeht, lehrt das Ende"

Das Drama besteht aus drei Teilen: "Wallensteins Lager", "Die Piccolomini" und "Wallensteins Tod". Vorangestellt ist dem Drama ein Prolog, in dem der widersprüchliche Charakter des Helden und seine Verstrickung in die Konflikte der Zeit angekündigt werden: *"Von der Parteien Gunst und Hass verwirrt / Schwankt sein Charakterbild in der Geschichte"*. In "Wallensteins Lager" wird das bunte Treiben in einem

Heerlager gezeigt. Die Verehrung Wallensteins durch die einfachen Soldaten, aber auch kritische Stimmen - wie in der "Kapuzinerpredigt" - halten sich die Waage. Im zweiten Teil des Dramas offenbart sich die Zwangslage Wallensteins. Er soll vom Kaiser, dem er zu mächtig geworden ist, als Feldherr abgesetzt werden. Nachfolger soll sein General Octavio Piccolomini werden, zu dessen Sohn Max Wallenstein ein väterliches Verhältnis hat. Wallensteins Tochter Thekla liebt den jungen Offizier Max, mit dem sie eine tiefe Friedenssehnsucht teilt: "*O schöner Tag! wenn endlich der Soldat / Ins Leben heimkehrt, in die Menschlichkeit!*". Wallenstein wird von Machtgier getrieben. Um sich das Königreich Böhmen untertan zu machen, verhandelt er mit den Schweden. Als der schwedische Unterhändler Sesin von kaiserlichen Truppen verhaftet wird, muss Wallenstein handeln, weil er befürchten muss, dass sein Verrat offenbar wird. Sein Sternenglauben lässt ihn jedoch zögern, weil die Sterne ungünstig stehen: "*Die Sterne lügen nicht*". Octavio nutzt Wallensteins Zaudern, um seine Intrige gegen ihn zu Ende zu führen. Wallensteins ehemals treuester Offizier Buttler sucht den Feldherrn im Schlafgemach auf und ersticht ihn, tief enttäuscht von seinem Verrat. Kurz zuvor ist Max Piccolomini in der Schlacht gegen die Schweden gefallen. In bewegenden Worten beklagt Thekla den Tod des Geliebten: "*Was ist das Leben ohne Liebesglanz? / Ich werf' es hin, da sein Gehalt verschwunden*".[...] "*Das ist das Los des Schönen auf der Erde.*" - Intrigen und Gegenintrigen beherrschen das Drama. Die Handelnden sind nicht das, was sie zu sein vorgeben. Sie treiben ein doppeltes Spiel, um einen persönlichen Vorteil zu erzielen. Terzky zu Wallenstein: "*So hast du stets dein Spiel mit uns getrieben.*" - Die Uraufführung des Dramas in Weimar ist ein großer Erfolg. Bis heute hat sich dieses vielschichtige Drama mit seinen herrlichen Charakteren auf der Bühne gehalten.

"Maria Stuart": "...die frohe Seele sich auf Engelsflügeln schwingt zur ewigen Freiheit"

Das 1800 uraufgeführte Drama bezieht sich auf die Rivalität der schottischen Königin Maria (1542-1587) und der Königin von England

Elisabeth I. (1533-1603). Auch mit diesem historischen Stoff geht Schiller frei um, indem er Personen (Mortimer) oder Beziehungen (Leicester-Maria) hinzuerfindet. Maria ist unter dem Vorwand, einen Anschlag auf die englische Königin Elisabeth geplant zu haben, zum Tode verurteilt worden. In Wahrheit möchte Elisabeth eine Thronrivalin aus dem Wege räumen. Ein Günstling von Elisabeth, Leicester, der Maria in Liebe zugetan ist, erwirkt ein (historisch nicht verbürgtes) persönliches Zusammentreffen der beiden Frauen. Er hofft, dass sich Elisabeth durch die Begegnung mit Maria zu einem Gnadenakt bewegen lässt. Maria lässt sich jedoch von der Arroganz Elisabeths zu einem Hassausbruch verführen. Sie beschimpft Elisabeth als Bastard: *"Regierte Recht, so läget Ihr vor mir / Im Staube jetzt, denn i c h bin euer König"*. Als wenig später ein Anschlag auf Elisabeth unternommen wird, benutzt Elisabeth diesen Vorfall, um das Todesurteil zu unterzeichnen. Als die Unschuld Marias ans Licht kommt, ist es zu spät. Elisabeth wälzt die Schuld am Tod der Rivalin auf ihren Berater Burleigh ab. Leicester ist nach Frankreich geflohen.

Das Drama ist eine Charaktertragödie, die den Kampf zweier Frauen unterschiedlichen Wesens veranschaulicht. Elisabeth zeigt sich machtbewusst und berechnend, Maria hingegen weich und die sinnliche Seite der Weiblichkeit nicht verbergend. Im Schillerschen Ideenkosmos vertritt Elisabeth die Pflicht, Maria die Neigung.

Das Drama zeigt die dramatische Kunst Schillers in Vollendung. Obwohl Maria schon zu Beginn des Dramas zum Tode verurteilt wird, bleibt die Spannung die ganze Handlung hindurch erhalten. Retardierende Momente, wie die Begegnung der beiden Rivalinnen, lassen immer wieder die Hoffnung auf Rettung aufkeimen. Der Bau des Dramas ist symmetrisch. Genau in der Mitte steht das Gespräch zwischen Maria und Elisabeth. In jeweils aufeinanderfolgenden Szenen wird der Kontrast zwischen den beiden Kontrahentinnen veranschaulicht. Der klassischen Auffassung Schillers gemäß läutert sich Maria kurz vor ihrem Tod in einem Akt der Selbstüberwindung zur "schönen Seele". Ihr moralischer Triumph erniedrigt Elisabeth zur Mörderin aus Machtgier.

"Die Jungfrau von Orleans": "Ich bin die Kriegerin des höchsten Gottes"

Die Handlung des 1801 uraufgeführten Dramas gestaltet in freiem Umgang mit den historischen Fakten die Geschichte des lothringischen Bauernmädchens Johanna Thibaut, das im Hundertjährigen Krieg zwischen Frankreich und England die französischen Truppen von Sieg zu Sieg führt. Im Jahre 1431 fällt sie in die Hand der Engländer und wird als Hexe verbrannt. Schiller geht es in seiner dramatischen Gestaltung nicht primär um historische Treue, sondern um das tragische Schicksal einer jungen Frau. Johanna wendet durch einen Sieg gegen die Engländer die hoffnungslose Kriegslage und ermöglicht so König Karl VII. die Krönung in Reims. Die Werbungen von Rittern um ihre Gunst weist Johanna mit dem Hinweis zurück, sie handele in göttlichem Auftrag und müsse auf weltliche Freuden verzichten: *"Berufen bin ich zu ganz anderm Werk, / die reine Jungfrau nur kann es vollenden"*. Ihr eigener Vater hält sie für eine Hexe, weil sie ihre natürliche Bestimmung als Frau verwirft und einen *"sündigen Hochmut im Herzen"* trägt. Doch dann trifft Johanna auf dem Schachtfeld auf den englischen Offizier Lionel. Sie hat ihn im Zweikampf schon besiegt, als sie in Liebe zu ihm entbrennt. Sie bringt es nicht fertig, ihn zu töten: *"Gebrochen hab´ ich mein Gelübde"*. Vom Verrat an der göttlichen Mission innerlich getroffen, sucht sie den Tod in der Schlacht. Sie stirbt mit der Vision eines paradiesischen Reichs vor Augen: *"Kurz ist der Schmerz, und ewig ist die Freude"*. Die Tragik, die Schiller seiner Hauptfigur verleiht, besteht darin, dass Johanna es nicht schafft, die Humanität mit ihrer göttlichen und staatspolitischen Mission in Einklang zu bringen. Um auf dem Schlachtfeld erfolgreich zu sein, muss sie auf menschliche Gefühle verzichten. Die Liebe zu Lionel verhindert, dass ihr das gelingt. Die Liebe als menschliche Regung konterkariert die Hingabe an einen höheren Auftrag.

Das Stück ist zu Lebzeiten Schillers einer seiner größten Theatererfolge, während es heute auf der Bühne kaum noch anzutreffen ist. Zu befremdlich erscheint heutigen Zeitgenossen der Konflikt, in den sich Johanna verstrickt.

"Wilhelm Tell": "Der Starke ist am mächtigsten allein"

Im seinem letzten vollendeten Drama behandelt Schiller den Freiheitskampf der Schweizer gegen die habsburgische Unterdrückung im 13. Jahrhundert. Baumgarten, ein Bürger aus Schwyz, hat den Burgvogt der Österreicher erschlagen, weil dieser seiner Frau nachgestellt hat. Der Jäger Wilhelm Tell rettet ihn vor seinen Verfolgern, indem er ihn über den stürmisch bewegten Vierwaldstätter See rudert. Die Kantone Uri, Schwyz und Unterwalden schließen sich zu einem Notwehrbündnis gegen die Fremdherrschaft der Österreicher zusammen. Auf der Rütli-Wiese am Urnersee schwören sie den Schwur der Eidgenossen: *Wir wollen sein ein einzig Volk von Brüdern, / In keiner Not uns trennen und Gefahr*. Sie pochen auf die "alte Freiheit", die ihnen der Kaiser von alters her gewährt hat. In Altdorf kommt es zu der berühmten Apfelschuss-Szene. Tell hat den auf einen Stock gestülpten Hut des Reichsvogts Hermann Geßler nicht gegrüßt. Als Sühne soll er mit der Armbrust auf einen Apfel schießen, den man seinem Sohn auf den Kopf gelegt hat. Er trifft den Apfel, verrät aber, dass der zweite Pfeil dem Reichsvogt gegolten hätte, wenn er den Apfel verfehlt hätte. Wegen dieser Unbotmäßigkeit wird Tell festgenommen, kann sich aber bei einer Fahrt über den sturmbewegten See befreien. In der Hohlen Gasse bei Küssnacht lauert Tell Gessler auf und tötet ihn mit einem Pfeil aus seiner Armbrust. Das Volk bejubelt Tell als seinen Befreier, als *Retter von uns allen*. Das Drama zeigt, wie ein überzeugter Einzelgänger und Selbsthelfer wie Wilhelm Tell schließlich seine Kraft in den Dienst für eine gute Sache - die Befreiung des Volkes von Fremdherrschaft - stellt. Die Privatsache Tells - seine Rache an Geßler wegen des erzwungenen Apfelschusses - wird zu öffentlichen Sache - der Befreiung des Volkes von fremder Unterdrückung. Das Drama gilt als Musterbeispiel für die Rechtfertigung des Tyrannenmords.

Schiller als Lyriker: "Auch das Schöne muss sterben"

Schillers Domäne ist eindeutig das Drama. Hier gelingen ihm unvergessliche Werke. Hier kann er seine dramatische Begabung, seinen Formsinn und sein Talent für pathetisches Sprechen ideal entfalten. Die Qualität der lyrischen Produkte fällt im Vergleich zu den Dramen ab, wenn man von einigen gelungen Gedichten und den beispielhaften Balladen absieht. Schiller weiß um seine lyrische Schwäche, wenn er an seinen Freund Körner schreibt: *"Das lyrische Fach [...] sehe ich eher für ein Exilium..."*. Schiller schreibt im Gegensatz zu Goethe keine Erlebnislyrik. Für lyrische Kenner ist aber gerade das in eine allgemeingültige Form gegossene persönliche Erleben der Kern des Lyrischen. Schiller geht von einer philosophischen Idee aus, die er im Gedicht bildhaft illustriert. Viele seiner Gedichte sind deshalb sentenziös und didaktisch. Einige Gedichte sind trotz dieser Einschränkungen gelungen und verdienen eine Würdigung. So das Gedicht **"Nänie"** aus dem Jahre 1800. Es ist ein Trauergesang auf die Vergänglichkeit alles Schönen. *"Auch das Schöne muss sterben! Das Menschen und Götter bezwinget..."* Das Schöne ist so wertvoll und erhaben, dass selbst die Götter seinen Untergang beweinen:

> "Da weinen die Götter, es weinen die Göttinnen alle,
> Dass das Schöne vergeht, dass das Vollkommene stirbt".

Das Gedicht ist sehr kunstvoll gestaltet. Als Metrum wählt es das griechische Distichon, die Aufeinanderfolge von Hexameter und Pentameter. Dadurch lehnt es sich an die in der Antike verbreitete Elegie an.

Das Gedicht **"Die Götter Griechenlandes"** (1788) ist ein Hymnus auf die griechische Antike, auf die Harmonie von Mensch und Göttern und von Mensch und Natur. Es spinnt den Griechenland-Mythos fort, den Johann Joachim Winckelmann und Johann Wolfgang von Goethe begründet haben.

Da ihr noch die schöne Welt regiertet,
an der Freude leichtem Gängelband
glücklichere Menschenalter führtet,
schöne Wesen aus dem Fabelland!

Der glücklichen Antike stellt Schiller die seelenlose Welt der Gegenwart gegenüber:

Ja sie kehrten heim und alle Schöne
Alles Hohe nahmen sie mit fort,
Alle Farben, alle Lebenstöne,
Und uns blieb nur das entseelte Wort.

Nur in der Kunst lässt sich die Ganzheit, die das griechische Zeitalter auszeichnet, zurückholen:

Schöne Welt, wo bist du? - Kehre wieder,
holdes Blütenalter der Natur!
Ach! nur in dem Feenland der Lieder
lebt noch deine goldne Spur.

Schiller als Balladendichter: "Mir grauet vor der Götter Neide"

Es gab Zeiten, das lernten unsere Schüler die bekanntesten Balladen Schillers auswendig. Sie galten als pädagogisch wertvoll, weil sie Helden vorführen, die sich vor eine moralische Entscheidung gestellt sehen und das Richtige tun. Oft werden sie vom Schicksal begünstigt, das im Sinne höherer Gerechtigkeit das Gute befördert und das Schlechte hemmt. Am fruchtbarsten ist Schiller im sog. Balladenjahr 1797, als er im Wettstreit mit Goethe einige seiner schönsten Balladen schreibt.

In der Ballade **"Der Taucher"** (1797) wirft ein König einen goldenen Becher ins Meer. Wer von seinen Rittern und Knappen es schaffen könne, den Becher aus der Tiefe des Meeres zu holen, dürfe ihn behalten. Einem Jüngling gelingt es bei seinem Tauchgang, den Becher wieder an die Oberfläche zu befördern. Er erzählt den Umstehenden von den grauenvollen Erscheinungen, die er in den Abgründen des Meeres gesehen hat. Der König, durch diese Erzählung von Neugier erfasst, wirft den Becher ein zweites Mal ins Meer und verspricht demjenigen, der ihn zurückbringt, die Hand seiner Tochter. Der Jüngling probiert es ein zweites Mal: "*Da treibt´s ihn, den köstlichen Preis zu erwerben, / Und stürzt sich hinunter auf Leben und Sterben*". Der König und seine Tochter schauen gebannt und bangend in die wogende See: "*Es kommen, es kommen die Wasser all, / Sie rauschen herauf, sie rauschen nieder, / Den Jüngling bringt keines wieder*". Die Ballade will sagen, dass man Menschen nicht in unmenschliche Extremsituationen bringen soll, indem man ihnen etwas Angenehmes verspricht. Das klassische Ideal des richtigen Maßes wird hier gegen unmäßiges, hybrides Verhalten ins Feld geführt.

Die Ballade **"Der Ring des Polykrates"** (1797) zeigt den Herrscher Polykrates als vom Glück begünstigt. Von einem Turm herab zeigt er dem König von Ägypten prahlerisch sein Reich. Während ihres Gesprächs kommt noch die Kunde weiteren Glücks: Ein feindliches Heer wurde geschlagen und seine Handelsflotte kehrte reich mit Schätzen beladen durch die stürmische See sicher in den Hafen zurück. Dem Freund wird es unheimlich. Er befürchtet, dass die Glückssträhne reißt und   ein Unglück bevorsteht:

> Mir grauet vor der Götter Neide;
> Des Lebens ungemischte Freude
> Ward keinem Irdischen zu Teil.

Der König von Ägypten fordert Polykrates auf, das Schicksal zu besänftigen, indem er etwas Kostbares ins Meer wirft. Dieser befolgt den Rat und wirft seinen kostbaren Ring in die Fluten. Am anderen Morgen bringt ein Fischer einen geangelten Fisch, in dessen Bauch er den Ring gefunden hat.

> Hier wendet sich der Gast mit Grausen:
> "So kann ich hier nicht ferner hausen,

Mein Freund kannst du nicht weiter sein.
Die Götter wollen dein Verderben;
Fort eil' ich, nicht mit dir zu sterben.

Die Ballade vertritt die Botschaft, dass beides zum Leben gehört: Glück und Leid. Nie kann man darauf hoffen, von Leid verschont zu bleiben.

Die Ballade "**Der Handschuh**" (1797) versetzt den Leser ins hohe Mittelalter. Eine Hofgesellschaft will den Kampf gefangener Löwen, Tiger und Leoparden in einer Kampfarena beobachten. Ein Fräulein lässt vom Balkon ihren Handschuh mitten unter die Raubtiere fallen. Spöttisch wendet sie sich an den Ritter Delorges, der schon mehrfach um sie geworben hat:

Herr Ritter, ist Eure Lieb' so heiß,
Wie Ihr mir' s schwört zu jeder Stund,
Ei, so hebt mir den Handschuh auf.

Der Ritter steigt todesmutig in die Arena hinab und holt dem Fräulein den Handschuh. Ihr Liebesangebot schlägt er aus:

Und er wirft ihr den Handschuh ins Gesicht:
"Den Dank, Dame, begehr ich nicht!"
Und verlässt sie zur selben Stunde.

Liebe - so die Aussage der Ballade - hat es nicht nötig, den Geliebten einer Mutprobe zu unterwerfen und ihn dabei Todesgefahr auszusetzen.

In "**Die Bürgschaft**" (1799) soll ein junger Mann, dessen Attentat auf einen Tyrannen fehlgeschlagen ist, hingerichtet werden. Er bittet den Herrscher, ihn für eine Familienangelegenheit drei Tage zu beurlauben. Er lasse seinen Freund als Bürgen zurück. Ihn könne er, falls er nicht wiederkomme, töten. Auf dem Rückweg von seiner Familie stellen sich ihm große Hindernisse in den Weg: Gluthitze, reißenden Flüsse und Räuberbanden. Vom Willen beseelt, den Freund auszulösen, überwindet er die Hemmnisse und kann den Freund gerade noch vor dem Galgen retten. Von dieser Treue gerührt, begnadigt ihn der Despot und bittet die beiden Freunde, ihn in ihren Freundschaftsbund aufzunehmen: *"Ich sei, gewährt mir die Bitte, in eurem Bunde der dritte"*. Vorbildliches Verhalten ist ansteckend, auch bei Menschen, die eigentlich böse sind - so die Botschaft der Ballade. Schon zu Lebzeiten Schillers wurde der Idealismus, der dem Text zugrunde liegt, belächelt. Zu offensichtlich ist die Realität, in der sich Despoten nur selten zum Guten bekehren lassen.

Der wohl bekannteste Text von Friedrich Schiller ist das Erzählgedicht **"Das Lied von der Glocke"** (1799). Es blendet zwei Erzählschichten übereinander: die Schilderung der Entstehung einer Glocke und die Lebensereignisse, die ihr Klang begleitet. Der Glockenguss ist nicht nur perfekte Handwerkskunst, er ist auch ein Beispiel für die Schaffenskraft des Menschen, für die Kulturleistungen, die er zu vollbringen im Stande ist. In einer Welt mit fester Glaubensbindung werden alle wichtigen Lebensstationen vom Geläut der Glocken begleitet: die Geburt eines Kindes, die glückliche Kindheit, die Hochzeit zweier Liebender, das Erwerbsleben und der Tod. Auch gesellschaftliche Ereignisse werden vom Glockenklang eingeläutet: eine Feuersbrunst in der Stadt, der Ausbruch von Rebellion und Aufruhr, die die *"heilige Ordnung"* der Menschen zerstören. Das Gedicht ist ein Plädoyer für eine sittliche Ordnung, die Maß und Mitte bewahrt und sich aller Extreme enthält: *"Wo rohe Kräfte sinnlos walten, / Da kann sich kein Gebild gestalten"*. Nur im gesitteten Miteinander wird das höchste Gut der Menschheit möglich: *"Freude dieser Stadt bedeute, / F r i e d e sei ihr erst Geläute"*. "Das Lied von der Glocke" enthält sprachliche Wendungen, die in den Alltagsschatz der deutschen Sprache eingegangen sind: *"Errötend folgt er ihren Spuren, / Und ist von ihrem Gruß beglückt"* - *"Der Mann muss hinaus / Ins feindliche Leben"* - *"Und drinnen waltet / Die züchtige Hausfrau"* - *"Doch mit des Geschickes Mächten / Ist kein ewger Bund zu flechten, / Und das Unglück schreitet schnell"* - *"Denn das Auge des Gesetzes wacht"* - *"Arbeit ist des Bürgers Zierde, / Segen ist der Mühe Preis"* - *"Die Leidenschaft flieht, / Die Liebe* muss bleiben" - "Da werden Weiber zu Hyänen / Und treiben mit Entsetzen Scherz" - "Jedoch der schrecklichste der Schrecken / Das ist der Mensch in seinem Wahn".

Diese Wendungen zeigen die Sprachkunst Schillers, die für elementare Lebenssituationen die passende sprachliche Form zu finden weiß.

Friedrich Schiller stirbt am 9. Mai 1805 im Alter von 56 Jahren. Sein Leichnam wird obduziert. Der Befund ist verstörend: Zahlreiche innere Organe sind schwer in Mitleidenschaft gezogen, so dass der Arzt des Weimarer Herzogs Dr. Huschke notiert: "Bei diesen Umständen muss man sich wundern, wie der arme Mann so lange hat leben können". Man fühlt sich an eine Wendung aus dem Monolog Wallensteins erinnert, in der es heißt: *Es ist der Geist, der sich den Körper baut*". Dieser Kernsatz des Idealismus gilt auch für seinen Schöpfer. Schillers dichterische Begeisterung hat ihn lange Zeit über seine schweren Leiden und den Verfall seines Körpers triumphieren lassen.

Was von Schiller bleibt

Seine großen Dramen werden auch weiterhin die deutschen Bühnen beherrschen. Aber auch einige seiner Gedichte und die bekannten Balladen werden ihre Leser finden. Auch aus den Schulbüchern sind sie nicht wegzudenken.

Verwendete Literatur

Friedrich Schiller: Gesammelte Werke in drei Bänden, Gütersloh, o.J.
Friedrich Burschell: Schiller, Rowohlts Monographien, Reinbek bei Hamburg, 1964
Dirk Oschmann: Friedrich Schiller, Köln, Weimar, Wien, 2009
Rüdiger Safranski: Schiller oder Die Erfindung des Deutschen Idealismus, München, Wien, 2004

Johann Wolfgang von Goethe

„Und wenn der Mensch in seiner Qual verstummt,
gab mir ein Gott, zu sagen, wie ich leide."

In seiner Autobiografie **"Dichtung und Wahrheit"** (1831) erzählt Goethe, dass er am 28. August 1749 *"mittags mit dem Glockenschlage zwölf"* in Frankfurt am Main auf die Welt gekommen sei. In einem kleinen Gedicht beschreibt er die Gaben, die ihm Vater und Mutter verliehen haben: *"Vom Vater hab ich die Statur, / Des Lebens ernstes Führen, / Vom Mütterchen die Frohnatur / Und Lust zu fabulieren."* - Dies trifft den Charakter des Dichters recht gut. Die große Gabe dichterischer Imagination paart sich mit Ordnungswillen und Disziplin.

Goethe wächst in gut situierten und behüteten Verhältnissen auf, weil sein Vater als wohlhabender Jurist und Kaiserlicher Rat zu den Honoratioren der Stadt gehört. Bildungsbeflissen lässt er dem kleinen Johann Wolfgang und seiner ein Jahr jüngeren Schwester Cornelia durch Privatlehrer die beste Bildung angedeihen. Auf Vaters Wunsch studiert Wolfgang Jura, zuerst in Leipzig, dann in Straßburg. Nach Beendigung des Studiums praktiziert er für kurze Zeit in der Frankfurter Praxis seines Vaters. 1772 geht er als Praktikant ans Reichskammergericht in Wetzlar. Dort verliebt er sich unglücklich in Charlotte Buff, die Verlobte eines Kollegen aus dem Gericht. Nach seiner Rückkehr nach Frankfurt verarbeitet er das Liebeserlebnis in dem Briefroman **"Die Leiden des jungen Werthers"**, der ihn in ganz Deutschland als Schriftsteller bekannt macht. 1975 erhält Goethe das Angebot des Herzogs Karl August von Weimar, als Berater an seinen Hof zu gehen. Er folgt diesem Ruf und wird Weimar, von Kuraufenthalten und Reisen abgesehen, nie mehr verlassen. In Weimar tritt er in den Staatsdienst ein und wird schließlich zum Geheimen Legationsrat ernannt. Neben der Tätigkeit als Minister widmet er sich ausgiebig der Literatur. Wichtige Werke entstehen in der Weimarer Zeit: die berühmten Gedichte, die Dramen

"Iphigenie auf Tauris" (noch in der Prosafassung) und "Torquato Tasso" sowie der Roman "Wilhelm Meisters theatralische Sendung". Von 1886 bis 1888 weilt Goethe in Italien. Dort widmet er sich den Kunstschätzen des Altertums und saugt die Eindrücke des historischen Kulturraums in sich auf. Nach seiner Rückkehr nach Weimar lebt er mit dem einfachen Mädchen Christiane Vulpius in einer außerehelichen Gemeinschaft. In der zweiten Lebenshälfte Goethes entstehen die Autobiografie "Dichtung und Wahrheit", der Reisebericht "Italienische Reise", die Romane "Wilhelm Meisters Wanderjahre" und "Die Wahlverwandtschaften" sowie die Endfassung von "Faust" I und II. Am 22. März 1832 stirbt Goethe im Alter von 83 Jahren.

Goethe hat in allen drei literarischen Gattungen Hochwertiges und Bleibendes geschaffen. Der hier zur Verfügung stehende Raum macht es nötig, sich auf wesentliche Werke zu konzentrieren.

Goethe als Lyriker: "Herz, mein Herz, was soll das geben?"

Goethe gilt als der Schöpfer von Liebesgedichten schlechthin. Von frühen Gedichten im tändelnden Rokokostil über die Erlebnislyrik des Sturm und Drang, die formvollendeten Gedichte der klassischen Epoche bis hin zur weisen Alterslyrik reicht der Bogen, den er mit seiner Liebeslyrik spannt. Für die Lyrik trifft in besonderem Maße zu, was Goethe in "Dichtung und Wahrheit" (1811-1833) über sein dichterisches Schaffen geschrieben hat. All seine Dichtungen seien *"nur als Bruchstücke einer großen Konfession"* zu verstehen. Alles, was ihn *"erfreute oder quälte, oder sonst beschäftigte, [habe er] in ein Bild, ein Gedicht"* verwandelt. An der Liebeslyrik kann man die Gültigkeit dieses Prinzips ablesen. Der Dichter muss verliebt sein, um ein Liebesgedicht schreiben zu können. Beispielhaft ist ihm das bei den Gedichten gelungen, die er während seiner Straßburger Studentenzeit verfasst hat. Inspiriert durch die Liebe zu der Pfarrerstochter Friederike Brion in Sesenheim schreibt er das berühmte Gedicht **"Willkommen und Abschied"** (1775/1789).

Es schlug mein Herz, geschwind, zu Pferde!
Es war getan fast eh gedacht.
Der Abend wiegte schon die Erde,
Und an den Bergen hing die Nacht;
Schon stand im Nebelkleid die Eiche
Ein aufgetürmter Riese, da,
Wo Finsternis aus dem Gesträuche
Mit hundert schwarzen Augen sah.

Der Mond von einem Wolkenhügel
Sah kläglich aus dem Duft hervor,
Die Winde schwangen leise Flügel,
Umsausten schauerlich mein Ohr;
Die Nacht schuf tausend Ungeheuer,
Doch frisch und fröhlich war mein Mut:
In meinen Adern welches Feuer!
In meinem Herzen welche Glut!

Dich sah ich, und die milde Freude
Floß von dem süßen Blick auf mich;
Ganz war mein Herz an deiner Seite
Und jeder Atemzug für dich.
Ein rosenfarbnes Frühlingswetter
Umgab das liebliche Gesicht,
Und Zärtlichkeit für mich - ihr Götter!
Ich hofft es, ich verdient es nicht!

Doch ach, schon mit der Morgensonne
Verengt der Abschied mir das Herz:
In deinen Küssen welche Wonne!
In deinem Auge welcher Schmerz!
Ich ging, du standst und sahst zur Erden
Und sahst mir nach mit nassem Blick:
Und doch, welch Glück, geliebt zu werden!
Und lieben, Götter, welch ein Glück!

Der Geliebte schwingt sich des Nachts aufs Pferd, um zu seiner Geliebten zu reiten. Pferd und Reiter kämpfen sich durch eine schaurige Naturszenerie, die der Liebhaber überwindet, weil ihm die Liebe Kraft und Mut verleiht. Auf das zärtliche Zusammensein mit der Geliebten folgt der tränenreiche Abschied. Goethe hat in einer späteren Version des Gedichts eine entscheidende Veränderung vorgenommen: Jetzt weint nicht mehr der Liebhaber, sondern die Geliebte. Die gesellschaftliche Etikette siegt über die Spontaneität des Gefühls. Der vorwärtsdrängende Rhythmus, der von den 4-hebigen Jamben bewirkt wird, und die zahlreichen Metaphern, Personifizierungen und Hyperbeln erzeugen im Gedicht eine Atmosphäre, die an den Ritt eines Kriegers erinnert. So heißt es in der spontanen ersten Fassung auch: *Und fort, wild wie ein Held zur Schlacht.*" Zu den bekanntesten Gedichten der "Sesenheimer Lieder" gehören noch **"Mailied"** und **"Heideröslein"**.

Auch das Gedicht **"Auf dem See"** (1775) verdankt seine Entstehung einer Liebesgeschichte des Dichters. Mit zwei Freunden "flieht" Goethe aus seiner Heimatstadt Frankfurt/M. in die Schweiz, um sich aus der Ferne zu vergewissern, ob er sich von seiner Geliebten Lili Schönemann lösen soll.

Und frische Nahrung, neues Blut
Saug' ich aus freier Welt
Wie ist Natur so hold und gut,
Die mich am Busen hält!
Die Welle wieget unsern Kahn
Im Rudertakt hinauf,
Und Berge, wolkig, himmelan,
Begegnen unserm Lauf.

Aug', mein Aug', was sinkst du nieder?
Goldne Träume, kommt ihr wieder?
Weg, du Traum! so gold du bist;
Hier auch Lieb' und Leben ist.

Auf der Welle blinken
Tausend schwebende Sterne
Weiche Nebel trinken
Rings die türmende Ferne;
Morgenwind umflügelt
Die beschattete Bucht
Und im See bespiegelt
Sich die reifende Frucht.

Die Natur dient dem lyrischen Ich als Medium der geistigen Neuorientierung und der Erfüllung seines Freiheitsverlangens. Sie wird zum Lebensspender (*"frische Nahrung"*), bietet Schutz und Geborgenheit (*"Die mich am Busen hält"*). Die abenteuerliche Bootsfahrt vollzieht sich vor wilder Bergkulisse (*"Berge, wolkig, himmelan"*). Die zweite Strophe bringt die Rückerinnerung an glückliche Liebesmomente (*"goldne Träume"*). In trotziger Abwehr pocht der Sprecher auf die Gegenwärtigkeit des Glücks (*"Hier auch Lieb´ und Leben ist"*). Die letzte Strophe besänftigt mit harmonischen Naturbildern das aufgewühlte Ich. Im Gegensatz zu den beiden ersten Strophen geht hier das Ich in der Harmonie der Natur völlig auf. Das Gedicht ist formal kunstvoll gestaltet: Jede Strophe wird mit einem Metrum gestaltet, das die Aussage unterstützt. In der ersten Strophe unterstreichen die drei- und vierhebigen Jamben den trotzigen Gestus der Flucht in die Natur. Die vierhebigen Trochäen der zweiten Strophe verdeutlichen die besinnliche Haltung des Sprechers. Die dreihebigen Trochäen, die an vier Stellen durch Daktylen ergänzt werden, unterstreichen die Harmonie der Natur. Metaphern (*"saug ich..."*) und Personifikationen (*"die mich am Busen hält"*) dienen der Veranschaulichung; die Anrede (*"Aug´, mein Aug´..."*) und der Imperativ (*"Weg, du Traum!"*) der Verstärkung. Das Gedicht steht an der Schwelle zwischen Sturm und Drang und Klassik: Der trotzige Gestus der Selbstbehauptung mündet in eine Besänftigung, die sich von der harmonischen Natur auf den Menschen überträgt.

Der Sturm und Drang bringt eine Renaissance der griechischen Mythologie. Wie seine Dichtergenossen bedient sich auch Goethe mythologischer Figuren, um sich deren Eigenschaften für die Gegenwart nutzbar zu machen. In dem Gedicht **"Prometheus"** (1774) begibt sich das lyrische Ich in die Rolle des Titanen Prometheus, der sich gegen Göttervater Zeus auflehnt: *"Bedecke deinen Himmel, Zeus, / Mit Wolkendunst!"*. Der Prometheus des Gedichts formuliert mit seiner trotzigen Selbstbehauptung das Programm der "Genie-Zeit": *"Hast du´s nicht alles selbst vollendet, / Heilig glühend Herz?"* - Der Schlüsselbegriff *"Herz"* verdeutlicht, dass der geniale Mensch seine Befehle vom Gefühl empfängt und nicht länger, wie es die Aufklärung verlangt, vom Verstand. In der letzten Strophe verdeutlicht der Dichter die Rolle von Prometheus als Schöpfer des Menschengeschlechts. Er hat ihm nicht nur das Leben geschenkt, sondern auch die Tugend mitgegeben, gesellschaftliche Autoritäten zu missachten: *"Und dein nicht zu achten, / Wie ich."*

In der Hymne **"Ganymed"** (1774) greift Goethe auf den Mythos vom trojanischen Königssohn Ganymed zurück, der von Zeus in Gestalt eines Adlers zum Olymp entführt wird, wo er, in ewiger Jugend blühend, das Amt des Mundschenks versieht. Der erwachende Frühling wird als Geliebter bezeichnet, weil er im lyrischen Ich (Ganymed) eine Lebensfreude erzeugt, die der Liebe gleichkommt. In dieser euphorischen Stimmung sehnt sich Ganymed nach der Vereinigung mit Zeus: *"Aufwärts / An deinen Busen, / Alliebender Vater!"* Während in der mythologischen Erzählung Ganymed aus Eigennutz des Gottes entführt wird, sehnt sich in Goethes Gedicht der Entführte selbst nach der Entrückung in himmlische Sphären: *"In eurem Schoße / Aufwärts"*. Auf die menschliche Ebene übertragen bedeutet dies, dass der geniale Mensch durch das Gefühl der Gott-Nähe aufgewertet wird.

Die ästhetischen Prinzipien von Goethes klassischen Gedichten kann man gut an einem kleinen, unscheinbaren Gedicht veranschaulichen: **"Ginkgo Biloba"** (1815).

       Dieses Baums Blatt, der von Osten
       Meinem Garten anvertraut,

Gibt geheimen Sinn zu kosten,
Wie's den Wissenden erbaut,

Ist es Ein lebendig Wesen,
Das sich in sich selbst getrennt?
Sind es zwei, die sich erlesen,
Dass man sie als Eines kennt?

Solche Frage zu erwidern,
Fand ich wohl den rechten Sinn,
Fühlst du nicht an meinen Liedern,
Dass ich Eins und doppelt bin?

Das Gedicht verdankt seine Entstehung der Liebe des 66-jährigen Dichters zu der 31-jährigen Marianne von Willemer. Gegenstand des Gedichts ist die Frage nach der Einheit zweier Individuen, die sich in einem Liebesbund vereint haben. Die Dialektik des Liebens besteht darin, dass man zwar mit dem Geliebten verschmelzen kann, dass man dennoch als autonomes Individuum bestehen bleibt: *"Fühlst du nicht an meinen Liedern, / Dass ich Eins und doppelt bin?"* - Die Hingabe an den Liebespartner führt nie zur völligen Preisgabe der eigenen Individualität. Typisch klassisch an diesem Gedicht ist das Prinzip, von der Harmonie der Natur, die durch Anschauung ersichtlich ist, eine Parallele für das menschliche Leben abzuleiten. Sinnliche Wahrnehmung führt zu einer Idee *("geheimen Sinn")*, die dann zur Handlungsanweisung für den Menschen wird.

Eines der schönsten klassischen Gedichte Goethes ist **"An den Mond"** (1878/1879). Der lyrische Sprecher hält beim Spaziergang an einem Fluss Zwiesprache mit dem Mond. Durch dessen   Leuchten gewinnt er seelische Ruhe und Trost für verschwundenes Liebesglück; aus der als harmonisch oder stürmisch erlebten Natur schöpft er dichterische Inspiration. Der Mensch lernt von der Natur und lässt sich von ihr inspirieren. In Naturabläufen - fließendes Wasser als Lebensstrom - erkennt der Sprecher die Analogie zum menschlichen Leben. Wichtig für die Epoche der Klassik sind die Betonung innerer

Werte (Gefühl, Phantasie, Inspiration) und die Wertschätzung der Freundschaft *("einen Freund am Busen hält")*. Das Gedicht verkündet die Botschaft, dass man auch jenseits des Getriebes der Welt sein Glück finden kann, weil das reiche Innere des Menschen dessen Erlebnis verbürgt: *"Selig, wer sich vor der Welt / Ohne Hass verschließt [...] Durch das Labyrinth der Brust / Wandelt in der Nacht."*

Das berühmteste aller Goethe-Gedichte ist **"Wanderers Nachtlied"** (2). Goethe soll es am Abend des 6. September 1780 mit Bleistift an die Holzwand der Jagdhütte auf dem Kickelhahn bei Ilmenau geschrieben haben:

> Über allen Gipfeln
> Ist Ruh',
> In allen Wipfeln
> Spürest Du
> Kaum einen Hauch;
> Die Vögelein schweigen im Walde.
> Warte nur! Balde
> Ruhest du auch.

Das Abendlied mahnt an den Tod, dem alle Lebewesen, auch der Mensch, verfallen sind. Das menschliche Leben ist eingebettet in die Abläufe der Natur und des Kosmos. Im Gedicht erscheint die Natur in ihrer anorganischen (Gipfel) und organischen Gestalt (Wipfel, Vögel). Auf dem Gipfel des Berges ahnt der Mensch, Höhepunkt der Schöpfung, dass der abendliche Schlaf nur der Vorbote des ewigen Schlafes ist. Es ist ein typisches Goethegedicht, weil es aus der Anschauung der Natur (Goethe ist ein Augenmensch) eine philosophische Einsicht gewinnt. Heute kann man in der Jagdhütte auf dem Kickelhahn auf Glastafeln das deutsche Original des Gedichts und fünfzehn Übersetzungen bewundern.

"Die Leiden des jungen Werther": "Ich habe kein Gebet mehr als an sie."

Goethe hat die berühmteste Dreiecks-Liebesgeschichte der Welt im Frühjahr 1774 in nur vier Wochen zu Papier gebracht. 1787 veröffentlicht er eine revidierte Fassung. Der bürgerliche Intellektuelle Werther lernt auf einem Ball in einem kleinen Dorf eine junge Frau, Lotte, kennen. Er verliebt sich in sie, obwohl er weiß, dass sie mit einem anderen Mann verlobt ist. Werther ergeht sich in quasi-religiösen Naturschwärmereien. Gleichzeitig gibt er sich der vergeblichen Liebe zu Lotte mit unbedingter Leidenschaft hin. Um seine Liebesqual zu lindern, reißt sich Werther gewaltsam von ihr los und übernimmt eine Stelle bei einem adeligen Gesandten. Als er schließlich zu Lotte zurückkehrt, muss er feststellen, dass sie inzwischen ihren Verlobten Albert geheiratet hat. Werther empfindet Eifersucht gegenüber Albert, von dem er glaubt, dass er Lotte nicht glücklich machen kann: "*Zieht ihn nicht jedes elende Geschäft mehr an als die teure, köstliche Frau?*" - Verzweifelt beschließt Werther, seinem Leben ein Ende zu setzen. Ein letztes Mal besucht er Lotte, liest mit ihr aus Ossians nordischen Gesängen. Er umarmt und küsst sie so heftig, dass sie ins Nebengemach flieht und sich dort einschließt. Zuhause schreibt er Lotte einen Abschiedsbrief und erschießt sich mit den Pistolen, die er sich zuvor von Albert "*zu einer vorhabenden Reise*" ausgeliehen hatte.

Der Roman ist reich an Gedanken, die in den Epochen Sturm und Drang und Empfindsamkeit die Dichter beeinflusst haben. Ein pantheistisches Naturgefühl ergreift Werther, wenn er durch die Natur streift und sich an ihrer Vollkommenheit labt. Das mystische Einswerden von Ich und Natur zeigt die Abwendung von den Nützlichkeitsvorstellungen der Aufklärung. Den Einfluss des Pietismus auf den Roman kann man am Bestreben des Verfassers erkennen, die subtilsten seelischen Regungen des Protagonisten durch eine differenzierte Sprache einzufangen. Die literarischen Verweise auf Lessings "Emilia Galotti", auf Klopstocks Oden und auf Homer verorten den Roman in der literarischen Gegenwart, aber auch in der von den Dichtern geschätzten Antike. Der Roman enthält deutliche gesellschaftskritische Elemente. So kritisiert Werther die Selbstgenügsamkeit der Philister, die Rangsucht unter den Adeligen und die strenge christliche Moral, die Selbstmord als Sünde und moralische Verfehlung begreift, während er ihn als *"Krankheit zum Tode"* unter die Naturrechte des Menschen einreiht. Der letzte Satz des Romans fasst diese Kirchenkritik zusammen: *"Handwerker trugen ihn. Kein Geistlicher hat ihn begleitet."*

"Werther" ist ein Briefroman. Die Briefform ermöglicht es dem Verfasser, das Geschehen viel enger an den Leser heranzurücken, als es mit einer anderen Erzählperspektive möglich wäre. Die oft suggestiven Anreden an den Briefpartner Wilhelm machen den Leser quasi zum Vertrauten des Briefschreibers. Erst gegen Ende des Romans werden die Briefe durch *"Erzählungen"* eines fiktiven Herausgebers ergänzt.

Der Roman bringt dem 25-jährigen Dichter den Durchbruch. In ganz Deutschland bricht ein Werther-Fieber aus: Junge Männer kleiden sich in Werther-Tracht, die sentimentale Briefkultur erlebt einen Aufschwung - allerdings auch die Zahl der Selbstmorde. In einigen Landesteilen ist der Roman verboten, um die Jugend vor unmoralischen Anfechtungen zu bewahren. In dem Gedicht **"An Werther"**, das Goethe fünf Jahre vor seinem Tod schreibt, begreift er das Schicksal Werthers als Gleichnis für die Tragik, die dem menschlichen Leben eingeschrieben ist.

"Iphigenie auf Tauris": "Das Land der Griechen mit der Seele suchend..."

Die erste Fassung des Dramas erscheint in rhythmisierter Prosa im Jahr 1779. Während seiner Italienreise (1786-1788) überträgt Goethe den Text in Verse. Er benutzt dazu den fünfhebigen jambischen Blankvers. Heute gilt diese Fassung als die eigentlich "klassische", die in der Schule gelesen und auf der Bühne gespielt wird. Als Vorlage benutzt Goethe das Drama "Iphigenie bei den Taurern" des griechischen Dramatikers Euripides, das von Schiller ins Deutsche übertragen worden war. Goethe verzichtet allerdings auf den Chor, um dem Geschehen mehr Intimität zu verleihen.

Iphigenie, die Tochter des griechischen Heerführers Agamemnon, soll zu Beginn des Feldzugs gegen Troja den Göttern geopfert werden, um von ihnen günstige Winde für die Schiffe zu erhalten. Diana, die Tochter des Göttervaters Zeus, rettet sie und entrückt sie auf das Eiland Tauris. Dort soll sie im Heiligtum der Göttin als Priesterin dienen. Der Herrscher der Insel, Thoas, verzichtet auf den archaischen Brauch, jeden Fremden auf dem Altar der Diana zu opfern. Iphigenie widersteht Thoas´ Werbungen, mit denen er sie als Gattin gewinnen will. Durch ihre Weigerung verletzt, befiehlt Thoas, die beiden Fremden, die auf der Insel gelandet sind, nach altem Brauch zu opfern. Es sind Orest, der Bruder Iphigenies, und sein Freund Pylades. Orest wird von den Erinnyen, weiblichen Rachegeistern, geplagt, weil er seine Mutter Klytämnestra wegen ihres Ehebruchs mit Ägisth ermordet hat. Iphigenie gelingt es, den Fluch zu lösen. Sie verzichtet darauf, mit den beiden Männern von der Insel zu fliehen, weil sie die Kette von Betrug und Täuschung endlich durchbrechen will. Sie offenbart sich schließlich Thoas: "Wenn / Ihr wahrhaftig seid [...] / So zeigt´s durch euren Beistand und verherrlicht / Durch mich die Wahrheit!" - Thoas verzichtet auf Rache und lässt die drei Fremden in die griechische Heimat ziehen.

Das Drama verkörpert in idealtypischer Weise das klassische Ideal Goethes: Wenn der Mensch sein Handeln auf das Ideal der Humanität gründet, kann er die Schranken des Vorurteils überwinden und den Kreislauf aus Rache und Gewalt durchbrechen. Er muss nur seine Entscheidungsfreiheit wahrnehmen und auf die "Stimme / Der Wahrheit und der Menschlichkeit" hören. Iphigenie setzt das **"Lied der Parzen"** (Schicksalsgöttinnen) außer Kraft, indem sie sich durch humanes Handeln von der Bevormundung durch die Götter befreit.

Lied der Parzen (1. Strophe)

Es fürchte die Götter
Das Menschengeschlecht!
Sie halten die Herrschaft
In ewigen Händen,

Und können sie brauchen,
Wie's ihnen gefällt. [...]

Die Stimme der Humanität ist dem Menschen angeboren: *"Es hört sie jeder, / Geboren unter jedem Himmel, / Dem des Lebens Quelle durch den Busen rein / Und ungehindert fließt."* - Deshalb ist - so die Botschaft des Dramas - eine menschliche Gesellschaft möglich.

"Die Wahlverwandtschaften": "Ich bin aus meiner Bahn geschritten..."

Der 1809 erschienene Roman wurde von den Zeitgenossen skeptisch aufgenommen. Über Jahrzehnte verhinderte der Vorwurf der Immoralität seine unvoreingenommene Rezeption. Goethe, für naturwissenschaftliche Erkenntnisse immer empfänglich, gestaltet den Roman im Sinne einer Versuchsanordnung, die er aus dem Fachgebiet der Chemie entlehnt. Im 18. Jahrhundert ist das Gesetz entdeckt worden, wonach chemische Elemente ihre bestehende Verbindung lösen, wenn sie mit anderen Elementen in Berührung kommen. Goethe überträgt das chemische Kräftespiel von Anziehung und Abstoßung auf den Bereich der Liebesbeziehungen. Er will überprüfen, ob sich Liebende auch von Wahlverwandtschaften beeinflussen lassen, die sie im Sinne einer höheren Bestimmung, einer natürlichen Notwendigkeit, eingehen. Bei seinem Personentableau stellt Goethe zwei Liebeskonzepte einander gegenüber: die ehelich-moralische und die leidenschaftlich-freie Liebe. Eduard und Charlotte leben in einer Ehe, die sie erst nach Jahren des Wartens haben schließen können. Den Müßiggang ihrer adeligen Existenz füllen sie mit gartengestalterischen Tätigkeiten. Die Ehe wird auf die Probe gestellt, als zwei weitere Personen dazustoßen: Eduards Freund Otto, ein Hauptmann, und Ottilie, Charlottes Nichte und Pflegetochter. Das Gesetz der Anziehung will es, dass Charlotte und Otto eine Neigung zueinander fassen und gleichzeitig Eduard in leidenschaftlicher Liebe zu Ottilie entbrennt. In einer Liebesumarmung zwischen Charlotte und Eduard kommt es zu einer bezeichnenden Sinnestäuschung: *"Eduard hielt nur*

Ottilien in seinen Armen; Charlotten schwebte der Hauptmann näher oder ferner vor der Seele". Das Kind, dass in jener Nacht gezeugt wurde, trägt wundersamer Weise die Züge von Otto und Ottilie, als hätte der geistige Ehebruch auch reale physische Konsequenzen. Charlotte gibt jetzt dem Drängen Eduards nach und willigt in die Scheidung ein, während auch Ottilie geneigt ist, Eduard zu heiraten. Eine Katastrophe verhindert die Neugruppierung der Liebenden nach dem Gesetz der Wahlverwandtschaften. Das neugeborene Kind ertrinkt im See, als der Kahn, der von Ottilie gesteuert wird, ins Schwanken gerät. Ottilie sieht in diesem Ereignis den Fluch eines Dämons, der ihr Leben aus der Bahn geworfen hat. Sie entsagt ihrer Liebe zu Eduard und zieht sich völlig in sich selbst zurück. Als sie an Auszehrung stirbt, stirbt auch Eduard - gleichsam in Erfüllung der "verwandtschaftlichen" Beziehung. Beide werden in der Kapelle auf Eduards Landgut bestattet.

Der Schluss des Romans veranschaulicht, dass der Konflikt zwischen kultureller Ordnung, in die die Ehe eingebettet ist, und unbedingter Leidenschaft, für die die elementare erotische Anziehung steht, letztlich unlösbar ist. Der Mensch hat nur die Möglichkeit, seine geistige Freiheit durch Entsagung zu behaupten. Damit verweigert er sich dem Naturgesetz der Leidenschaft und hebt die Sittlichkeit auf eine neue, höhere Stufe.

"Faust": "Werd ich zum Augenblicke sagen: Verweile doch! du bist so schön!"

An seinem Faust-Drama hat Goethe fast sein ganzes Leben lang gearbeitet. Schon als Student schreibt er den **"Urfaust"**, der erst 1887 wiederentdeckt wird. Der erste Teil des Dramas erscheint 1808, der zweite 1832 - kurz nach Goethes Tod. Der Ur-Stoff des Dramas findet sich in dem Volksbuch von 1587, in dem die Fabel von Doktor Faustus erzählt wird, der seine Seele dem Teufel verschreibt, um die Geheimnisse der Welt zu ergründen. In **"Faust I"** von Goethe gibt es zwei Wetten: Mephistopheles (der Teufel) wettet mit Gott, dass er es schafft, Faust vom rechten Weg abzubringen. Gott wettet dagegen, weil er auf das dem Menschen innewohnende Gute vertraut. Die zweite Wette schließt der Teufel mit Faust. Er bietet ihm grenzenlosen Lebensgenuss gegen die Verpfändung seiner Seele. Faust bekräftigt die Wette mit den Worten: *"Kannst du mich mit Genuss betrügen, / Das sei für mich der letzte Tag!"* - Die Verführung durch sinnlichen Genuss beginnt mit der Gretchen-Tragödie. Faust verführt ein 15-jähriges Mädchen und verlässt sie, als sie schwanger ist. Sie tötet ihr Kind und wird dem Blutgericht überantwortet. Um Faust von Gretchens Schicksal abzulenken, führt Mephisto ihn auf den Brocken, wo die Hexen das Walpurgisnachtfest feiern. Als Faust zu Gretchen zurückkehrt und in ihren Kerker eindringt, um sie zu befreien, wird er von ihr zurückgestoßen. Eine Stimme "von oben" verkündet Gretchen die Vergebung ihrer Sünden und ihre Errettung. In **"Faust II"** geht die abenteuerliche Reise Fausts und Mephistos weiter, wobei sie unterschiedliche Zeitepochen (Antike, Mittelalter) durchmessen. Als hundertjähriger, erblindeter Greis betätigt sich Faust als Kolonisator von Neuland, das er dem Meer abringt. Er nutzt es, um dort besitzlose Menschen anzusiedeln. Mit dieser späten sozialen Sinnfindung hat sich sein Leben erfüllt: *"Zum Augenblicke dürft' ich sagen: Verweile doch, du bist so schön! [...] / Im Vorgefühl von solchem hohen Glück / Genieß' ich jetzt den höchsten Augenblick"*. Faust stirbt und Engel tragen seine Seele in himmlische Sphären: *"Wer immer strebend sich bemüht, den können wir erlösen."*

Bedeutsame Werke Goethes kurz vorgestellt

"Götz von Berlichingen" (1773): Das Drama des 24-jährigen Dichters beruht auf der Lebensbeschreibung des berühmten Haudegens und Raubritters Götz von Berlichingen. Götz vertritt die Tradition des dem Untergang geweihten Standes der Reichsritter, der das Recht in die eigenen Hände nimmt. Die Herrschaft des neuen römischen Rechts verbietet diese Selbstjustiz, die Götz als Privileg seines Standes verteidigt. Im Gefängnis stirbt er mit den Worten *"Himmlische Luft - Freiheit! Freiheit!"* auf den Lippen. Seine Frau Elisabeth antwortet ihm: *"Nur droben, droben bei dir. Die Welt ist ein Gefängnis."* Das Drama bricht radikal mit den dramatischen Gesetzen des Aristoteles, mit der Einheit von Ort, Zeit und Handlung. Es stellt sich in die Tradition des Vorbilds aller Sturm-und-Drang-Dichter: William Shakespeare.

"Egmont" (1775/1787): Historischer Hintergrund dieser Tragödie ist der Freiheitskampf der Niederlande gegen die spanische Herrschaft. Graf Egmont verkörpert den Freiheitsgedanken, während sein Gegenspieler, der zynische Herzog Alba, die Staatsraison vertritt. Der Aufstand gegen die Spanier misslingt. Graf Egmont wird wegen Hochverrats hingerichtet. Seine Braut Klärchen vergiftet sich.

"Wilhelm Meisters Lehrjahre" (1795/96) / **"Wilhelm Meisters Wanderjahre"** (1821/1829) - Wilhelm, Sohn bürgerlicher Eltern, möchte der geistigen Enge seines Elternhauses entfliehen, um in der Welt seine Anlagen und seine Persönlichkeit allseitig auszubilden. Er schließt sich einer Theatertruppe an und feiert als Schauspieler Erfolge. Einen Theaterbrand nimmt Wilhelm zum Anlass, den Künstlertraum aufzugeben, den er inzwischen als Selbsttäuschung empfindet. Er schließt sich der "Gesellschaft vom Turm" an, einem Geheimbund, der durch philanthropische Taten am Wohl der Menschheit arbeitet. Erotische Verwicklungen führen bei Wilhelm zu seelischen Verwundungen, die er aber im Zuge seines Selbstfindungsprozesses heilt. Der Roman endet mit dem Sieg der vernünftigen Ordnung über die Unordnung der Gefühle.

In den "Wanderjahren" lässt sich der weitere Lebensgang Wilhelms nicht mehr chronologisch verfolgen. Dieser Teil des komplexen Werkes bietet eine Mischung aus Rahmenhandlungen, eingeschobenen Novellen, Spruchsammlungen und philosophischen Betrachtungen. Wilhelm erlebt mehrere "Bezirke", die für verschiedene Bildungs- und Gesellschaftsmodelle stehen. Am berühmtesten ist der Bezirk der "pädagogischen Provinz", in dem die Zöglinge ihre Anlagen durch Musik, Spiel und ein Leben in der Gemeinschaft ausbilden. Wilhelm erlebt eine Desillusion, als sein Wunsch nach vielseitiger Bildung mit einer Realität kollidiert, in der die Einseitigkeit der gesellschaftlichen Arbeitsteilung dominiert. Er gewinnt für sich das Lebensgesetz, wonach *"Denken und Tun, Tun und*

Denken" miteinander verwoben sind: *"Beides muss wie Aus- und Einatmen sich im Leben ewig fort hin und wider bewegen."*

Was von Goethe bleibt

Goethe hat in allen Gattungen der Literatur Gültiges und Bleibendes geschaffen. In der Schule werden auch in Zukunft vor allem seine Gedichte, **"Werther"**, **"Iphigenie"** und das **"Faust"**-Drama gelesen werden. Goethe hat weit über den literarischen Bezirk hinaus mit seiner Gedankenkraft gewirkt: in der Naturwissenschaft, der Theatertheorie, der Politik, der Autobiographik und der Reisebeschreibung. Überall finden der interessierte Laie und der Kenner Bereicherndes. Goethe war wohl das letzte Universalgenie in Deutschland, das große intellektuelle Bezirke überblickte und sie mit seinen Gedanken bereicherte.

Verwendete Literatur

Johann Wolfgang von Goethe: Werke, Hamburger Ausgabe, 14 Bände, DTV-Verlag, München 1982
Peter Boerner: Goethe. Rowohlts Monographien, Reinbek bei Hamburg, 1964
Rüdiger Safranski: Goethe - Kunstwerk des Lebens, Biographie, Hanser Verlag, München 2013

Friedrich Hölderlin

„Komm! ins Offene, Freund!"

Friedrich Hölderlin wird am 20. März 1770 in Lauffen am Neckar in einer gutbürgerlichen Familie geboren. Der Vater, ein Jurist, und die Mutter, eine Pfarrerstochter, gehören der sog. "Ehrbarkeit" an, einer bürgerlichen Schicht, die ihr Selbstbewusstsein aus einem Vertrag mit dem Landesherren schöpft, der ihr Mitsprache bei der Steuerbewilligung garantiert. Da der Vater zwei Jahre nach der Geburt Friedrichs stirbt, heiratet die Mutter ein zweites Mal. Dies ist mit einem Ortswechsel nach Nürtingen verbunden. Auch der Stiefvater gehört als Weinhändler und späterer Bürgermeister der "Ehrbarkeit" an. Unter dem Einfluss der Mutter strebt der junge Friedrich den Beruf des Pfarrers an. Der Weg führt über die Lateinschule in Denkendorf, das Landexamen, die Klosterschule in Maulbronn in das Tübinger "Stift", die akademische Ausbildungsstätte für die geistliche Elite Württembergs. Andere bekannte Geistesgrößen wie Hegel, Schelling, Mörike, Schwab, Hauff, Vischer, Strauß und Herwegh haben denselben Weg beschritten.

Früh beginnt der aufgeweckte Junge zu dichten. Beeinflusst wird er dabei von den Sinneseindrücken, die er von der Natur am Neckar empfängt, und von dem Gottvertrauen, das ihm die pietistische Glaubensausrichtung seiner Mutter gewährt. Die frühen Gedichte sind beeinflusst von der religiös grundierten Hymnik Klopstocks, vom hohen Ton Schillers und von der Zeitkritik Schubarts. In der Tübinger Zeit (1788 - 1793) sind deutliche zeitgeschichtliche Einflüsse erkennbar, die sich in der Begeisterung für die Französische Revolution niederschlagen. Nach Abschluss des theologischen Examens versucht Hölderlin alles, um der "Galeere der Theologie" - dem Beruf des Pfarrers - zu entgehen. Auf Empfehlung Friedrich Schillers erhält er eine Stelle als "Hofmeister" - so nannte man damals die Privaterzieher in vornehmen Häusern - bei Schillers langjähriger Freundin Charlotte von Kalb in Waltershausen bei Jena. Von ihr stammt die hellsichtige Beschreibung von Hölderlins Charakter: "Und Ruhe, Selbstgenügsamkeit und Stetigkeit werde doch endlich dem Rastlosen! Er ist ein Rad, welches schnell läuft!"

Verkünder der Freiheit: "Schon fühlen an der Freiheit Fahnen / Sich Jünglinge, wie Götter, gut und groß"

Im zweiten Jahr seiner Zugehörigkeit zum Tübinger Stift bricht die Französische Revolution aus. Sie wird unter den Zöglingen als epochemachendes Ereignis diskutiert und gefeiert. In zahlreichen Hymnen, die am hohen Ton der Gedankenlyrik Friedrich Schillers geschult sind, verherrlicht der 19-jährige Hölderlin die Idee von Freiheit, Gleichheit und Brüderlichkeit, die vom Nachbarland nach Deutschland dringt.

> Schon fühlen an der Freiheit Fahnen
> Sich Jünglinge, wie Götter, gut und groß,
> Und, ha! die stolzen Wüstlinge zu mahnen,
> Bricht jede Kraft von Bann und Kette los.
> (Aus: **"Hymne an die Menschheit"**, 1791)

In dieser Hymne bricht sich der Hass auf die verschwenderische Fürstenherrschaft Bahn. Unmoral und Prunksucht werden die Werte Gerechtigkeit und Wahrhaftigkeit entgegengesetzt. Die Berufung auf das Überkommene und scheinbar Bewährte soll nicht länger den Wandel der Gesellschaft behindern:

> Nieder, nieder mit verjährtem Wahne!
> Stolzer Lüge Fluch und Untergang,
> Ruhm der Weisheit unbefleckter Fahne,
> Den Gerechten Ruhm und Siegsgesang!
> (Aus: **"Hymne an die Göttin der Harmonie"**, 1790/91)

Die Verwirklichung einer freien und gerechten Gesellschaft in Deutschland soll der ganzen Menschheit zu ihrem Glück verhelfen:

... - und endlich ist gelungen,
Was in Äonen keiner Kraft gelang - [...]
Die Himmel kündigen des Staubes Ehre,
Und zur Vollendung geht die Menschheit ein.
(Aus: **"Hymne an die Menschheit"**)

Mit der Begeisterung für eine neue Gesellschaftsordnung einher geht der schwärmerisch vorgetragene Wunsch nach Gemeinschaft und Freundschaft:

Geister! Brüder! unser Bund erglühe
Von der Liebe göttlicher Magie.
Unbegrenzte, reine Liebe ziehe
Freundlich uns zur hohen Harmonie.
(Aus: **"Hymne an die Göttin der Harmonie"**)

Diesen Freundschaftskult hat Hölderlin bis zu seinem Abgleiten in die geistige Umnachtung mit Eifer und Zuverlässigkeit gepflegt. Unzählige Briefe, vor allem an seine Freunde aus der gemeinsamen Tübinger Studienzeit, Hegel und Schelling, zeugen davon.

Verherrlichung der Natur: "O Natur! an deiner Schönheit Lichte..."

Hölderlin hat seine Kindheit in zwei Städten verbracht, die am Neckar liegen: Lauffen und Nürtingen. Den Neckar muss man sich in damaliger Zeit noch als natürlichen, unregulierten Fluss vorstellen. Der Fluss und die ihn umgebende Landschaft haben Hölderlins Bild von der Natur nachhaltig geprägt:
   "In deinen Thälern wachte mein Herz mir auf / Zum Leben, deine Wellen umspielten mich..." (**"Der Neckar"**, 1800)
   Der Neckar wird nicht nur als Lebensspender verherrlicht. Für Hölderlin ist er ein treuer Lebensbegleiter:

"...doch weicht mir aus treuem Sinn / Auch da mein Neckar nicht mit seinen / Lieblichen Wiesen und Uferweiden." (ebd.)

In dem programmatischen Gedicht **"An die Natur"** (1794/95) wird die Natur ganz im Sinne des Pantheismus als Projektionsfläche für menschliche Gefühle benutzt:

> Da ich noch mit Glauben und mit Sehnen
> Reich, wie du, an deinem Bilde stand,
> Eine Stelle noch für meine Tränen,
> Eine Welt für meine Liebe fand.
> **("An die Natur")**

Gott offenbart sich in der Natur (*"...Frühling Gottes Melodie"*), sie verkörpert die Unendlichkeit der Schöpfung (*"da stürzt´ ich.../ In die Arme der Unendlichkeit"*) und die Vollkommenheit des Universums (*"O Natur! an deiner Schönheit Lichte"*). Wie bei Goethes "Werther" verblasst das Bild der freundlichen Natur, wenn dem Ich die Erfüllung seiner Lebensträume versagt bleibt (*"Da der Jugend goldne Träume starben / Starb für mich die freundliche Natur"*).

Sänger der Liebe: "Licht der Liebe! du goldnes!"

Liebe ist für Hölderlin das höchste Gefühl, dessen der Mensch fähig ist. In schwärmerischem Ton hat er die Liebe besungen, ihre segensreiche Wirkung auf den Menschen beschworen.

> Wenn ihr Freunde vergesst, wenn ihr die Euern all,
> O ihr Dankbaren, sie, eure Dichter schmäht,
> Gott vergeb´ es, doch ehret
> Nur die Seele der Liebenden.
> **("Die Liebe"**,1800)

Hölderlin verspricht sich von der Liebe eine die menschliche Gemeinschaft veredelnde Wirkung:

...Sprache der Liebenden
Sei Sprache des Landes,
Ihre Seele der Laut des Volks! (ebd.)

Zwei Liebende können sich nicht vollständig kennen. Sie müssen mit dem Rest eines Geheimnisses leben, das letztlich seine Ursache darin hat, dass der Mensch ein Geschöpf Gottes mit einer eigenen Identität ist.

Ach! wir kennen uns wenig,
Denn es waltet ein Gott in uns.
(**"Die Liebenden"**, 1798)

Kurz vor Weihnachten 1795 tritt Hölderlin eine neue Hofmeisterstelle bei der Familie Gontard in Frankfurt / M. an. Der Hausherr ist durch Tuchhandel und Bankgeschäfte reich geworden und führt in Frankfurt ein vornehmes Haus. Hölderlin verliebt sich in seine junge Ehefrau Susette, die seine Liebe erwidert. In zahlreichen Gedichten an "Diotima" gibt er seinen Liebesgefühlen Ausdruck.

Diotima! edles Leben!
Schwester, heilig mir verwandt!
Eh´ ich dir die Hand gegeben,
Hab´ ich ferne dich gekannt.
Damals schon, da ich in Träumen,
Mir entlockt vom heitern Tag,
Unter meines Gartens Bäumen,
Ein zufriedner Knabe lag,
Da in leiser Lust und Schöne
Meiner Seele Mai begann,
Säuselte, wie Zephirstöne,
Göttliche! dein Geist mich an.
(**"Diotima"**, Jüngere Fassung, 1797)

Die Geliebte, Diotima, ist schon dem Knaben als Idealbild der begehrenswerten Frau erschienen. Sie ist deshalb nicht nur erotisches Wunschbild, sondern auch Geistesverwandte, heilige Schwester. Die Überhöhung der Geliebten ins Göttliche ist ein immer wiederkehrendes Motiv in Hölderlins Liebes-Lyrik.

> Von den Himmlischen dort oben,
> Wo hinauf die Freude flieht, [...]
> Scheinst du mir herabgestiegen,
> Götterbotin! (ebd.)

Hölderlins Gottesbegriff: "Ihr guten Götter!"

Hölderlins Religiosität wird entscheidend von der Mutter, einer Pfarrerstochter, geprägt. Sie hängt dem schwäbischen Pietismus an, einer Glaubensrichtung in der evangelischen Kirche, die das Reich Gottes durch christliche Lebensweise schon im Diesseits zu verwirklichen versucht. Wichtig ist dem Pietismus weniger die das orthodoxe Luthertum prägende Exegese der Heiligen Schrift, als vielmehr die gefühlsbetonte Frömmigkeit des einzelnen Christen. Die Mutter hat ihren Sohn Friedrich in allen Lebensstationen mit christlichen Ermahnungen begleitet: "Besonders aber bitte ich dich herzlich, dass du die Pflichten gegen unseren lieben Gott und Vater im Himmel nicht versäumest, wir können auf dieser Erde keine größere Glückseligkeit erlangen, als wenn wir bei unserem lieben Gott in Gnaden stehen, nach diesem wollen wir mit allem Ernst streben, dass wir dort einander wiederfinden, wo keine Trennung mehr sein wird". (Brief der Mutter vom Oktober 1805, Orthografie den heutigen Regeln angepasst) - Hölderlins Antworten auf die brieflichen Ermahnungen ergehen sich in Dankbarkeit und Gehorsam, lassen aber einen liebevollen persönlichen Ton vermissen. Allerdings ist nicht zu übersehen, dass die dem Pietismus eigene Gewissenserforschung das Denken Hölderlins stark beeinflusst hat. In all seinen Briefen finden sich Selbstanalysen, in denen der Dichter sein Verhältnis zur Welt, zu anderen Menschen und zu Gott erforscht. Wie sieht Hölderlins Gottesbegriff aus?

> Ihr guten Götter! arm ist, wer euch nicht kennt,
> Im rohen Busen ruhet der Zwist ihm nie,
> Und Nacht ist ihm die Welt und keine
> Freude gedeihet und kein Gesang ihm.
> ("**Die Götter**", 1800)

Hölderlin überträgt die christliche Vorstellung vom gütigen Gott auf die Götterwelt des antiken Griechenlands, wie es dem damaligen klassischen Bildungsideal entspricht. Die guten Götter entfalten eine segensreiche Wirkung, indem sie den rohen Menschen zähmen und ihm Lebensfreude schenken. Die Götter sind zugleich die Instanzen, die dem Dichter als persönlicher Schutzgeist, als Genius, zur Seite stehen: *"Und lasst in Sorgen und in Irren / Nimmer den Genius sich vertrauern"*. (ebd.) Unter dem Einfluss der Lektüre der Schriften von Immanuel Kant und Baruch de Spinoza während seiner "Stift"-Zeit wendet sich Hölderlin von der christlichen Offenbarungsreligion ab. In einer Mischung aus Pantheismus und unmittelbarer Nachfolge Jesu Christi träumt er von einer Religion der Liebe im Diesseits, die er euphemistisch "Reich Gottes" nennt. Der glaubensstrengen Mutter verschweigt er seine Glaubenszweifel, da sie immer noch davon träumt, ihren begabten Sohn auf der Kanzel zu erleben. Den selbstbewussten Vers *"An das Göttliche glauben / Die allein, die es selber sind"* (**"Menschenbeifall"**) hätte sie sicher nicht gebilligt.

Gedichte in höchster Vollendung

Hyperions Schicksalslied (1799)

Ihr wandelt droben im Licht
  Auf weichem Boden, selige Genien!
    Glänzende Götterlüfte
      Rühren euch leicht,
        Wie die Finger der Künstlerin

Heilige Saiten.

Schicksallos, wie der schlafende
  Säugling, atmen die Himmlischen;
    Keusch bewahrt
      In bescheidener Knospe,
        Blühet ewig
          Ihnen der Geist,
            Und die seligen Augen
           Blicken in stiller
             Ewiger Klarheit.

Doch uns ist gegeben,
  Auf keiner Stätte zu ruhn,
    Es schwinden, es fallen
      Die leidenden Menschen
        Blindlings von einer
          Stunde zur andern,
            Wie Wasser von Klippe
            Zu Klippe geworfen,
              Jahr lang ins Ungewisse hinab.

Das Gedicht stellt der heiteren Seligkeit der griechischen Götterwelt die Leiden des Menschen gegenüber. Ohne dem unerbittlichen Schicksal unterworfen zu sein, führen die Genien - die Schutzgeister des Menschen - ein unbeschwertes, heiteres Leben. Die Menschen hingegen sind heimatlos, getrieben und können, wenn es das widrige Schicksal will, rettungslos ins Verderben stürzen. Das Bild des über die Klippen hinabstürzenden Wassers veranschaulicht die Gefahr, in der der Mensch schwebt. Johannes Brahms hat in seinem "Schicksalslied für gemischten Chor und Orchester" (op. 54) das Gedicht meisterhaft vertont, indem er den Dualismus der beiden Sphären drastisch betont, die Komposition aber dennoch versöhnlich ausklingen lässt.

An die Parzen (1798)

Nur Einen Sommer gönnt, ihr Gewaltigen!
  Und einen Herbst zu reifem Gesange mir,
    Dass williger mein Herz, vom süßen
      Spiele gesättiget, dann mir sterbe.

Die Seele, der im Leben ihr göttlich Recht
  Nicht ward, sie ruht auch drunten im Orkus nicht;
    Doch ist mir einst das Heil'ge, das am
      Herzen mir liegt, das Gedicht, gelungen,

Willkommen dann, o Stille der Schattenwelt!
  Zufrieden bin ich, wenn auch mein Saitenspiel
    Mich nicht hinab geleitet; Einmal
      Lebt ich, wie Götter, und mehr bedarfs nicht.

In dieser Ode beschwört Hölderlin die drei Schicksalsgöttinnen Klotho, Lachesis und Atropos, die über den Tod des Menschen bestimmen, sie möchten ihm noch so lange Aufschub gewähren, bis seine Dichtung gelungen sei. Der Text ist eine Verherrlichung der Kunst, die dem Dichter, wenn sie zur Meisterschaft gereift ist, das irdische Leben erträglich macht. Das gelungene Kunstwerk geschaffen zu haben, macht den in irdischer Niedrigkeit befangenen Dichter den Göttern gleich.

Hölderlin hat dieses Gedicht im anspruchsvollen Metrum der Alkäischen Ode gestaltet. Dabei wird die Zahl der Silben pro Vers vorgeschrieben: 11, 11, 9, 10 Silben. Auch das Metrum ist festgelegt: Jamben und Anapäste (Verse 1 und 2), reine Jamben (Vers 3) und Daktylen und Trochäen (Vers 4). Ein Reimschema ist bei dieser Ode nicht vorgesehen. Hölderlin hat von seiner Schulzeit in der Lateinschule an die griechische Sprache und Literatur studiert und es schließlich zu einer großen Meisterschaft gebracht.

Abendphantasie (1799)

Vor seiner Hütte ruhig im Schatten sitzt
  Der Pflüger, dem Genügsamen raucht sein Herd.
    Gastfreundlich tönt dem Wanderer im
      Friedlichen Dorfe die Abendglocke.

Wohl kehren izt die Schiffer zum Hafen auch,
  In fernen Städten, fröhlich verrauscht des Markts
    Geschäft' ger Lärm; in stiller Laube
      Glänzt das gesellige Mahl den Freunden.

Wohin denn ich? Es leben die Sterblichen
  Von Lohn und Arbeit; wechselnd in Müh' und Ruh
    Ist alles freudig; warum schläft denn
      Nimmer nur mir in der Brust der Stachel?

Am Abendhimmel blühet ein Frühling auf;
  Unzählig blühn die Rosen und ruhig scheint
    Die goldne Welt; o dorthin nimmt mich,
      Purpurne Wolken! und möge droben

In Licht und Luft zerrinnen mir Lieb' und Leid! -
  Doch, wie verscheucht von thöriger Bitte, flieht
    Der Zauber; dunkel wirds und einsam
      Unter dem Himmel, wie immer, bin ich -

Komm du nun, sanfter Schlummer! zu viel begehrt
  Das Herz; doch endlich, Jugend! verglühst du ja,
    Du ruhelose, träumerische!
      Friedlich und heiter ist dann das Alter.

Vor dem Hintergrund der Harmonie, die das lyrische Ich bei den anderen Menschen sieht (Bauer, Wanderer, Seemann, Freunde), registriert es bei sich selbst Heimatlosigkeit (*"Wohin denn ich?"*),

Unzufriedenheit ("...in der Brust der Stachel") und Einsamkeit ("einsam / Unter dem Himmel...bin ich"). Aus diesem Gefühl des Ungeborgenseins erwächst bei ihm die Sehnsucht nach dem Tod ("...o dorthin nimmt mich, / Purpurne Wolken"). Vom Tod verspricht es sich ein Ende der emotionalen Extreme ("zerrinnen mir Lieb und Leid"), die ihn im Leben quälen. Die metaphorische Bezeichnung des Abendhimmels als blühender Frühling verdeutlicht die Sehnsucht nach einem Neubeginn jenseits der irdischen Qualen. Das Jenseits wird ebenfalls in Form einer Metapher als "goldne Welt" ausgemalt. Da das lyrische Ich weiß, dass dieser Wunsch nicht erfüllt werden kann, weil jedem seine Todesstunde vorherbestimmt ist, erhofft es sich Ruhe und Frieden vom Alter. Die verstörende Wendung "...endlich Jugend! verglühst du ja", die dem normalen menschlichen Empfinden zuwiderläuft, zeigt die ganze Verzweiflung des Sprechers. Man darf nicht vergessen, dass Hölderlin erst 29 Jahre alt ist, als er dieses Gedicht schreibt. Die Aussage wird aber dann verständlich, wenn man weiß, dass der junge Hölderlin hohe Ansprüche an das Leben gestellt hat, die alle durch ein widriges Schicksal zunichtewurden. In der Wendung "Jugend.../ Du ruhelose, träumerische" klingt an, welche Sehnsüchte das Leben des jungen Dichters bestimmt haben. Auch dieses Gedicht hat Hölderlin im alkäischen Metrum gestaltet.

Hälfte des Lebens (1802/1803)

Mit gelben Birnen hänget
Und voll mit wilden Rosen
Das Land in den See,
Ihr holden Schwäne,
Und trunken von Küssen
Tunkt ihr das Haupt
Ins heilignüchterne Wasser.

Weh mir, wo nehm' ich, wenn
Es Winter ist, die Blumen, und wo
Den Sonnenschein,

Und Schatten der Erde?
Die Mauern stehn
Sprachlos und kalt, im Winde
Klirren die Fahnen.

Die beiden Strophen des Gedichts schildern zwei polar entgegengesetzte Welten. Die erste Strophe ist bestimmt von Bildern frühherbstlicher Reife und Fülle, während in der zweiten winterliche Erstarrung und erstorbenes Leben geschildert werden. In der ersten Strophe befindet sich das lyrische Ich noch im Einklang mit der lebendigen und harmonischen Natur. In Vers 4, der Mittelachse der Strophe, redet es in feierlichem Ton die Schwäne an, die sich im Liebesspiel ergehen. Die Anrede wirkt so, als wollte der Sprecher an der Liebe der stolzen Vögel teilhaben. Die erste Strophe schildert eine Welt, die von Farbe, Fülle, Leben und Harmonie geprägt ist. Das lyrische Ich fühlt sich dieser Welt zugehörig und in ihr geborgen. In der zweiten Strophe zerbricht schroff die Vorstellung von Harmonie und Lebendigkeit. Die Vorahnung des Winters wird beherrscht von Bildern der Erstarrung, der Dunkelheit und des Ersterbens der lebendigen Natur. Das lyrische Ich meldet sich klagend zu Wort ("*Weh mir...*"). Es verspürt Verunsicherung und Angst. Das Bild der Mauer deutet die Abtrennung des Sprechers vom Lebendigen an, das Klirren der metallenen Wetterfahnen bildet einen denkbar großen Kontrast zur sanften Harmonie der sich in Liebe zugetanen Schwäne. Der Titel "Hälfte des Lebens" bezeichnet nicht Jugend und Alter im herkömmlichen Sinne, da in Hölderlins Vorstellung das Alter keineswegs negativ besetzt ist. In dem Gedicht "Abendphantasie" werden dem Alter ausgesprochen positive Attribute zugesprochen: "*Friedlich und heiter ist dann das Alter*". Eher hat das Gedicht etwas mit einem biografischen Einschnitt zu tun, der sich im Entstehungsjahr des Gedichts 1803 abzeichnet. Von einem monatelangen Fußmarsch von Bordeaux nach Nürtingen zurückgekehrt, zeigt der Dichter erste Anzeichen einer geistigen Zerrüttung, die sich verstärken, als er von seinen Freunden vom Tod seiner Geliebten Susette Gontard ("Diotima") erfährt. Sie war am 22. Juni 1802 im Alter von 33 Jahren an den Röteln gestorben. Die Fürsorge der Mutter und die Hilfe seines Freundes Isaac von Sinclair können die psychische Erkrankung nicht aufhalten. 1806 wird Hölderlin in eine Tübinger Nervenklinik eingewiesen, aus der er ein Jahr später als unheilbar entlassen wird. Der literaturbegeisterte Tischlermeister Ernst Zimmer nimmt ihn in Pflege. Nach dessen Tod kümmert sich seine Tochter Charlotte rührend um den inzwischen berühmten Dichter. Im sog. Hölderlinturm verbringt er noch 36 Jahre seines Lebens. Er spielt Klavier, Flöte, geht mit Freunden spazieren und schreibt weiterhin Gedichte. Es sind einfache gereimte Verse im jambischen Metrum. Die meisten befassen sich mit dem jahreszeitlichen Wandel der Natur. Am 7. Juni 1843 stirbt Friedrich Hölderlin. Er wird auf dem Stadtfriedhof Tübingen bestattet.

"Hyperion oder der Eremit in Griechenland": "Versöhnung ist mitten im Streit und alles Getrennte findet sich wieder." (1797-1799)

Der junge Grieche Hyperion zieht in die Welt, um die Sitten und Gebräuche fremder Völker kennen zu lernen. Er trifft auf den Revolutionär Alabanda, der die Herrschaft des Adels beseitigen will. Ihre Freundschaft zerbricht an der Frage, ob dies, wie Alabanda vorschlägt, durch eine Revolution oder durch eine evolutionäre Erziehung des Volkes, wie sie Hyperion vorschwebt, geschehen soll. Hyperion lernt Diotima kennen, in der er eine "schöne Seele" erkennt. Dieser Begriff geht auf Platon zurück, der die Verkörperung des Wahren, Guten und Schönen in einer Person zum menschlichen Ideal erklärt hat. Diotima bestärkt Hyperion in seiner Mission, *Erzieher des Volkes"* zu sein. Als die Griechen einen Aufstand gegen die Herrschaft der Osmanen beginnen, schließt sich Hyperion doch der revolutionären Bewegung des Alabanda an. Als die revolutionären Truppen Plünderungen im Volke begehen, wendet sich Hyperion von den Aufständischen ab. Hier klingt Hölderlins Enttäuschung über die Schreckensherrschaft der Jakobiner in der Französischen Revolution durch. Nach dem Tod Alabandas und Diotimas verlässt Hyperion

Griechenland und reist nach Deutschland. Dort erlebt er die schlechten Zustände, die er in seinem Heimatland beklagt hat, in gesteigerter Form. Es kommt zu der berühmt gewordenen Scheltrede über die Deutschen: "*...ich kann kein Volk mir denken, das zerrissener wäre, wie die Deutschen. Handwerker siehst du, aber keine Menschen, Denker, aber keine Menschen, Priester, aber keine Menschen...*". Auch hier ist die Kritik, die Hölderlin an seinem Vaterland immer wieder geübt hat, unverkennbar. Mit einer letztlich religiös begründeten Vision schließt der Roman: "*Wie der Zwist der Liebenden sind die Dissonanzen der Welt. Versöhnung ist mitten im Streit und alles Getrennte findet sich wieder*".

Als Form hat Hölderlin den damals beliebten Brief-Roman gewählt, der schon in Goethes "Werther" einen durchschlagenden Erfolg hatte. Briefpartner ist der Deutsche Bellarmin. Einige Briefe sind auch an Diotima gerichtet. Im Roman vermischen sich Zeitkritik (Absage an die Fürstenherrschaft), Verweise auf die Französische Revolution, die Ziele des klassischen Bildungsideals und nicht zuletzt Gedanken des schwäbischen Pietismus. Der Freiheitskampf der Griechen soll einen "*Freistaat*" schaffen, in dem die "*heilige Theokratie des Schönen*" erblühen kann. Philosophische Reflexion, Erlebnisschilderung und die Kritik politischer Verhältnisse vereinen sich auf einmalige Weise in einer hochpoetischen Sprache.

Was von Hölderlin bleibt

Hölderlins Lyrik wird nie eine breite Leserschaft finden. Dies ist auch zu Lebzeiten des Dichters nicht der Fall. Dazu sind die Gedichte zu hermetisch gestaltet und mit zu vielen Verweisen auf philosophisches und mythologisches Gedankengut von der griechischen Antike bis ins 19. Jahrhundert versehen. Es wird aber immer eine treue Leserschaft geben, die sich den Zumutungen dieser Gedichte stellt und die große sprachliche Kraft, mit der sie gestaltet sind, zu würdigen weiß. Im Literaturunterricht werden die berühmten Gedichte **"Abendphantasie"**, **"Hyperions Schicksalslied"**, **"An die Parzen"** und **"Hälfte des Lebens"** auch weiterhin ihren Platz haben. Wer sich an der schwelgerischen Sprache des **"Hyperion"** berauschen lassen kann, wird diesen Roman immer wieder lesen und verehren.

Verwendete Literatur

Hölderlin: Werke und Briefe in drei Bänden, hgg. von Friedrich Beißner und Jochen Schmidt, Frankfurt / M. 1969
Friedrich Hölderlin: Sämtliche Gedichte und Hyperion, Frankfurt / M. 1999
Gunter Martens: Friedrich Hölderlin, Rowohlts Monographien, Reinbek bei Hamburg, 1996
Rüdiger Safranski: Hölderlin. Komm! ins Offene, Freund!, Biographie, Hanser Verlag, München 2019

Joseph von Eichendorff

„Fahre zu! Ich mag nicht fragen / Wo die Fahrt zu Ende geht."

Joseph von Eichendorff wird am 10. März 1788 in Schloss Lubowitz in Schlesien geboren. Seine Eltern entstammen einem alten schlesischen Adelsgeschlecht. Neben seiner Muttersprache Deutsch beherrscht der Junge von früh an auch das Polnische, das in der von Mehrsprachigkeit geprägten Region häufig gesprochen wird. Schon als Schüler sammelt Eichendorff polnische Lieder und Märchen, die er bei seinem engen Kontakt mit dem einfachen Volk kennen gelernt hat. Die freiheitliche Erziehung durch seine Eltern ermöglicht dem Jungen eine unbeschwerte Kindheit, die er oft in freier Natur verbringt. Bildung bekommen Joseph und sein Bruder Wilhelm vom Hauserzieher Heinke vermittelt, den die Brüder bis ins Erwachsenenalter verehren. Die Brüder besuchen das Katholische Matthias-Gymnasium in Breslau, an dem sie neben den klassischen Fächern auch mit Musik und Theater in Berührung kommen. Joseph wird zu einem begeisterten Laienschauspieler und einem häufigen Theaterbesucher. 1805 beginnt Joseph zusammen mit seinem Bruder das Studium der Rechte in Halle, zwei Jahre später wechseln sie an die Universität in Heidelberg. Dort hörten sie Vorlesungen des Privatdozenten Johann Joseph Görres, dessen Naturphilosophie Joseph von Eichendorff tief beeindruckt. Ausdruck der von Görres empfangenen Natursicht ist das Gedicht **"Abschied"** (1810), in dem es heißt: *"O schöner, grüner Wald, / Du meiner Lust und Wehen / Andächt´ ger Aufenthalt"*. Der *"geschäft´ gen Welt"* setzt der Dichter das Geheimnis des Waldes gegenüber, das dem Menschen Lebensorientierung zu geben vermag: *"Da steht im Wald geschrieben / Ein stilles, ernstes Wort / Von rechtem Tun und Lieben..."*. - 1810 wechseln die Brüder an die Universität in Wien, wo sie 1812 das Studium der Rechte mit der Referendarprüfung abschließen. Während Wilhelm als Jurist in den österreichischen Staatsdienst eintritt, schließt sich Joseph den Lützower Jägern an, um am Befreiungskampf gegen Napoleon teilzunehmen. 1815 heiratet er Aloysia (Luise) von Larisch, mit der er über 40 Jahre lang glücklich zusammenleben sollte. 1816 beginnt Eichendorffs windungsreiche Karriere im preußischen Staatsdienst, die ihn über Breslau, Danzig und Königsberg nach Berlin führt. Seine höchste Position ist die eines "Königlichen Rats". Seine literarischen Werke schreibt er in der Freizeit. 1844 scheidet er nach einem fast dreißigjährigen Beamtendasein wegen gesundheitlicher Probleme aus dem Staatsdienst aus. In den dreizehn Jahren bis zu seinem Tod widmet er sich seiner schriftstellerischen und publizistischen Arbeit. Am 26. November 1857 stirbt Joseph von Eichendorff in Neiße im Hause seiner Tochter Therese. Bestattet wird er auf dem Jerusalemer Friedhof in Neiße-Nysa im heutigen Polen.

Die schönsten Gedichte: "Komm, Trost der Welt, du stille Nacht!"

Eines der schönsten Gedichte in deutscher Sprache ist Joseph von Eichendorf mit **"Mondnacht"** (1835) gelungen. Thomas Mann nannte es "die Perle der Perlen".

Mondnacht

Es war, als hätt' der Himmel
Die Erde still geküsst,
Dass sie im Blütenschimmer
Von ihm nun träumen müsst'.

Die Luft ging durch die Felder,
Die Ähren wogten sacht,
Es rauschten leis' die Wälder,
So sternklar war die Nacht.

Und meine Seele spannte
Weit ihre Flügel aus,

Flog durch die stillen Lande,
Als flöge sie nach Haus.

Das Gedicht thematisiert die Suche des Menschen nach seiner wahren Heimat. Das lyrische Ich erlebt die Frühlingsnacht in einer Verzauberung, als hätte der Himmel die Erde geküsst und als hätte diese Liebesberührung die Blütenpracht hervorgerufen. Der göttliche Impuls weckt die Lebensgeister auf der Erde: wogende Kornfelder und rauschende Wälder. Von der Erde geht eine zweifache Gegenbewegung aus: Sie träumt vom Himmel und der Mensch sehnt sich danach, bei Gott endgültig Zuflucht zu finden. Im Kern ist dies ein religiöses Gedicht. Dass viele Menschen es so verstehen, kann man daran ablesen, dass seine letzte Strophe häufig in Traueranzeigen erscheint. Der Flug der unsterblichen Seele des Verstorbenen zu Gott, der wahren Heimat des Menschen, soll den Hinterbliebenen Trost spenden. Das Gedicht gilt als romantisches Gedicht schlechthin. Typische romantische Motive sind die Verehrung der Nacht als Zeit des kosmischen Geheimnisses, die rauschenden Wälder und der Traum, der dem Menschen übersinnliche Geheimnisse preisgibt. Auch die Sehnsucht des Menschen nach seiner wahren Heimat ist romantisch. Der Dichter Novalis bringt diese Suche auf die Formel: "Wohin gehen wir? Immer nach Haus". Dass es sich bei diesem ersehnten Zuhause um einen Ort bei Gott handelt, ist für viele Romantiker, die gläubige Christen sind, selbstverständlich. Typisch romantisch ist auch die "Als ob" - Haltung, die sich im Konjunktiv Irrealis (*"es war, als hätt´ der Himmel..."*) ausdrückt. Sie unterstreicht den für die Romantiker typischen Vorrang von Phantasie und Imagination vor der Ratio. Die Komponisten des 19. Jahrhunderts haben die Musikalität, die den Versen dieses Gedichts innewohnt, sehr wohl erkannt. Unsterblich unter den vielen Vertonungen ist vor allem die von Robert Schumann, der dieses und andere Gedichte Eichendorffs in seinem Liederzyklus "Liederkreis" op. 39 vertont hat.

Auf einer Burg

Eingeschlafen auf der Lauer
Oben ist der alte Ritter;
Drüber gehen Regenschauer,
Und der Wald rauscht durch das Gitter.

Eingewachsen Bart und Haare,
Und versteinert Brust und Krause,
Sitzt er viele hundert Jahre
Oben in der stillen Klause.

Draußen ist es still und friedlich,
Alle sind ins Tal gezogen,
Waldesvögel einsam singen
In den leeren Fensterbogen.

Eine Hochzeit fährt da unten
Auf dem Rhein im Sonnenscheine,
Musikanten spielen munter,
Und die schöne Braut die weinet.

Das 1810 entstandene Gedicht enthält ein Rätsel: Warum weint die schöne Braut, ausgerechnet an ihrem Hochzeitstag, an dem die Sonne scheint und wo bei einer Schiffsfahrt auf dem Rhein Musikanten fröhlich aufspielen? Des Rätsels Lösung findet sich in den ersten drei Strophen. Dort ist von einer verlassenen Burg die Rede, durch deren *"leere Fensterbogen"* der Wind rauscht. Die Skulptur eines Ritters kündet von alten Zeiten, vom Mittelalter, in dem Burgen den Mittelpunkt adeligen Lebens darstellten. Da der alte Ritter als *"eingeschlafen auf der Lauer"* dargestellt wird, hat es den Anschein, als könne er seine alte Vormachtstellung wieder erlangen, wenn nur die Zeit dafür gekommen sei. Die weinende Braut erinnert sich an die "gute, alte Zeit" ihrer Vorfahren, die durch das Heraufziehen des bürgerlichen Zeitalters und die beginnende Industrialisierung (*"alle sind ins Tal gezogen*") für immer vorbei zu sein scheint. Sie weint Tränen der Wehmut und der Ahnung, dass die neue Zeit die Geborgenheit nicht mehr bieten kann, die die alte Zeit gewährt hat. Eichendorff hat dieses Gedicht als 22-jähriger Student verfasst. Er weiß, dass die Güter seines Vaters hochverschuldet sind, dass er sich also bald (1818 ist es dann tatsächlich geschehen) von der "*alten schönen Zeit*" des Lebens auf dem väterlichen Schloss wird für immer verabschieden müssen. Eichendorff sollte dem Verlust der Welt seiner Kindheit sein ganzes Leben lang nachtrauern.

Der Abend

> Schweigt der Menschen laute Lust:
> Rauscht die Erde wie in Träumen
> wunderbar mit allen Bäumen,
> was dem Herzen kaum bewusst,
> alte Zeiten, linde Trauer,
> und es schweifen leise Schauer
> wetterleuchtend durch die Brust.

Auch in diesem Gedicht aus dem Jahr 1817 finden sich die Motive romantischer Poesie in idealtypischer Weise. Am Abend findet das laute Tagwerk der Menschen sein Ende. Der Mensch kommt zur Ruhe. In ihm erwachen Empfindungen, die aus dem Unbewussten kommen und die sich wehmütig an vergangene glücklichen Zeiten heften. Das Gedicht ist von großer formaler Harmonie geprägt. Der vierte Vers bildet eine Art von Mittelachse. Das Herz als Ort des Empfindens steht im Zentrum, um das sich die anderen Motive gruppieren: das traumhafte Erwachen abendlichen Waldrauschens (Verse 1-3) und das leise Erschauern des Sprechers angesichts der wehmütigen Erinnerung an frühere Zeiten (Verse 5-7).

Das zerbrochene Ringlein

In einem kühlen Grunde
Da geht ein Mühlenrad,
Mein Liebste ist verschwunden,
Die dort gewohnet hat.

Sie hat mir Treu versprochen,
Gab mir ein' n Ring dabei,
Sie hat die Treu gebrochen,
Mein Ringlein sprang entzwei.

Ich möcht als Spielmann reisen
Weit in die Welt hinaus,
Und singen meine Weisen,
Und geh´ n von Haus zu Haus.

Ich möcht als Reiter fliegen
Wohl in die blut´ ge Schlacht,
Um stille Feuer liegen
Im Feld bei dunkler Nacht.

Hör ich das Mühlrad gehen:
Ich weiß nicht, was ich will –
Ich möcht am liebsten sterben,
Da wär´s auf einmal still!

Das bekannte Gedicht von 1810 gestaltet ein in der Romantik beliebtes Thema: die unglückliche Liebe. Das lyrische Ich - ein junger Mann - beklagt, dass ihn seine Geliebte, eine Müllertochter, verlassen hat, obwohl sie durch einen Verlobungsring mit ihm verbunden ist. Seinen Schmerz drückt der Verlassene in dreifachen Wunschbildern aus: Er möchte seinen Schmerz der Welt als Musikant und Sänger verkünden; er möchte als Soldat in die Schlacht ziehen und sich dort Todesgefahr aussetzen; und schließlich möchte er sterben, damit er das Klappern des Mühlrads, das ihn immer an seine treulose Geliebte erinnert, für immer vergessen kann. In seiner Einfachheit erinnert das Gedicht an ein Volkslied, für das es auch von den Zeitgenossen gehalten worden ist. Eichendorff vermerkt mit Stolz, dass man seinem Gedicht *"vielfach die Ehre angetan, es für ein Volkslied zu halten und das also wohl nicht das Schlechteste sein kann."* Das Gedicht wurde mehrfach vertont. Am bekanntesten ist der Chorsatz von Friedrich Silcher.

Frische Fahrt

Laue Luft kommt blau geflossen,
Frühling, Frühling soll es sein!
Waldwärts Hörnerklang geschossen,
Mut' ger Augen lichter Schein,
Und das Wirren bunt und bunter
Wird ein magisch wilder Fluss,
In die schöne Welt hinunter
Lockt dich dieses Stromes Gruß.

Und ich mag mich nicht bewahren!
Weit von Euch treibt mich der Wind,
Auf dem Strome will ich fahren,
Von dem Glanze selig blind!
Tausend Stimmen lockend schlagen,
Hoch Aurora flammend weht,
Fahre zu! ich mag nicht fragen,
Wo die Fahrt zu Ende geht!

Das berühmte Gedicht findet sich im Roman **"Ahnung und Gegenwart"** (1812/1815). Dort wird es von der Gräfin Romana gesungen. Die Erscheinungen des Frühlings und die Signale einer Jagd verführen die Sprecherin zu einem radikalen Lebensaufbruch. Im Roman verfällt die Gräfin dem Wahnsinn, zündet ihr Schloss an und nimmt sich das Leben. Ihr Scheitern soll verdeutlichen, dass Zügellosigkeit *("Und ich mag mich nicht bewahren!")* und Blindheit

("*Von dem Glanze selig blind!*") das Leben eines Menschen völlig aus der Bahn werfen können. Wenn man den Kontext dieses Liedes im Roman kennt, muss man das Motto romantischer Entgrenzung: "*Fahre zu! ich mag nicht fragen, / Wo die Fahrt zu Ende geht!*" als Warnung verstehen, den selbstzerstörerischen Trieben des Ichs nicht nachzugeben.

"Ahnung und Gegenwart": "...treues Wollen, redlich Streben"

Eichendorff hat seinen ersten Roman während seines Wien-Aufenthaltes 2012 vollendet. 1815 wird er veröffentlicht. Er ist das Werk eines 24-Jährigen, der sich nichts Geringeres vornimmt, als einen Entwicklungsroman nach dem Vorbild von Goethes "Wilhelm Meister" zu schreiben. Die Hauptfigur, der junge Graf Friedrich, geht nach dem Universitätsstudium auf Bildungsreise. Er freundet sich mit dem Grafen Leontin an, über den er Zugang zu verschiedenen adeligen Häusern bekommt. Er verliebt sich in die oberflächliche Gräfin Rosa und widersteht den Verführungskünsten der sinnlichen Gräfin Romana. Als das Vaterland in Gefahr ist, schließt sich Friedrich dem Landsturm an, um gegen den feindlichen Eindringling - unschwer kann man darin Napoleon erkennen - zu kämpfen. Friedrich verarmt im Krieg und entsagt der Welt, indem er sich in ein Kloster zurückzieht. Vorher hat er noch seinen Bruder Rudolf nach langer Zeit der Trennung wiedergefunden. Friedrich erreicht keine geistige Vervollkommnung und gesellschaftliche Bewährung, wie es der Entwicklungsroman eigentlich fordert. Der Held wird vielmehr durch das abstoßende Verhalten des Adels desillusioniert und der Gesellschaft entfremdet. Der Grundton des Romans ist eine resignierende Melancholie, die in Friedrichs Rückzug ins Kloster ihre logische Konsequenz findet. Die romantische Atmosphäre des Romans wird durch Lieder unterstrichen, die später auch in Eichendorffs Lyrik-Anthologien Eingang gefunden haben. So das Lied, mit dem Friedrich sich vom Wald verabschiedet: "**O Täler weit, o Höhen**"; das Lied über die untreue Geliebte "**In einem kühlen Grunde**", das von Julie gesungen wird; das Lied "**Dämm´ rung will die Flügel spreiten**", das von einem Unbekannten vorgetragen wird; Leontin warnt junge

Mädchen vor der gefährlichen Hexe Lorelei mit dem Lied: **"Es ist schon spät, es wird schon kalt"**; und die verführerische Gräfin Romana singt das Lied **"Laue Luft kommt blau geflossen"**, mit dem sie ihre zügel- und bindungslose Lebensphilosophie beglaubigt.

"Das Marmorbild": "Herrgott, lass mich nicht verlorengehen in der Welt!"

Die Erzählung aus dem Jahr 1818 gestaltet ein Grundmotiv romantischen Empfindens: Die Wiedergewinnung des verlorenen Paradieses. Das triadische Geschichtsmodell dieser Epoche postuliert die Möglichkeit, die arkadische Harmonie der Menschheit nach einer Phase der Entfremdung wiederzugewinnen. In Eichendorffs Text muss sich der junge Dichter Florio zwischen zwei Freunden entscheiden, die unterschiedliche Kräfte verkörpern. Der Sänger Fortunato steht für die erlösende Kraft der Poesie, der Ritter Donati für Dämonie und Gefährdung. Verlockt vom nächtlichen Zauber einer marmornen Venusskulptur, gerät Florio in den Zauberkreis dämonischer Liebe, von der er sich nur durch ein Gebet befreien kann. Fortunato deutet Florio das vergangene Geschehen in einem Lied. Darin heißt es, dass *"Frau Venus"* ihre Macht verloren hat, seit es *"ein andres Frauenbild"* gibt: *"Ein Kindlein in den Armen / Die Wunderbare hält, / Und himmlisches Erbarmen / Durchdringt die ganze Welt"*. Unverkennbar meint der Sänger hier die Jungfrau Maria mit dem Jesuskind. Sie stehen für das Christentum, das die heidnische Zeit vergessen macht. Dass Florio das Mädchen Bianka (die Reine, Unschuldige) für sich gewinnt, ist der Lohn christlicher Standhaftigkeit. In dieser Erzählung zeigt Eichendorff, dass die Gefährdung des Künstlers nur durch eine feste Verankerung im christlichen Glauben gebannt werden kann. Diese Thematik gestaltet Eichendorff auch in dem bekannten Gedicht **"Die zwei Gesellen"** (1818). Während der eine Geselle ein bürgerliches Leben führt, gibt sich der andere den erotischen Verlockungen des Lebens hin - und scheitert. Die Bitte des lyrischen Ichs *"Ach Gott, führ uns liebreich zu dir"* entspricht der Botschaft, die das "Marmorbild" verkündet.

"Aus dem Leben eines Taugenichts": "Wem Gott will rechte Gunst erweisen"

Der **"Taugenichts"** ist bis heute Eichendorffs berühmtestes Werk. Es ist 1826 erschienen und hat danach die Herzen des bürgerlichen Lesepublikums erobert. Das Leben des "Taugenichts", der in der Erzählung nicht mit bürgerlichem Namen genannt wird, stellt den krassen Gegenentwurf zu einem geordneten bürgerlichen Leben dar. In der Einleitung der Erzählung bezeichnet der Vater des jungen Mannes, ein Müller, seinen Sohn als *"Taugenichts"* und fordert ihn auf, in die Welt hinauszugehen und dort sein Brot zu verdienen. Der Sohn lässt sich dies nicht zweimal sagen, nimmt seine Geige und stürzt sich in die Abenteuer der weiten Welt. Auf einem Schloss verliebt er sich in eine *"schöne Dame"* namens Aurelie, zieht aber, als ihm die Frau unerreichbar erscheint, weiter. Er kommt bis nach Italien, wo er unter einem bunten Künstlervolk muntere Abenteuer erlebt. Das Heimweh treibt ihn zurück in die Heimat. Auf dem Schloss, in dem seine Reise begonnen hat, gewinnt er schließlich Aurelie, die sich als armes Pflegekind der Gräfin entpuppt, zur Frau. Die Erzählung schließt mit dem berühmt gewordenen Satz: *"...und es war alles, alles gut!"* - Der Text ist eine Ich-Erzählung, wodurch das Geschehen nah an den Leser heranrückt. Diese Erzählperspektive erhöht zudem das Identifizierungspotential des Textes. Mit dem bewusst naiv gewählten Ton nähert sich Eichendorff der Sprache des Märchens an. Der Erfolg der Erzählung verdankt sich der Lebensführung des Protagonisten, der frei von bürgerlichen Zwängen nur seiner Inspiration und seiner Musik lebt. Reiselust und Sehnsucht nach Abenteuern bestimmen sein Leben, die Liebe erscheint ihm als *"Gegenwart Gottes in der Welt"*. Schon die Zeitgenossen haben neben der romantischen Schilderung eines ungezwungenen Lebens auch die sozialkritische Komponente des Textes erkannt. Der "Taugenichts" wendet sich gegen die enge, leistungsbezogene Welt des Philisters, dem Sicherheit und Wohlstand über alles gehen. Die Nützlichkeitserwägungen des Bürgertums kommen schon in den Scheltworten des Vaters zum Ausdruck: *"Ich kann Dich hier nicht länger füttern"*. Die Replik des Sohnes verdeutlicht seinen kritischen Denkhorizont, der sich von der Zweckrationalität bürgerlichen Erwerbsstrebens befreit: "...*so will ich in die Welt gehen und mein Glück machen.*" - Dass er sich dabei am Lebensrhythmus der Goldammer orientiert, unterstreicht den für die Romantik typischen engen Bezug zur Natur. Die "Taugenichts"-Erzählung verkörpert in Reinkultur die spätromantische Vorstellung eines "poetischen Lebens". Friedrich von Schlegel hat in seinem Athenaeums-Fragment (1798) gefordert, die "Poesie lebendig und gesellig und das Leben und die Gesellschaft poetisch [zu] machen." In der Poesie, nicht aber im Leben ist dies Eichendorff gelungen. Auch in diese Erzählung hat Eichendorff einige seiner schönsten Gedichte eingefügt. **"Wem Gott will rechte Gunst erweisen"** verherrlicht die Wanderlust; **"Schweigt der Menschen laute Lust"** veranschaulicht, wie die Nacht mit ihren Geheimnissen die Seele des Menschen in Bewegung setzt.

Was von Eichendorff bleibt

Die schönsten Gedichte Eichendorff gehören für immer zum Schatz der deutschen Poesie. Vor allem wird ein kleines Gedicht im Gedächtnis der Deutschen bleiben: **"Wünschelrute"** (1835). Es drückt die Poesie der Romantik auf idealtypische Weise aus.

> Schläft ein Lied in allen Dingen,
> Die da träumen fort und fort,
> Und die Welt hebt an zu singen,
> Triffst du nur das Zauberwort.

Das Dichterwort erweckt die Welt der Dinge zum Leben, wenn es ihm gelingt, das in ihnen verborgene Geheimnis zu ergründen. Das Gedicht überwindet mit seinen Personifizierungen die Grenzen zwischen unbelebter und belebter Natur.

Die Erzählung **"Aus dem Leben eines Taugenichts"** wird auch zukünftig in unseren Schulen gelesen werden, da sie wie kein anderer Text das Lebensgefühl der Romantik verkörpert.

Verwendete Literatur

Joseph von Eichendorff: Ausgewählte Werke in 2 Bänden, Emil Vollmer Verlag, München, o. J.
Paul Stöcklein: Joseph von Eichendorff in Selbstzeugnissen und Bilddokumenten, Rowohlt Verlag, Reinbek bei Hamburg, 1963

Heinrich Heine

„Mein Herz, mein Herz ist traurig ...“

Ich weiß nicht, was soll es bedeuten,
Dass ich so traurig bin;
Ein Märchen aus alten Zeiten,
Das kommt mir nicht aus dem Sinn.

Wer kennt sie nicht, diese magischen Eingangsverse aus Heines Gedicht **"Loreley"** aus dem Jahre 1824? Sie haben sich in das kollektive Gedächtnis der Deutschen genau so eingebrannt wie Goethes berühmter Vers "Über allen Gipfeln ist Ruh". Die "Loreley" wurde so berühmt, dass die Nationalsozialisten es nicht wagten, das Gedicht bei der "Reinigung" der deutschen Literatur von jüdischen Autoren aus den Anthologien zu verbannen. Sie löschten nur den Namen Heinrich Heine und schrieben unter das Gedicht "Volkslied", ohne zu ahnen, dass sie es dadurch erst richtig adeln. Zu einem Volkslied ist Heines "Loreley" im 19. Jahrhundert tatsächlich geworden. Es gab zahlreiche Vertonungen, u. a. von Franz Liszt und Clara Schumann. Am populärsten wurde die Fassung von Friedrich Silcher (1837), die von Männergesangvereinen landauf, landab gesungen wurde.

Der "entlaufene Romantiker" Heine: "Mir träumte wieder der alte Traum"

Zu Beginn der "Loreley" beschwört Heine eine typisch romantische Stimmung herauf:

Die Luft ist kühl und es dunkelt,
Und ruhig fließt der Rhein;
Der Gipfel des Berges funkelt
Im Abendsonnenschein [...].

Rheinromantik ist zur Entstehungszeit des Gedichts populär. Erst wenige Jahre zuvor ist Napoleon in den Befreiungskriegen (1813-1815) über den Rhein - den deutschen Fluss schlechthin - zurückgeschlagen worden war. Die Mitte des Gedichts wird von einer sagenhaften Frauengestalt beherrscht, der Loreley, die mit ihrer Schönheit und ihrem Gesang die Männer in ihren Bann zieht und sie dem Untergang preisgibt (*"...die Wellen verschlingen / Am Ende Schiffer und Kahn"*). Diese Figur der verführerischen, verhängnisvollen Frau, modern: der femme fatale, hat Heine noch in zahlreichen anderen Gedichten poetisch gestaltet. Auch sie entstammt dem Fundus romantischer Mythologie.

Wenn man das Gedicht genau betrachtet, stellt man fest, dass der romantische Gestus vom Dichter nicht ungebrochen gestaltet wird. Die Ursache der Melancholie des lyrischen Sprechers (*"Dass ich so traurig bin..."*) wird in eine ferne mythologische Vergangenheit (*"Ein Märchen aus alten Zeiten"*) zurückverlegt. Der Untergang des Schiffers am Ende des Gedichts wird durch die Formel *"Ich glaube..."* relativiert. Heine glaubt nicht mehr so recht an die Wunderkraft romantischer Emotionen, die sich aus Sagen und Märchen speisen. Deshalb gilt Heine als der Dichter an der Schwelle zwischen Romantik und Poetischem Realismus.

Heine bezeichnet sich selbst als *"entlaufenen Romantiker"*. Seine ersten poetischen Anregungen bekommt er durch die romantischen Dichter seiner Zeit. Einer davon - August Wilhelm Schlegel - ist sogar sein Lehrer an der Bonner Universität. Heine trifft ihn auch privat und legt ihm Proben seiner Dichtkunst vor. Dabei gibt ihm Schlegel Nachhilfeunterricht in Poetologie und Verslehre.

Heine hat auch einige Gedichte verfasst, die romantisches Fühlen ungebrochen wiedergeben. Sie gehören mit zum Schönsten, was er in Reime gebracht hat.

> Leise zieht durch mein Gemüt,
> Liebliches Geläute,
> Klinge kleines Frühlingslied,
> Kling' hinaus ins Weite!

Kling' hinaus bis an das Haus,
Wo die Veilchen sprießen:
Wenn du eine Rose schaust,
Sag', ich lass sie grüßen.
(Aus: **"Neuer Frühling"**, 1831)

Du bist wie eine Blume,
So hold und schön und rein;
Ich schau' dich an, und Wehmut
Schleicht mir in' s Herz hinein.

Mir ist, als ob ich die Hände
Auf' s Haupt dir legen sollt',
Betend, dass Gott dich erhalte
So rein und schön und hold.
(Aus: **"Heimkehr"**, 1827)

Bald emanzipiert sich Heine von seinem "Schulmeister", wie er Schlegel später ironisch nennt. In seinem Buch **"Die romantische Schule"** (1836) geht er mit der Romantik scharf ins Gericht. Er kritisiert die Hinwendung der romantischen Dichter zum Mittelalter und zum Katholizismus, was für ihn gleichbedeutend ist mit Rückschrittlichkeit und einer demütigen Haltung gegenüber der feudalen Obrigkeit. Heine wendet sich der neu entstandenen literarischen Strömung zu, die man "Junges Deutschland" oder "Vormärz" genannt hat. Vom Schriftsteller fordert er, dass er sich nicht in den poetischen Elfenbeinturm zurückzieht, sondern sich den sozialen und politischen Ereignissen der Zeit stellt. Dichter sollen zugleich *"Künstler, Tribune und Apostel"* sein. Trotz der harschen Kritik an der Romantik bleibt sein Bezug zu ihr immer geprägt von einer untergründigen Zuneigung - typisch ambivalent wie vieles im Denken und Fühlen von Heinrich Heine.

Heine als Spötter: "O Liebchen schön und bissig"

Von Bertolt Brecht kennt man den Regie-Einfall, bei seinen szenischen Theateraufführungen ein Transparent mit der Aufschrift "Glotzt nicht so romantisch!" über die Bühne zu hängen. Dies könnte auch das Motto vieler Gedichte sein, die Heine nach seiner Abwendung von der romantischen Poesie gedichtet hat. Am bekanntesten wurden folgende Verse:

> Das Fräulein stand am Meere
> Und seufzte lang und bang,
> Es rührte sie so sehre
> Der Sonnenuntergang.
>
> Mein Fräulein! sein Sie munter,
> Das ist ein altes Stück;
> Hier vorne geht sie unter
> Und kehrt von hinten zurück.

Das Gedicht spielt mit der Erwartungshaltung des Liebhabers romantischer Gedichte. Alle Requisiten romantischer Stimmung sind versammelt: Das Meer als das Medium des Unendlichen; der Sonnenuntergang als   Mahnung an das Lebensende; das junge Mädchen als Symbol von Unschuld und erwachender Weiblichkeit. Das Gedicht wird jedoch nicht im Sinne der Erwartung zu Ende geführt. Vielmehr wird die anfängliche Stimmung durch eine überraschende Pointe gebrochen. Gegenüber der gefühlvollen Eingangsstrophe wirkt die naturwissenschaftliche (astronomische) Erklärung wie ein Keulenschlag. Dieser ironische Tonfall, der die eingangs kunstvoll aufgebaute Stimmung destruiert, wird in der Folge zum Markenzeichen der Heineschen Dichtkunst werden.

Ironische Pointen und parodistische Effekte setzt Heine gerne auch in seinen Liebesgedichten ein, wie z.B. in dem Gedicht **"Mir träumte wieder der alte Traum"** aus dem **"Lyrischen Intermezzo"**, einer Abteilung aus dem **"Buch der Lieder"** von 1827.

Mir träumte wieder der alte Traum:
Es war eine Nacht im Maie,
Wir saßen unter dem Lindenbaum,
Und schwuren uns ewige Treue.

Das war ein Schwören und Schwören aufs neu,
Ein Kichern, ein Kosen, ein Küssen;
Dass ich gedenk des Schwures sei,
Hast du in die Hand mich gebissen.

O Liebchen mit den Äuglein klar!
O Liebchen schön und bissig!
Das Schwören in der Ordnung war,
Das Beißen war überflüssig.

Auch hier dominieren im ersten Teil die Versatzstücke romantischer Poesie: Traum, Nacht, Lindenbaum, ewige Treue. Die Häufung der aktiven Verben (schwören, küssen, kosen) deutet schon darauf hin, dass hier romantisches Lieben und Schmachten nicht mehr in ihrer ursprünglichen, ungebrochenen Form gestaltet werden soll. Der Biss in die Hand des Geliebten und die lapidare Botschaft am Ende *("Das Beißen war überflüssig")* brechen dann endgültig mit der romantischen Sphäre. Selten wurde in einem Gedicht das Empfinden von Liebesgefühlen *("ewige Treue")* so gründlich desillusioniert.

Solche ironischen Pointen machen die Zeitgenossen dem Dichter zum Vorwurf. Man wirft ihm Gefühlskälte, bissige Spottlust und - aus nationalistischen Kreisen - "undeutsches" Dichten vor. Für die Nationalsozialisten ist Heine der Prototyp des intellektualistischen jüdischen Dichters, der zu echten - natürlich "deutschen" - Gefühlen nicht in der Lage sei.

Heine als Liebhaber: "Glaub nicht, dass ich mich erschieße"

Die meisten Gedichte Heines handeln von der Liebe. Aber nur ein kleiner Bruchteil davon kündet von der Liebeserfüllung. Zumeist bleibt der Liebhaber von der Angebeteten unerhört. Entweder ist die Geliebte untreu, selbstverliebt, kaltherzig oder alles zusammen. Allzu oft wird der Liebhaber ob seiner Liebesschwüre verlacht und verspottet, wie z.B. in dem Gedicht **"Ich wollte bei dir weilen"** aus dem Zyklus **"Heimkehr"** (**"Buch der Lieder"**, 1827).

> Ich wollte bei dir weilen
> Und an deiner Seite ruhn;
> Du musstest von mir eilen;
> Du hattest viel zu tun.
>
> Ich sagte, dass meine Seele
> Dir gänzlich ergeben sei;
> Du lachtest aus voller Kehle,
> Und machtest ´nen Knicks dabei. [...]
>
> Glaub nicht, dass ich mich erschieße,
> Wie schlimm auch die Sachen stehn!
> Das alles, meine Süße,
> Ist mir schon einmal geschehn.

Je mehr sich der Liebhaber anstrengt, der Liebsten zu gefallen (*"...meine Seele / Dir gänzlich ergeben sei"*), desto schnippischer wird er von ihr zurückgewiesen (*"...lachtest aus voller Kehle"* / *"...Knicks dabei"*). Anstatt wie ein romantischer Liebhaber in Melancholie zu versinken, landet das lyrische Ich eine schnippische Replik: Die Geliebte wird in die Reihe der untreuen Frauen eingereiht. Große Gesten, wie den Selbstmord, ist sie nicht wert.

Ein besonders sarkastisches Gedicht stammt aus demselben Zyklus **"Heimkehr"**.

> Du hast Diamanten und Perlen,
> Hast alles, was Menschenbegehr,
> Und hast die schönsten Augen -
> Mein Liebchen, was willst du mehr?

Auf deine schönen Augen
Hab ich ein ganzes Heer
Von ewigen Liedern gedichtet -
Mein Liebchen, was willst du mehr?

Mit deinen schönen Augen
Hast du mich gequält so sehr,
Und hast mich zu Grunde gerichtet -
Mein Liebchen, was willst du mehr?

Hier wird eine Frau vorgestellt, die alles besitzt, was sich ein weibliches Wesen nur wünschen kann: Schmuck, Schönheit (Augen) und die Verehrung durch den Dichter *("ewige Lieder")*. Trotzdem hat sie ihm den Laufpass gegeben. Die Untreue der Geliebten wird so dargestellt, als handele es sich um die Steigerung all der positiven Attribute, die sie zuvor ausgezeichnet hat. Untreue wird so zu einem Wesensmerkmal der Frau.

Solche Gedichte haben die Heine-Forschung seit jeher zu der Frage veranlasst, was die Ursache für eine so gehäuft auftretende Liebesenttäuschung sein könnte. Den Urgrund für das Gefühl der Zurücksetzung durch die holde Weiblichkeit glaubt sie in Heines Hamburger Kusine Amalia Heine gefunden zu haben. Als 19-Jähriger kommt Heine im Jahr 1816 nach Hamburg, um im Geschäft seines reichen Onkels Salomon Heine eine kaufmännische Ausbildung zu erhalten. Er verliebt sich in Amalie, die seine Zuneigung jedoch nicht erwidert. Heine bekennt darauf seinem Düsseldorfer Freund Christian Sethe in einem Brief seine Liebesschmerzen mit einem Zitat aus Goethes Drama "Tasso": "Und wenn der Mensch in seiner Qual verstummt / Gab mir ein Gott, zu sagen, wie ich leide." - Ab diesem Zeitpunkt haben die Liebesgedichte des jungen Heine den bitteren, traurigen Einschlag, der wie zur Abwehr der düsteren Gefühle am Ende durch saloppe Volten zurückgenommen wird.

Der Melancholiker Heine: "Ich wollt, er schösse mich tot"

Rätselhaft ist das Gedicht **"Ich hab im Traum geweinet"** aus dem **"Lyrischen Intermezzo"**.

> Ich hab im Traum geweinet,
> Mir träumte, du lägest im Grab.
> Ich wachte auf, und die Träne
> Floß noch von der Wange herab.
>
> Ich hab im Traum geweinet,
> Mir träumt', du verließest mich.
> Ich wachte auf, und ich weinte
> Noch lange bitterlich.
>
> Ich hab im Traum geweinet,
> Mir träumte, du bliebest mir gut.
> Ich wachte auf, und noch immer
> Strömt meine Tränenflut.

Das Gedicht gestaltet ein emotionales Paradox. Die Reaktion des Sprechers ist dort am schwächsten *("Träne")*, wo am meisten Anlass für Trauer gegeben wäre *("lägest im Grab")*, und sie ist dort am heftigsten *("Tränenflut")*, wo der Anlass gänzlich verschwunden ist *("bliebest mir gut")*. Wie kommt diese paradoxe Reaktion, die dem alltäglichen Verständnis von Trauer widerspricht, zustande? Ist hier wieder die Masche des Dichters am Werk, mit einer Pointe die Erwartungshaltung des Lesers zu enttäuschen? Um hinter das Geheimnis dieser "Tränenflut" zu kommen, sollte man die Biographie des Dichters zu Rate ziehen. Heine empfindet sich als Jude und als linker, gesellschaftskritischer Literat als Außenseiter in einer Gesellschaft, die nach dem Wiener Kongress (1815) zusehends zu einer autoritären, geistfeindlichen Gesellschaft mutiert. Die "Karlsbader Beschlüsse" (1819) der deutschen Landesfürsten beinhalten das Verbot der studentischen Burschenschaften, eine Einschränkung der

Meinungs- und Pressefreiheit, die Errichtung einer Zensurbehörde und die Überwachung der Universitäten. Heines publizistische Tätigkeit für Zeitungen, Zeitschriften und Buchverlage wird dadurch empfindlich eingeschränkt. Zudem zerschlagen sich seine Ambitionen auf eine Professorenstelle an der Universität. Es ist deshalb nicht auszuschließen, dass die Tränen des lyrischen Ichs im Gedicht gar nicht primär einer Frau gelten, sondern der Trauer um den Verlust einer liberalen Gesellschaft, die nach den Befreiungskriegen gegen Napoleon (1813-1815) und dem Wartburgfest (1817) für kurze Zeit möglich schien. Die Einbettung der Trauer in ein Traumgeschehen mit einer Geliebten wäre dann wohl ein absichtliches Ablenkungsmanöver, quasi eine Art von poetischem Versteckspiel. Fast könnte man meinen, Heine wollte dadurch den Zensor foppen. In einem Brief an den Dichterkollegen Leberecht Immermann hat Heine eine solche Lesart seiner melancholischen Gedichte bestätigt: *"Ich gesteh es, Sie sind bis jetzt der Einzige, der die Quelle meiner dunkelen Schmerzen geahndet."* [...] *"Kampf dem verjährten Unrecht, der herrschenden Torheit und dem Schlechten!"*

Heine als Journalist und Reiseschriftsteller: "Auf die Berge will ich steigen"

Im Herbst 1824 unternimmt Heine eine Wanderung durch den Harz, die er als "Gesundheitsreise" bezeichnet. Mit dem Reisebericht, den er darüber verfasst (**"Die Harzreise"**), beginnt die Reihe seiner **"Reisebilder"**, die beim deutschen Lesepublikum äußerst beliebt werden sollten. Die "Harzreise" bietet eine Mischung aus Naturschilderungen, Sozialstudien (z. B. eine Bergwerksbesichtigung) und satirischen Exkursen über Land und Leute. Schon der Anfang des Reiseberichts schlägt den für Heine typischen ironischen Ton an: *"Die Stadt Göttingen, berühmt für ihre Würste und Universität..."* - Auch die romantische Naturverehrung wird karikiert. Auf dem Brocken sitzen in einem Gasthaus zwei Jünglinge beim Wein. Schon kräftig angesäuselt, öffnen sie statt des Fensters einen Kleiderschrank und himmeln eine *"gelblederne Hose"* an, die sie für den Mond halten:

"Schön bist du, Tochter des Himmels! Holdselig ist deines Antlitzes Ruhe!"
Man kann sich unschwer ausmalen, wie dieser Spott auf die Menschen, die noch an echte romantische Gefühle glaubten, gewirkt haben muss. Bis 1930 erscheinen im Hamburger Verlag Campe drei Bände der "Reisebilder". Sie schildern Heines Reiseeindrücke aus Italien (Genua, Lucca), England (London, Brighton), Berlin und von seiner geliebten Nordsee (Norderney, Helgoland). 1927 wird Heine Redakteur der "Neuen allgemeinen politischen Annalen" in München. Damit beginnt seine journalistische Tätigkeit, die er auch nach seiner Emigration nach Paris im Mai 1831 fortsetzten wird. Von Paris aus schreibt er Artikel für die "Allgemeine Zeitung", die allerdings häufig der Zensur zum Opfer fallen. Heine nimmt die Zensur auf die Schippe, indem er in seinen Veröffentlichungen solche "Texte" einrückt:

Die   deutschen   Censoren   — —   — —   — —   — —
— — — — — — — — — — — — — — — — — — — — — — — — —
—   — —   — —   — —   — —   — —   — —   — —
— — — — — — — — — — — — — — — — — — — —
— — — — — — — — — — Dummköpfe — — — — — — — — — — — — —
—   — —   — —   — —   — —   — —
— — — — — — — — — — — — — — — — — — — —

Zensur ist nicht nur lästig, sie macht auch erfinderisch. Heines journalistischer Freund und Rivale Ludwig Börne pflegt in seinen Artikeln die Zensurlücken mit Nonsens-Sätzen zu füllen. Die Leser sollten wissen, was den hohen Herrn, den Regenten, nicht genehm ist.

Mit seinen "Reisebildern" hat Heine Maßstäbe für die Kunst des Reiseberichts gesetzt. Er hat das profane Sujet - den journalistischen Bericht - mit dem literarischen Genre - der anspruchsvollen Naturschilderung und Personencharakteristik - kunstvoll verknüpft und sich dabei virtuos unterschiedlichster Stilebenen bedient. Was heute im Feuilleton anspruchsvoller Zeitungen glänzt, ist undenkbar ohne den hohen Anspruch, den Heine mit seinen Reiseberichten gesetzt hat.

Heine als Sozialist: "Zuckererbsen für jedermann"

Am deutlichsten hat Heine seine "linke" Weltanschauung in seinem Versepos **"Deutschland. Ein Wintermärchen"** (1844) kundgetan. Dort heißt es:

> Ein neues Lied, ein besseres Lied,
> O Freunde, will ich euch dichten!
> Wir wollen hier auf Erden schon
> Das Himmelreich errichten.
>
> Wir wollen auf Erden glücklich sein,
> Und wollen nicht mehr darben;
> Verschlemmen soll nicht der faule Bauch,
> Was fleißige Hände erwarben.
>
> Es wächst hienieden Brot genug
> Für alle Erdenkinder [...].

Auch Heines   Einstellung zum jungen Kommunismus ist von ambivalenten Gefühlen geprägt. Hat er im **"Wintermärchen"** (1844) noch voller Euphorie ein Programm der sozialen Gleichheit und des hedonistischen Lebensgenusses entworfen, äußert er zehn Jahre später in der Vorrede zu seinem Buch **"Lutetia"** (1854) seine tiefe Skepsis angesichts der kulturbararischen Tendenzen der radikalen Bewegung:

"Nur mit Grauen und Schrecken denke ich an die Zeit, wo jene dunklen Ikonoklasten zur Herrschaft gelangen werden: mit ihren rohen Fäusten zerschlagen sie alsdann alle Marmorbilder meiner geliebten Kunstwelt [..], den Rosen, den müßigen Nachtigallbräuten, geht es nicht besser; die Nachtigallen, die unnützen Sänger, werden fortgejagt, und ach! mein »Buch der Lieder« wird der Krautkrämer zu Tüten verwenden, um Kaffee oder Schnupftabak darin zu schütten für die alten Weiber der Zukunft – Ach! das sehe ich alles voraus, und eine unsägliche Betrübnis ergreift mich, wenn ich an den Untergang denke, womit meine Gedichte und die ganze alte Weltordnung von dem Kommunismus bedroht ist – Und dennoch, ich gestehe es freimütig, übt derselbe [– so feindlich er allen meinen Interessen und

Neigungen ist –] auf mein Gemüt einen Zauber, dessen ich mich nicht erwehren kann."

Seit 1843 steht Heine im engen Austausch mit Karl Marx. Sie diskutieren über die Zustände in Deutschland und über die utopische Idee des Kommunismus, der sich 1848 ein Programm geben sollte: das "Kommunistische Manifest". Auch wenn sich Heine der kommunistischen Bewegung nicht anschließt, sympathisiert er bis zu seinem Tod mit deren Zielen: der Herstellung einer sozial gerechten Ordnung, vor allem für die arbeitende Klasse. Ihr hat er 1844 mit einem berühmt gewordenen Gedicht ein Denkmal gesetzt.

Die schlesischen Weber

> Im düstern Auge keine Träne,
> Sie sitzen am Webstuhl und fletschen die Zähne:
> Deutschland, wir weben dein Leichentuch,
> Wir weben hinein den dreifachen Fluch -
> Wir weben, wir weben! [...]

Für damalige Verhältnisse formuliert das Gedicht Ungeheuerliches: Es verflucht Gott, weil er das Elend der Weber duldet. Es verflucht den (preußischen) König, weil er - wie tatsächlich geschehen - die aufständischen Weber erschießen lässt. Und es verflucht Deutschland, weil das Land sich nicht zu einer gerechten Ordnung entwickelt. Zuletzt wird dem alten Deutschland der Untergang prophezeit.

Heines Vermächtnis: "Und trinkt sein Schöppchen, singt und lacht..."

Heinrich Heine ist zeitlebens ein hedonistischer Genießer gewesen. Keiner der Schicksalsschläge, die ihn reichlich heimgesucht haben, können seinem Lebensgenuss etwas anhaben. Daraus speist sich auch sein soziales Engagement. Er wünscht allen Menschen die Möglichkeit, die Gaben, die diese Erde bereithält, in vollen Zügen genießen zu können. Selbst in seiner schlimmsten Leidenszeit, als er die letzten

Lebensjahre gelähmt ans Bett gefesselt ist, ist seine Lebensgier nicht erloschen. Deshalb nimmt es nicht wunder, dass Heines Lebensfazit ein flammendes Plädoyer für den Lebensgenuss enthält.

Epilog

Unser Grab erwärmt der Ruhm.
Torenworte! Narrentum!
Eine bessre Wärme gibt
Eine Kuhmagd, die verliebt
Uns mit dicken Lippen küsst
Und beträchtlich riecht nach Mist.
Gleichfalls eine bessre Wärme
Wärmt dem Menschen die Gedärme,
Wenn er Glühwein trinkt und Punsch
Oder Grog nach Herzenswunsch
In den niedrigsten Spelunken,
Unter Dieben und Halunken,
Die dem Galgen sind entlaufen,
Aber leben, atmen, schnaufen [...].

Sinnlicher und provozierender ist in deutscher Sprache kein hohes Lied auf den Hedonismus, auf Lebensgenuss und Daseinsfreude gesungen worden.

Was von Heine bleibt

Es bleibt vor allem sein unverwechselbarer Ton. Von Karl Kraus stammt das abfällig gemeinte Bonmot, Heine habe der deutschen Sprache allzu sehr "das Mieder gelockert". Heute weiß man diese sprachliche Lockerungsübung zu schätzen. Wir bewundern die Fähigkeit Heines, mit nur wenigen Strichen ein poetisches Seelengemälde zu entwerfen, eine Landschaft zu skizzieren und eine menschliche Figur zu karikieren. Der deutschen Literatur, die vor

Heine stets das Gewichtige und Ernste liebte, konnte sein lockerer Ton nur gut tun.

Dauerhaft im Literaturunterricht unserer Schulen halten werden sich die Gedichte aus dem **"Buch der Lieder"**, das Gedicht **"Die schlesischen Weber"**, die Ballade **"Belsazar"**, die **"Harzreise"** und das **"Wintermärchen"**. Literarisch interessierte Zeitgenossen werden auch die theoretischen Schriften - vor allem die **"Romantische Schule"** - mit Gewinn lesen. Und Generationen werden weiterhin die Verse rezitieren: *"Ich weiß nicht, was soll es bedeuten, dass ich so traurig bin...."*.

Verwendete Literatur:

Heines Werke in fünf Bänden, Aufbau-Verlag Berlin und Weimar, 1968
Ludwig Marcuse: Heine, Rowohlts Monographien, Reinbek bei Hamburg, 1976

Heinrich von Kleist

„Die Wahrheit ist, dass mir auf Erden nicht zu helfen war."

Das Leben: "Nun, o Unsterblichkeit, bist du ganz mein."

Heinrich von Kleist wird am 18. Oktober 1777 als Sohn des preußischen Offiziers Joachim Friedrich von Kleist und dessen zweiter Frau Juliane Ulrike, geb. von Pannwitz in Frankfurt / O. geboren. Wie es in der Familie seit Generationen Tradition ist, schlägt auch Heinrich die Offizierslaufbahn ein. Er tritt in das Garderegiment Potsdam ein und nimmt schon mit 16 Jahren als Gefreiter-Korporal am ersten Koalitionskrieg gegen das revolutionäre Frankreich teil (1793-1795). Neben seinem Militärdienst treibt Kleist wissenschaftliche Studien, vor allem auf dem Gebiet der Naturwissenschaften und der Mathematik. 1799, zweiundzwanzigjährig, nimmt Kleist Abschied von der Armee, die ihm als *"Monument der Tyrannei"* erscheint. In seiner Heimatstadt nimmt er das Studium der Physik, der Volks- und Rechtswissenschaft auf, das er jedoch schon nach drei Semestern wieder abbricht. 1800 verlobt sich Kleist mit der Generalstochter Wilhelmine von Zenge. Durch seine Rousseau-Lektüre angeregt, schlägt er Wilhelmine vor, mit ihm ein Leben als Bäuerin zu führen. Sein Ideal : *"Ein Feld zu bebauen, einen Baum zu pflanzen, und ein Kind zu zeugen."* (Brief vom 10. 10. 1801 an Wilhelmine). Ab April 1802 wohnt Kleist auf der Scherzliginsel in der Aare im schweizerischen Thun, um das bäuerliche Leben vorzubereiten. Doch Wilhelmine kann sich mit der Lebensform einer Bäuerin nicht anfreunden. Das Verlöbnis geht deshalb in die Brüche. Unter dem Eindruck der Lektüre Kants, die ihn von Grund auf ernüchtert ("Kant-Krise"), wendet sich Kleist endgültig von den Wissenschaften ab und beginnt seine literarische Laufbahn. Dabei entdeckt er seine dramatische Begabung, die sich in den Stücken **"Die Familie Schroffenstein"** (1802), **"Robert Guiskard"** (1803) und **"Der zerbrochene Krug"** (1806) niederschlägt. Da er von seinen literarischen Arbeiten nicht leben kann, verdingt er sich bei der preußischen Finanzbehörde. Als er nach dem militärischen Zusammenbruch Preußens in der Schlacht von Jena und Auerstedt (1806) von Königsberg nach Berlin zurückkehrt, wird er dort von der französischen Besatzungsmacht als preußischer Spion verhaftet und nach Frankreich in ein Gefängnis gebracht. Nach dem Frieden von Tilsit (1807) kommt Kleist wieder frei und reist nach Berlin zurück. 1808 gründet er in Dresden die Monatszeitschrift "Phöbus", in der er vor allem seine literarischen Arbeiten veröffentlicht. Schon ein Jahr später scheitert dieses Projekt, weil sich zu wenige namhafte Autoren mit Beiträgen zur Verfügung stellen. Im Jahre 1810 erscheint der erste Band seiner Erzählungen (**"Michael Kohlhaas"**, **"Die Marquise von O."**, **"Das Erdbeben in Chili"**). Im selben Jahr gründet Kleist die **"Berliner Abendblätter"**, ein Journal, in dem vor allem Polizeiberichte abgedruckt werden. Auch dieses Projekt scheitert schon nach einem Jahr. 1811 erscheint der zweite Band seiner Erzählungen (**"Die Verlobung in St. Domingo"**, **"Der Findling"**, **"Der Zweikampf"**). Im selben Jahr vollendet Kleist sein letztes Drama: **"Prinz Friedrich von Homburg"**. Am 21. November 1811 begeht Kleist zusammen mit der krebskranken Henriette Vogel in Berlin Selbstmord. In seinem Abschiedsbrief an seine Halbschwester Ulrike, zu der er zeitlebens ein enges Vertrauensverhältnis gehabt hat, schreibt er die berühmt gewordenen Worte: *"Die Wahrheit ist, dass mir auf Erden nicht zu helfen war."*

"Ich passe nicht für die üblichen Verhältnisse."

Wilhelmine von Zenge verdanken wir wichtige Einsichten in den Charakter Heinrich von Kleists. In Briefen an ihren späteren Ehemann, den Philosophieprofessor Wilhelm Traugott Krug, schildert sie ihren früheren Verlobten als Menschen mit frappierender *"Fassungskraft"*, aber auch als einsam und grüblerisch. In Gesellschaft wirke er oft zerstreut, vor allem in Begegnung mit dem anderen Geschlecht. Melancholische Phasen wechselten mit clownesker Ausgelassenheit. Schwermut werde dann leicht zu Übermut. Kleist habe viel Phantasie, die sich aber allzu oft ins Schwärmerische verliere. Als Ausdruck von Schwärmerei kann man auch die Begründung dafür lesen, aus der bürgerlichen Gesellschaft "auszusteigen": *"Welch ein unsägliches Glück mag in dem Bewusstsein liegen, seine Bestimmung g a n z nach dem Willen der Natur zu erfüllen! [...] Darum will ich mich losreißen von allen Verhältnissen, die mich unaufhörlich zwingen zu streben, zu beneiden, zu wetteifern..."* (Brief an Wilhelmine). - Die Philosophie Rousseaus hat hier ihre Spuren hinterlassen.

Die Rezeption des literarischen Schaffens von Heinrich von Kleist wird nach seinem Tod über Jahre vom Urteil über den Doppelselbstmord bestimmt, der in Berlin und darüber hinaus Furore gemacht hat. Moralstrenge oder christlich geprägte Zeitgenossen verdammen den Selbstmord als "unsittlich" (Eichendorff) oder "grenzenlos eitel" (Clemens von Brentano), während Freigeister ihn als legitimen Ausweg aus einem unglücklichen Leben gutheißen. E.T.A. Hoffmann spricht von Kleists "heroischem Untergang" und verurteilt die Kritik daran als "dummes Geschwätz". Theodor Körner schreibt an seine Eltern: "Manches Leben kann nur der Selbstmord würdig enden, und für solch einen hab ich Respekt." - Kleists Cousine Marie von Kleist schreibt in einem Brief an König Friedrich Wilhelm III. von der "Verschrobenheit des Zeitalters", die den jungen Mann infiziert habe. Die einfühlsamsten Worte hat Rahel Levin, die spätere Rahel Varnhagen von Ense, gefunden: "Ich freue mich, dass mein edler Freund das Unwürdige nicht duldete: gelitten hat er genug. Keiner von denen, die ihn etwa tadeln, hätte ihm zehn Taler gereicht, Nächte gewidmet, Nachsicht mit ihm gehabt." - Erst als die Tat im Laufe der Zeit verblasst, rückt Kleists Werk in den Mittelpunkt der Betrachtung. Literaturwissenschaft und Leserschaft erkennen, um was für einen genialen Dichter es sich bei Kleist handelt.

Das Werk: "Etwas Unschönes in der Natur, ein Beängstigendes..." (Goethe)

Heinrich von Kleist hat in zwei literarischen Gattungen Bleibendes geschaffen: in der Dramatik und der Epik. Seine Lyrik ist

115

zeitgebunden und besteht überwiegend aus Gelegenheitsgedichten, mit denen er die patriotische Stimmung gegen die napoleonische Besetzung Preußens befeuert.

"Die Marquise von O...": "...um der gebrechlichen Einrichtung der Welt willen"

Die 1808 in Kleists eigener Zeitschrift "Phöbus" zum ersten Mal veröffentlichte Novelle war zu Lebzeiten des Dichters der umstrittenste, heute ist sie der populärste Text des Dichters. Nach Veröffentlichung der Novelle macht in den vornehmen Häusern Dresdens, des Erscheinungsorts, das Wort die Runde, kein Frauenzimmer könne die Novelle ohne Erröten lesen. Der Literaturkritiker Carl August Böttiger - Logenbruder Goethes - will den Text "aus den gesitteten Zirkeln verbannen." Was ist das Anstößige an diesem Text?

   In den kriegerischen Wirren des zweiten Koalitionskrieges gegen Napoleon (1799-1802) wird in Italien eine Festung von russischen Truppen eingenommen. Der russische Offizier Graf von F. rettet die Tochter des Kommandanten der Zitadelle, Julietta, vor der Vergewaltigung durch eine Schar verrohter Soldaten. Er trägt die ohnmächtige Frau in ein Gemach - und vergeht sich selbst an ihr. Bevor Julietta ihrem "Retter" danken kann, reist der Graf ab. Nach einiger Zeit stellen sich bei Julietta untrügliche Zeichen einer Schwangerschaft ein, die ein Arzt und eine Hebamme bestätigen. Da sie sich ihren Zustand nicht erklären kann - sie hatte wissentlich keine intime Begegnung mit einem Mann -, gerät sie bei ihren Eltern in den Verdacht, ein heimliches erotisches Verhältnis vor ihnen verbergen zu wollen. Kurz darauf erscheint der Graf auf der Burg und macht der Marquise ohne Umschweife einen Heiratsantrag. Der Vater klärt ihn darüber auf, dass die Tochter nach dem Tod ihres Gatten geschworen habe, nie mehr zu heiraten, dass sie sich aber vielleicht aus Dankbarkeit wegen seiner Rettungstat werde umstimmen lassen. Als die Schwangerschaft zweifelsfrei feststeht, kommt es zu einer heftigen Konfrontation der Marquise mit ihrem Vater, der sie schließlich wegen unsittlichen Verhaltens aus dem elterlichen Hause verbannt. Sie zieht mit ihren beiden Töchtern aus erster Ehe auf ihren Landsitz, um dort die Geburt des dritten Kindes zu erwarten. Kurz darauf entschließt sich die Marquise zu einem ungewöhnlichen Schritt. Sie gibt in einer Zeitschrift eine Anzeige auf, in der sie mitteilt, dass sie *"ohne ihr Wissen"* schwanger geworden und entschlossen sei, den Vater, wenn er sich bei ihr melde, *"aus Familienrücksichten"* zu heiraten. Der Graf schreibt, nachdem er die Anzeige gelesen hat, einen Antwortbrief und schlägt als Treffpunkt das Haus ihrer Eltern vor. Als der Graf am besagten Tage auf der Bildfläche erscheint, reagiert die Marquise mit Entsetzen und weist ihn brüsk zurück. Erst die eindringlichen Worte ihres Vaters können sie dazu veranlassen, einer förmlichen Ehe zuzustimmen. Der Graf überschreibt der Marquise sein ganzes Vermögen und besucht sie und ihr gemeinsames Kind regelmäßig. Nach einem Jahr ändert die Marquise ihr abweisendes Verhalten und die Hochzeit wird erneuert - dieses Mal auch in Liebe. Das Happy End wird von Kleist augenzwinkernd formuliert: *"Eine ganze Reihe von jungen Russen folgte jetzt noch dem ersten."*

Im Zentrum der Novelle steht der Befreiungsversuch einer Frau. Aus der folgsamen Tochter Julietta wird - durch die äußeren Umstände veranlasst - eine selbstbewusste Frau, die sich in höchster Bedrängnis auf ihre eigene Kraft besinnt. Als der strenge Vater sie aus dem Haus weist, aber ihre Kinder zurückbehalten will, begehrt sie auf und findet eine Stärke, die sie bisher nicht an sich entdeckt hat: *"Durch diese schöne Anstrengung mit sich bekannt gemacht..."*. Der Befreiungsversuch Juliettas wird in Analogie zu einem militärischen Sieg geschildert. Ihre beiden Kinder rettet sie als *"ihre liebe Beute"*. In der Einsamkeit ihres Landsitzes möchte sie sich gegen die *"Anfälle der Welt"* - gemeint sind Angriffe - schützen. Ihr Kind, das nach den Moralregeln der Gesellschaft als *"Schandfleck"* gilt, will sie als *"göttliches"* Geschenk verteidigen. Das Verhalten der Marquise, aber auch die zaghaften Emanzipationsversuche der Mutter gegenüber ihrem Mann, zeigen, welche Möglichkeiten in den Frauen schlummern und wie sie sich entfalten könnten, wenn die patriarchalische Struktur erst einmal durchbrochen wäre.

Der Leser des Textes fragt sich, weshalb die Marquise, obwohl sie den Mann, der sich an ihr vergangen hat, *"aus Familienrücksichten"* heiraten will, brüsk zurückweist, als er sich in der Person des Grafen von F. offenbart. Der Text legt ja nahe, dass sie durchaus Gefühle für ihn empfindet. Die Auflösung des Rätsels hat sich Kleist bis zum letzten Satz aufgespart. Dort antwortet die Marquise auf dieselbe Frage ihres Gatten, dass er ihr beim Geständnis seines Fehlverhaltens *"wie ein Teufel erschienen"* sei, weil er ihr bei seiner Heldentat in der Zitadelle *"wie ein Engel vorgekommen"* sei. Die Marquise hat kein realistisches Bild von der menschlichen Natur, sondern ein von Extremen (Engel-Teufel) bestimmtes. Auch die eigenen Eltern neigen zu diesem rigiden Antagonismus. War die Tochter für die Mutter anfänglich eine Lügnerin, weil sie den Verursacher ihrer Schwangerschaft verschweigt, wird sie für sie später zur *"Überirdischen"*. Der Vater versöhnt sich mit seiner Tochter, indem er sie wie eine Geliebte behandelt. Er drückt *"lange, heiße und lechzende Küsse [...] auf ihren Mund [...]: gerade wie ein Verliebter"*. Diese Versöhnungsszene hat die Zeitgenossen sehr verstört, weil sie mit einer deutlichen inzestuösen Einfärbung geschildert wird. Kleist will wohl zeigen, wie weich der Kern in einem harten Mann sein kann, wenn erst einmal der Gefühlspanzer aufgebrochen ist.

Was die zeitgenössischen Leser an dieser Novelle verstört hat, ist nichts anderes als die Einsicht ihres Autors in die *"gebrechliche Einrichtung der Welt"*, in der es eben nicht nur mustergültige Menschen gibt, sondern Menschen mit Fehlern und Schwächen. Ihnen kann verziehen werden, wenn man sich erst einmal mit der *"großen Unordnung der Natur"* (Kleist) abgefunden hat.

"Das Erdbeben in Chili": "...als ob es das Tal von Eden gewesen wäre."

Die 1807 in Cottas "Morgenblatt für gebildete Stände" veröffentlichte Novelle geht auf ein reales historisches Ereignis zurück: auf das Erdbeben in Chile vom 13. 5. 1647. Chili ist eine ältere Schreibweise von Chile. Die nach dem Erdbeben in Lissabon vom 1. 11. 1755 unter

Europas Philosophen entstandene Diskussion über die Frage, ob man angesichts des zerstörerischen Ereignisses mit immensen Menschenopfern weiterhin von einem gütigen Gott ausgehen könne, spielt in die Gestaltung der Erdbebenkatastrophe in Kleists Novelle hinein.

Die Erschütterungen des Erdbebens in Chili haben auch das Gefängnis in St. Jago, der Hauptstadt des Königsreichs, in sich zusammenstürzen lassen, in dem sich gerade der Häftling Jeronimo Rugera erhängen will. Das Erdbeben schenkt ihm die Freiheit und hält ihn vom Selbstmord ab. In einer Rückblende erfährt der Leser, dass Jeronimo ins Gefängnis gekommen war, weil er mit dem jungen Mädchen Josephe, das er als Hauslehrer unterrichtet hatte, eine zärtliche Beziehung begonnen hatte. Der Vater hatte daraufhin seine Tochter in ein Kloster verbannt. Im dortigen Klostergarten war es zur sexuellen Vereinigung des jungen Paares gekommen. Nach der Geburt eines Kindes wurde Josephe von der kirchlichen Instanz der Stadt, dem Erzbischof, zum Tode verurteilt. Das Urteil sollte öffentlich vollstreckt werden. Jeronimo wollte sich selbst töten, als er erkennen musste, dass für seine Braut jede Hoffnung auf Rettung vergeblich war. Nach der wundersamen Errettung durch das Erdbeben flieht Jeronimo aus der Stadt. In einem lieblichen Tal findet er Josephe mit ihrem gemeinsamen Kind. Das junge Paar schließt sich mit ihrem kleinen Phillip einer anderen Familie an, die ebenfalls einen kleinen Sohn, Juan, hat. Die menschliche Gemeinschaft, die sich in dem Tal zusammenfindet, ist geprägt von Hilfsbereitschaft, Opfersinn und Solidarität. Am nächsten Tag soll in St. Jago ein Dankgottesdienst abgehalten werden, an dem die beiden Familien teilnehmen wollen, um Gott für ihre Errettung zu danken. Der Priester deutet in seiner Predigt das Erdbeben als Ausdruck von Gottes Zorn über den Sittenverfall in der Stadt und kommt dabei auf das Beispiel von Jeronimo und Josephe zu sprechen, die beide von Bewohnern der Stadt unter den Gläubigen erkannt werden. Der Vater der anderen Familie, Don Fernando, stellt sich schützend zwischen das Paar und die rasende Menge, kann jedoch ihre Ermordung nicht verhindern. Durch eine Verwechslung kommt bei dem Handgemenge auch der kleine Juan, der Sohn Don Fernandos und Donna Elvires, ums Leben. Beide nehmen danach den verwaisten Phillip an Sohnes statt an.

Zentrales Thema der Novelle ist die Kritik an der katholischen Kirche. Das Erdbeben verhindert die Hinrichtung Josephes, die *"auf Befehl des Erzbischofs"* zustande gekommen war. Ein Naturereignis macht eine Untat der Kirche zunichte. Was die Kirche für Sünde hält, nämlich die intime Begegnung der jungen Menschen im Klostergarten, wird im Text im Kontrast dazu als *"volles Glück"* bezeichnet. Die Natur revidiert nicht nur das kirchliche Urteil über die *"junge Sünderin"*, es zerstört auch die Gebäude der weltlichen und kirchlichen Gewalt - den Palast des Vizekönigs und die Kathedrale. Die schärfste Kritik am Verhalten der Kirche findet sich im Schluss der Novelle. Der Dankgottesdienst, den die Überlebenden im nur leicht beschädigten Dom feiern, entgleist infolge der fanatischen Predigt des Chorherren zu einem Pogrom, dem das Liebespaar und das kleine Kind des zweiten Paares zum Opfer fallen. Der Priester hat das versammelte Volk durch einen Vergleich der "Sünde" des Paares mit dem Verhalten der Menschen in den beiden Städten Sodom und Gomorrha, die im Alten Testament von Gott vernichtet werden, zur grausigen Tat aufgestachelt. Der Priester ist dem Strafgedanken des Alten Testaments mehr verhaftet als der Lehre Jesu von Barmherzigkeit und Vergebung. Kleist lässt immer wieder durchblicken, dass sich die von der Kirche gebrandmarkten "Sünder" von Gott beschützt sehen. Die beiden Liebenden fühlen sich durch Gottes Eingriff gerettet. Sie interpretieren das Erdbeben als *"ein Wunder des Himmels"* und ihre Wiedervereinigung nach der Katastrophe als *"eine Wohltat, wie der Himmel noch keine über sie verhängt hatte."* Kleist nennt die Gläubigen, die in der Kirche Lynchjustiz üben, in einer sarkastischen Formulierung *"die ganze im Tempel Jesu versammelte Christenheit"*. Der einzige, der dem Gebot des wahren Christentums gerecht wird, ist Don Fernando. Er wird im Text als *"göttlicher Held"* bezeichnet, der, wie der Erzengel Michael das Paradies bewacht und den Satan bezwingt, das junge Paar zu schützen versucht. Der Text ist voller Verweise auf christliche Symbole, die jedoch von Kleist eine entscheidende Umwertung erfahren. Josephe bringt ihr Kind *"auf den*

Stufen der Kathedrale" zur Welt, und zwar am Fronleichnamsfest und *"beim Anklang der Glocken"*. Da das Fronleichnamsfest im katholischen Festkalender an den Leib Jesu Christi erinnert, ist der Schluss naheliegend, dass Kleist das Kind von Jeronimo und Josephe durchaus als göttliches Kind verstanden wissen möchte. Josephe rückt im Text der Novelle in die Nähe einer Heiligen, die vom Himmel beschützt wird. Sie überlebt den Einsturz des Klosters unbeschadet, *"als ob alle Engel des Himmels sie umschirmten"*. Zusammenfassend kann man feststellen, dass Kleist das vorgeblich sündige Verhalten der jungen Liebenden als natürlich und menschlich interpretiert, während er das strafende Verhalten der Kirche als unchristlich und grausam bewertet.

Interessant ist die Frage, wie Kleist in dieser Novelle das Theodizee-Problem, die Frage nach einem gerechten Gott angesichts des Erdbebens, behandelt hat. Kleist interpretiert die Katastrophe als Ausdruck einer aus sich heraus wirkenden Natur und nicht als Ausdruck von Gottes Willen. Denn vom Eingreifen des *"Himmels"* ist immer nur dann die Rede, wenn berichtet wird, dass das Liebespaar und ihr Kind geschützt und gerettet werden (*"Wunder des Himmels"*, *"der Himmel wiedergeschenkt"*).

Berühmt wurde die Novelle vor allem wegen des im Mittelteil ausgemalten sozialen Gegenentwurfs zur bisherigen Ständegesellschaft. Es ist ein wahrhaft paradiesischer Zustand, der geschildert wird (*"Josephe dünkte sich unter den Seligen"*). An einer anderen Stelle ist sogar vom *"Tal von Eden"*, also vom Paradies, die Rede. Die Menschen lagern ungeachtet ihrer sozialen Herkunft in einer familiären Gemeinschaft zusammen und teilen das wenige, das sie retten konnten. Interessant ist, worin Kleist die Ursache dieses sonst bei den Menschen nie gesehenen sozialen Verhaltens sieht. Die Vernichtung der *"irdische*(n) *Güter"* habe den *"menschlichen Geist wie eine schöne Blume"* aufgehen lassen. Hier zeigt sich der Geist Rousseaus, der das Gute in der Natur und das Schlechte in der vom Menschen geschaffenen Gesellschaft gesehen hat. Bemerkenswert ist, dass die Menschen, die im Dom versammelt sind, diese soziale Utopie wieder zunichtemachen, indem sie sich ihrer grausamen Raserei hingeben.

"Michael Kohlhaas":   "...wenn er in einer Tugend nicht ausgeschweift hätte"

Die Erzählung aus dem Jahre 1810 gehört bis heute zu den Klassikern des Deutschunterrichts. Schon im ersten Satz wird das paradoxe Thema des Textes umrissen: Michael Kohlhaas ist *"einer der rechtschaffensten zugleich und entsetzlichsten Menschen seiner Zeit"*. Sein ausgeprägtes Rechtsgefühl macht ihn zum Verbrecher. Der Rosshändler Kohlhaas wird Opfer der Willkür eines Junkers, der von ihm illegaler Weise einen Passierschein für das Überschreiten der Grenze zwischen Brandenburg und Sachsen verlangt. Als Sicherheit behält er zwei Pferde des Rosshändlers zurück. Als Kohlhaas nach der Rechtsauskunft, dass ein solcher Schein nicht nötig sei, die Pferde wieder auslösen will, muss er erleben, dass sie durch harte Feldarbeit und schlechte Pflege völlig heruntergekommen sind. Er fordert den Junker auf, die Pferde gesund zu pflegen und sie ihm dann zu übergeben. Als das Ultimatum verstrichen ist, sammelt Kohlhaas eine Schar Knechte, bewaffnet sie und stürmt die Burg des Junkers. Dieser kann durch einen unterirdischen Gang entkommen. Kohlhaas setzt die Burg in Brand. Er fordert alle Städte, in denen der Junker Zuflucht gesucht haben könnte, auf, ihn auszuliefern. Auf das Gerücht hin, der Junker halte sich in Wittenberg auf, zündet er die Stadt an verschiedenen Ecken an. Schließlich schaltet sich der Reformator Martin Luther in den Konflikt ein. Er erwirkt vom Kurfürsten von Sachsen freies Geleit für Kohlhaas, damit er vor einem Dresdner Gericht sein Anliegen vorbringen kann. Durch Intrigen des Junkers wird die gerichtliche Untersuchung niedergeschlagen. Der Kurfürst von Brandenburg erreicht die Auslieferung seines Landeskindes an ein Berliner Gericht. Dort wird seiner Klage stattgegeben. Der Junker wird verurteilt, die Rappen wieder in den ursprünglichen Zustand zu versetzen. Kohlhaas jedoch wird wegen Vergehens gegen den Landfrieden zum Tode verurteilt und hingerichtet. Der Kurfürst schlägt dessen kleine Söhne zu Rittern und nimmt sie in seine Pagenschule auf.

Der Text zeigt, dass verabsolutierte Wahrheitsliebe und ein übertriebenes Rechtsgefühl das Gegenteil dessen anrichten können, was sie ursprünglich bewirken wollen. Der Schaden, den Kohlhaas anrichtet, ist immens: eingeäscherte Städte, zahlreiche Tote, verwüstete Landschaften. Deutlich wird auch, wie leicht sich das einfache Volk von einer charismatischen Persönlichkeit verführen lässt, in ihr den Rächer der Entrechteten zu sehen. Kohlhaas selbst verliert jedes Maß und stilisiert sich zum *"Statthalter Michaels, des Erzengels, der gekommen sei, [...] die Arglist, in welcher die ganze Welt versunken sei, zu bestrafen."* - Zentrales Motiv für den Rachfeldzug des Kohlhaas ist die *"Errichtung einer besseren Ordnung der Dinge"*. Wie schon in der Novelle "Die Marquise von O..." ist von der *"gebrechlichen Einrichtung der Welt"* die Rede, die es zu korrigieren gelte. Martin Luther erkennt die Hybris in Kohlhaas´ Rachfeldzug, wenn er ausruft: *"Heilloser und entsetzlicher Mann!"* - Die Spannung der Erzählung ergibt sich aus dem Widerspruch zwischen der sachlichen Erzählweise im Sinne einer Chronik und der Ungeheuerlichkeit des erzählten Geschehens.

Kleists Kant-Krise: "...du hättest mir nicht misstrauen sollen"

"Wenn alle Menschen statt der Augen grüne Gläser hätten, so würden sie urtheilen müssen, die Gegenstände, welche sie dadurch erblicken, sind grün – und nie würden sie entscheiden können, ob ihr Auge ihnen die Dinge zeigt, wie sie sind, oder ob es nicht etwas zu ihnen hinzuthut, was nicht ihnen, sondern dem Auge gehört. So ist es mit dem Verstande. Wir können nicht entscheiden, ob das, was wir Wahrheit nennen, wahrhaft Wahrheit ist, oder ob es uns nur so scheint." - Mit diesen Worten, die er 1801 an seine Verlobte Wilhelmine von Zenge richtet, gibt Kleist seine Verunsicherung wieder, die ihn nach der Lektüre von Kants "Kritik der reinen Vernunft" ergriffen hat, wonach der Erkennende nur Erscheinungen wahrnehmen kann, das Wesen der Dinge selbst hingegen unerkannt bleibt. Diese Einsicht in die Unfähigkeit des Menschen zur absoluten Erkenntnis hat sich in zahlreichen Werken Kleists niedergeschlagen. In der Novelle **"Die Marquise von O..."**

verkennt die Hauptfigur das Wesen ihres Wohltäters, weil sie sich falschen Vorstellungen und Illusionen hingegeben hat. In der Novelle **"Der Zweikampf"** (1811) spielen Missverständnisse, Selbsttäuschungen und Irreführungen eine große Rolle. Das zur Untersuchung eines Mordes angesetzte kaiserliche Gericht ordnet einen Zweikampf zwischen zwei Kontrahenten an, dessen Ausgang als Gottesurteil gewertet werden soll. Der vordergründige Ausgang entspricht jedoch nicht der Wahrheit, die erst durch eine späte Enthüllung ans Licht kommt. Deshalb wird in das Regelwerk für das Gottesurteil der Zusatz eingefügt: *"Wenn es Gottes Wille ist"*. - In der kurzen Erzählung **"Das Bettelweib von Locarno"** (1810) hat ein Adeliger durch Hartherzigkeit den Tod einer Bettlerin verursacht. Ein nächtliches Spukgeschehen in dem Totenzimmer verunsichert ihn so sehr, dass er dem Irrsinn verfällt, das Schloss in Brand setzt und darin stirbt. Das Wesen des Spuks bleibt trotz größter Anschaulichkeit der Schilderung unerhellt. In der Novelle **"Die Verlobung in St. Domingo"** (1811) führt ein Missverständnis zum Tod zweier Verlobter. Die junge Mestizin Toni versteckt während eines Sklavenaufstands in der französischen Kolonie Haiti (spanisch: St. Domingo) einen jungen Schweizer namens Gustav, der wegen seiner Hautfarbe in Lebensgefahr schwebt. Während einer Liebesnacht verloben sie sich. Als bewaffnete Schwarze in das Haus eindringen, fesselt sie den Geliebten zum Schein an sein Bett, um so den Eindringlingen ihre Solidarität für den Aufstand gegen die Weißen zu versichern. Als bewaffnete Weiße, die das Mädchen heimlich hat holen lassen, den jungen Mann befreien, erschießt dieser seine Verlobte, die er für eine Verräterin hält. Sterbend sagt Toni den berühmten Satz: *"Du hättest mir nicht misstrauen sollen!"* - Als Gustav das Missverständnis erkennt, erschießt er sich. Der junge Mann hat seinem Liebesgefühl nicht vertraut und hat den Schein (seine Fesselung) für die Wahrheit (die Komplizenschaft seiner Verlobten mit den Schwarzen) gehalten. Kleist ist der Auffassung, dass sich der Mensch angesichts der Unsicherheit seiner Erkenntnis nur noch auf sein Gefühl verlassen kann. Ihm solle er rückhaltlos vertrauen.

"Prinz Friedrich von Homburg": "´Ist es ein Traum?` - ´Ein Traum, was sonst?`"

Das letzte Drama Heinrich von Kleists aus dem Jahre 1811 gestaltet ein reales historisches Ereignis. Bei der Schlacht von Fehrbellin am 28. 06. 1675 verstößt der Prinz von Homburg gegen die militärische Disziplin, indem er mit seiner Einheit zu früh losschlägt. Nach dem Kriegsrecht müsste er vom Oberbefehlshaber, dem Großen Kurfürsten Friedrich Wilhelm, wegen Befehlsverweigerung hingerichtet werden. Dieser begnadigt ihn jedoch, weil durch das eigenmächtige Handeln des Prinzen die Schlacht gewonnen wurde.

Kleists Prinz ist ein Träumer, der sich nach Ruhm und Ehre sehnt. Ein Tagtraum, in dem er sich von einer Prinzessin mit einem Siegerkranz gekrönt sieht, ist die Ursache dafür, dass er bei der Befehlsausgabe für die Schlacht so zerstreut ist, dass ihm der genaue Schlachtplan entgeht. Bei der Schlacht prescht der Prinz mit seiner Einheit gegen den ausdrücklichen Befehl eigenmächtig vor und entscheidet so die Schlacht gegen die Schweden für die brandenburgische Armee. Obwohl er von den Soldaten als Sieger der Schlacht ausgerufen wird, lässt ihn der Kurfürst wegen Befehlsverweigerung inhaftieren. Der Prinz glaubt fest an seine Begnadigung. Seine Gefangennahme hält er lediglich für eine erzieherische Maßnahme. Als er jedoch realisiert, dass sein Grab bereits ausgehoben wurde, ist er völlig aufgelöst und wimmert um sein Leben. Die Nichte des Kurfürsten, Natalie, die den Prinzen liebt, bittet ihren Onkel um seine Begnadigung. Der Herrscher willigt ein, verlangt aber vom Prinzen ein Schreiben mit der Aussage, dass ihm durch den Spruch des Kriegsgerichts Unrecht widerfahren sei. Jetzt setzt beim Prinzen ein innerer Läuterungsprozess ein. Er ist bereit zu sterben, um das *"heilige Gesetz des Krieges"*, das er verletzt hat, wieder zu *"verherrlichen"*. Darauf zerreißt der Kurfürst das Todesurteil und begnadigt den Prinzen. Jetzt wird die anfangs von ihm erträumte Situation wahr: Prinzessin Natalie setzt dem Prinzen einen Lorbeerkranz aufs Haupt.

Kleist schreibt das Drama in der unverkennbaren Absicht, den zögerlichen preußischen König Friedrich Wilhelm III. zu veranlassen, sich an die Spitze des Widerstands gegen die französische Besatzungsmacht zu stellen. Der letzte Satz des Dramas *"In Staub mit allen Feinden Brandenburgs"* kann man unschwer auf Kaiser Napoleon und seine verhassten Besatzungstruppen beziehen. Preußen nimmt 1812 noch am Russlandfeldzug Napoleons teil. Erst als dieser fehlschlägt, wechselt der preußische König die Seite und beteiligt sich mit seiner Armee an der Völkerschlacht von Leipzig (1813), bei der Napoleons Armee geschlagen wird.

Das Drama vertritt deutlich das Staatskonzept des aufgeklärten Absolutismus. Im Gespräch Natalies mit dem Kurfürsten plädiert diese für Milde im Umgang mit Untertanen, die gefehlt haben (*"...die lieblichen Gefühle auch"*). Oberst Kottwitz vertritt gegenüber dem Kurfürsten die Meinung, der Staat könne nur überleben, wenn er von freien Menschen verteidigt wird. Die *"Empfindung"* für das Vaterland sei wichtiger als der Buchstabe des Gesetzes.

Das zweite Thema des Dramas betrifft die Welt des Traums und des Gefühls. Der Prinz handelt gegen den Befehl des Kommandeurs, weil er die *"Ordre vom Herzen empfangen"* hat. Wie in vielen anderen Texten des Dichters gewährt auch hier die Traumsphäre dem Menschen in einer kontingenten und fragilen Welt die nötige Sicherheit des Handelns. Die gefühlte Wahrheit ist für Kleist wichtiger als die durch den Verstand gewonnene. Dieser Gegensatz schlägt sich auch in der Sprache des Dramas nieder. Dem negativ besetzten Wortfeld *"Gesetz"*, *"Satzung"* und *"Kriegsrecht"* steht das positiv konnotierte Wortfeld *"Gefühl"*, *"Herz"* und *"Traum"* gegenüber.

Kleists Anekdoten: "Unterhaltung aller Stände des Volks"

Die meisten Anekdoten des Dichters werden in den von ihm 1810 gegründeten **"Berliner Abendblättern"** abgedruckt. Diese Tageszeitung enthält Informationen zum Tagesgeschehen, Berichte über Unglücke und Erfindungen, Theater-Rezensionen, aber auch literarische Beiträge. Besonders beliebt sind die darin abgedruckten Berliner Polizeiberichte, weil sie die Sensationsgier der Leser befriedigen. Insofern sind die "Berliner Abendblätter" ein Vorläufer unserer heutigen Boulevardzeitungen.

Die Anekdote ist eine kunstvoll gebaute epische Kleinform. Auf die kurze Exposition, die Angaben zu Ort, Zeit und Personal enthält, folgt die Schilderung eines meist ungewöhnlichen Geschehens. Die Anekdote schließt zumeist mit einer Pointe, in der die Lehre aus dem Ereignis gezogen wird. Berühmte Anekdoten Kleists sind: **"Anekdote aus dem letzten preußischen Krieg"**, **"Franzosen-Billigkeit"**, **"Mutterliebe"** und **"Sonderbarer Rechtsfall in England"**. Kleist erweist sich darin als Meister der Erzählkunst auf knappstem Raum.

Kleists Bedeutung für die deutsche Literatur

Heinrich von Kleist hat wie kaum ein anderer deutscher Dichter durch seine Werke die Zeitgenossen, aber auch die Nachgeborenen verstört. Die Zerrissenheit, die der Dichter selbst empfand - er spricht von einer *"metaphysischen Verlassenheit"* und einer *"großen Unordnung der Natur"* - gestaltet er auch in seinen Werken. Dem Leser fällt es schwer, sich in diesen Dichter einzufühlen, weil die Handlung seiner Texte immer wieder ins Unerwartete umschlägt und allzu oft von großer Grausamkeit geprägt ist.

Das Dämonische und Rätselhafte in Kleists Werken ist feinfühligen Dichter-Kollegen nicht verborgen geblieben. Joseph von Eichendorff hat den Dichter in Berliner Salons selbst erlebt und sich so über ihn geäußert:

"Hüte jeder das wilde Tier in seiner Brust, dass es nicht plötzlich ausbricht und ihn selbst zerreißt! Denn das war Kleists Unglück und schwergebüßte Schuld, dass er diese, keinem Dichter fremde, dämonische Gewalt nicht bändigen konnte oder wollte, die bald unverhohlen, bald heimlicherweise, und dann nur um so grauenvoller, fast durch alle seine Dichtungen geht."

Hundert Jahre später verweist Thomas Mann auf das Rätselhafte und Grauenvolle, das das Werk Kleists ausmacht:

"Was er mit unbeweglicher Miene vorbringt, sind Neuigkeiten, unerhört; und die Spannung, in der sie den Leser halten, hat etwas unheimlich Spezifisches. Sie ist Besorgnis, Schrecken, das Grauen vor dem Rätselhaften...".

Heute können uns die Werke Kleists nicht mehr verstören. Dies zeigt, dass er ein Dichter war, der unserer Zeit voraus gewesen ist.

Was von Kleist bleibt

Die Hauptfigur in Kleists Drama **"Prinz Friedrich von Homburg"** erträumt sich den ewigen Ruhm, der dem Dichter zeitlebens verwehrt geblieben ist: *"Nun, o Unsterblichkeit, bist du ganz mein!"*. Wie bei vielen Künstlern, die zu Lebzeiten verkannt und missachtet wurden, stellt sich auch bei Kleist der Ruhm erst nach seinem Tode ein. Er sollte aber um so nachhaltiger wirken. Kleists Dramen werden heute noch auf allen Bühnen des Landes regelmäßig gespielt. Wir verdanken dem Dichter mit dem **"Zerbrochenen Krug"** ja auch eine der besten deutschen Komödien. Auch seine Novellen werden weiterhin die Leser faszinieren und verstören, wie es die Absicht dieses absonderlichen Dichters gewesen ist. Im Deutschunterricht werden sich auch ferner Generationen von Schülern an den undurchdringlich scheinenden hypotaktischen Satzgefügen abarbeiten, die zum Markenzeichen des Kleistschen Prosastils geworden sind.

Verwendete Literatur

Heinrich von Kleist: Sämtliche Werke und Briefe, DTV, München 2001
Anna Maria Carpi: Kleist - Ein Leben, Insel-Verlag, Berlin 2011
Gerhard Schulz: Kleist - Eine Biographie, Verlag C.H. Beck, München o.J.

Theodor Storm

„Doch hängt mein ganzes Herz an dir / Du graue Stadt am Meer"

Das bekannteste Gedicht Theodor Storms **"Die Stadt"** ist eine Liebeserklärung an seine Heimatstadt Husum. Er hat es 1852 verfasst, nachdem ihm seine Zulassung als Rechtsanwalt entzogen worden war. Storm hatte sich an der schleswig-holsteinischen Erhebung gegen die dänische Herrschaft, die im Gefolge der 1848-Revolution ausbrach, beteiligt. Auch nach dem Friedensschluss von 1850 zwischen Dänemark und Preußen nimmt Storm eine unversöhnliche Haltung gegen Dänemark ein, was das Berufsverbot zur Folge hat. Über Potsdam wandert er ins thüringische Heiligenstadt aus, wo er als Kreisrichter amtiert.

Das Lob auf die geliebte Heimatstadt erfolgt aus dem Negativen: Es gibt dort keinen romantisch rauschenden Wald. Es gibt auch keine Singvögel, die ihren wohltönenden Gesang erklingen lassen könnten. Nur den *"harten Schrei"* der *"Wandergans"* kann man vernehmen. Dazu ist die Stadt noch oft in graue Nebelbänke eingehüllt. Dann folgt in einer markanten Antithese *("Doch...")* die Schlussstrophe, die das Liebesbekenntnis enthält:

> Doch hängt mein ganzes Herz an dir,
> Du graue Stadt am Meer;
> Der Jugend Zauber für und für
> Ruht lächelnd doch auf dir, auf dir,
> Du graue Stadt am Meer.

Anheimelnde Jugenderinnerungen verdrängen die negativen Attribute, weil sie von einem Zauber umgeben sind, dem man bis ins hohe Alter nachsinnen kann. Strom war besonders heimatliebend. Auch wenn er seine Heimatverbundenheit selbstironisch als "Husumerei" bezeichnet hat, hat sie doch einen unverbrüchlichernsten Kern. Dieser schlägt sich auch in vielen seiner Novellen nieder, die an der Nordseeküste spielen und die raue Atmosphäre von Meer und Küste beschwören. In vielen seiner Texte findet sich das Motiv "Der Jugend Zauber" aus dem Stadt-Gedicht wieder. Oft sind seine Protagonisten ältere Männer, die in seligen Jugenderinnerungen schwelgen.

Der Lyriker Storm: "Fern hallt die Musik, doch hier ist stille Nacht"

Theodor Storm hat wie viele seiner Dichterkollegen seine literarische Laufbahn mit Gedichten begonnen. Das älteste erhaltene Gedicht Storms schreibt er als 16-jähriger Gymnasiast. 1852 erscheint die erste Gesamtausgabe seiner Gedichte im Druck. Diese Anthologie sollte zu Lebzeiten Storms sieben Auflagen erfahren.

Storms Lyrik ist geprägt von Innerlichkeit, wehmütiger Liebesbeschwörung und Naturverherrlichung. Wie die frühe Lyrik Goethes sind auch vieler seiner Gedichte Erlebnisgedichte, die *"das Erlebnis als Fundament"* betrachten und es durch *"die Kunst des Poeten zum Allgemeingültigen erheben."* (Storm)

Meeresstrand

Ans Haff nun fliegt die Möwe,
Und Dämmerung bricht herein;
Über die feuchten Watten
Spiegelt der Abendschein.

Graues Geflügel huschet
Neben dem Wasser her;
Wie Träume liegen die Inseln
Im Nebel auf dem Meer.

Ich höre des gärenden Schlammes
Geheimnisvollen Ton,

Einsames Vogelrufen –
So war es immer schon.

Noch einmal schauert leise
Und schweiget dann der Wind;
Vernehmlich werden die Stimmen,
Die über der Tiefe sind.

In dem 1853 entstandenen Gedicht gelingt es Storm, mit wenigen Strichen das Bild einer geheimnisvollen und schaurigen Abendstimmung am Haff des Meeres zu entwerfen. Charakteristische Adjektive (grau, feucht, geheimnisvoll, leise, einsam) und dynamische Verben (huschen, schauern, fliegen) unterstreichen die düstere Naturstimmung. Die lapidare Aussage *"So war es immer schon"* ordnet die Momentaufnahme am Haff in den ewigen Kreislauf der Natur ein.

Die schönsten Liebesgedichte hat Storm seiner Frau Constanze gewidmet. Eines davon, **"Die Nachtigall"**, erreicht das Niveau der Gedichte von Eduard Mörike, den Storm zeitlebens als lyrisches Vorbild bewundert.

Die Nachtigall

Das macht, es hat die Nachtigall
Die ganze Nacht gesungen;
Da sind von ihrem süßen Schall,
Da sind in Hall und Widerhall
Die Rosen aufgesprungen.

Sie war doch sonst ein wildes Kind;
Nun geht sie tief in Sinnen,
Trägt in der Hand den Sommerhut
Und duldet still der Sonne Glut
Und weiß nicht, was beginnen. [...]

Meisterhaft wird nur angedeutet, was die Frau bewegt. Liebesgefühle, ausgelöst durch den Ruf der Nachtigall, haben ihre ganze Person gefangen genommen und lassen sie wie schlafwandlerisch durch die Welt gehen. Diese Kunst der Aussparung, der verhaltenen Andeutung verleiht dem Gedicht seine schwebende, geheimnisvolle Stimmung.

Hyazinthen

Fern hallt Musik; doch hier ist stille Nacht,
Mit Schlummerduft anhauchen mich die Pflanzen.
Ich habe immer, immer dein gedacht;
Ich möchte schlafen, aber du musst tanzen.

Es hört nicht auf, es rast ohn Unterlass;
Die Kerzen brennen und die Geigen schreien,
Es teilen und es schließen sich die Reihen,
Und alle glühen; aber du bist blass.

Und du musst tanzen; fremde Arme schmiegen
Sich an dein Herz; o leide nicht Gewalt!
Ich seh dein weißes Kleid vorüberfliegen
Und deine leichte, zärtliche Gestalt. – –

Und süßer strömend quillt der Duft der Nacht
Und träumerischer aus dem Kelch der Pflanzen.
Ich habe immer, immer dein gedacht;
Ich möchte schlafen, aber du musst tanzen.

Das Gedicht "Hyazinthen" (1851) thematisiert die unerfüllte Liebe, eine Liebe, die nicht gelingt, weil die Liebenden getrennt sind durch Temperament und Milieu. In diesem Gedicht schwingt der träumerische Unterton mit, der vielen von Storms Gedichten eigen ist. Thomas Mann, der Storms Lyrik sehr schätzte, hat diesem Gedicht ein Denkmal gesetzt, indem er den Refrain "Ich möchte schlafen, aber du musst tanzen" in seiner Novelle "Tonio Kröger" verwendet hat. Dort markiert dieser Vers die Kluft zwischen dem poetisch veranlagten, grüblerischen Jüngling Tonio und der heiteren, dem Leben zugetanen blonden Ingeborg Holm.

Populär wurde Storms Herbstgedicht **"Oktoberlied"**, zumal sich trinkfeste Burschenschaften seiner bemächtigt haben, die es primär für ein Trinklied hielten *("Schenk ein den Wein, den holden!")*:

Oktoberlied

Der Nebel steigt, es fällt das Laub;
Schenk ein den Wein, den holden!
Wir wollen uns den grauen Tag
Vergolden, ja vergolden!

[...]

Wohl ist es Herbst; doch warte nur,
Doch warte nur ein Weilchen!
Der Frühling kommt, der Himmel lacht,
Es steht die Welt in Veilchen.

Die blauen Tage brechen an,
Und ehe sie verfließen,
Wir wollen sie, mein wackrer Freund,
Genießen, ja genießen!

Das "Oktoberlied" gestaltet die ungebrochene Lebensfreude im Einklang mit dem Wechsel der Jahreszeiten. Das Gedicht ist ein gutes Beispiel für die Musikalität, die Storms Versen oft innewohnt. Ein Vertonung des "Oktoberlieds" drängt sich geradezu auf. Es gibt Arrangements für Gesang und Klavier und einen Chor-Satz, was den leidenschaftlichen Sänger Storm, der in Husum selbst einen Gesangverein gegründet und geleitet hat, besonders gefreut haben dürfte. Storm spielt nicht nur Klavier. Er singt auch einen so guten Tenor, dass er bei Liebhaberaufführungen der Oper "Der Freischütz" von C. M. v. Weber die Partie des Max bewältigt. Der "Theodor-Storm-Chor" ist heute noch in Husum aktiv.

Bewegende Todesgedichte verdanken wir auch Constanze: ihrem frühen Tod mit nur 40 Jahren. In dem mit **"Tiefe Schatten"** überschriebenen Trauer-Zyklus findet sich das bewegende Gedicht:

In der Gruft bei den alten Särgen

In der Gruft bei den alten Särgen
Steht nun ein neuer Sarg,
darin vor meiner Liebe
Sich das süßeste Antlitz barg. [...]

Vielleicht im Mondenlichte,
Wenn die Welt zur Ruhe ging,
Summt noch um die weißen Blüten
Ein dunkler Schmetterling.

Der Schmetterling, der um die Todesblumen auf dem Sarg flattert, stellt die Verbindung zur Welt der Lebenden her. Gleichzeitig ist er ein Symbol für den Kreislauf von Werden und Vergehen.

Das bei weitem populärste Gedicht Storms findet sich in der Novelle **"Unter dem Tannenbaum"** (1862). Das Gedicht hat sich vom epischen Kontext verselbständigt und ist Teil des lyrischen Schatzes der Deutschen geworden.

Knecht Ruprecht

Von drauß' vom Walde komm ich her;
Ich muss euch sagen, es weihnachtet sehr!
Allüberall auf den Tannenspitzen
Sah ich goldene Lichtlein sitzen;
Und droben aus dem Himmelstor
Sah mit großen Augen das Christkind hervor. [...]

Entstanden sind Novelle und Gedicht im "Exil" in Heiligenstadt. Als heimatverbundener Mensch ist es Storm schwer gefallen, sich in die fremde Landschaft und in die Mentalität der dort lebenden Menschen einzufinden. Vor allem an Weihnachten verstärkt sich das Heimweh nach Husum. Umso inniger feiert er mit seiner Familie das Weihnachtsfest, und zwar genau so, wie er es von Kind an gewohnt war. Die Erinnerung an heimatliche Weihnachtsfeiern hat ihn auch bewogen, weitere stimmungsvolle Weihnachtsgedichte zu schreiben, wie z.B. **"Weihnachtslied"** und "**Weihnachtsabend**".

Die Novelle "Immensee": "Meine Mutter hat´s gewollt / Den anderen ich nehmen sollt"

Die 1849 entstandene Novelle **"Immensee"** ist die zu Lebzeiten des Dichters erfolgreichste Veröffentlichung Storms. Sie erreicht dreißig Auflagen. Eingebettet in eine knappe Rahmenhandlung - ein alter Mann gibt sich vor dem Bildnis seiner Jugendgeliebten seinen Erinnerungen hin - entspinnt sich eine Liebesgeschichte, deren Stationen in sensiblen Stimmungsbildern von der kindlichen Unbeschwertheit über die Entfremdung während der Zeit der Trennung bis zur endgültigen Entsagung der Liebenden geschildert werden. Die Liebe kann keine Erfüllung finden, weil das Mädchen (Elisabeth) in Erfüllung der strengen Tochterpflichten auf den Rat der Mutter hört, den reichen Erben eines Bauernhofs (Erich) dem armen Dichter und Gelehrten (Reinhard) vorzuziehen. Das Leitthema der Novelle findet sich in einem Gedicht, das Reinhard aus dem Schatz von Volksliedern, die er gesammelt hat, vorliest: *"Meine Mutter hat´s gewollt / Den andern ich nehmen sollt / Was ich zuvor besessen / Mein Herz sollt es vergessen / Das hat es nicht gewollt."* Kleine Zeichen im Verhalten der ehemaligen Geliebten, wie ihre zitternde Hand, verraten, dass sie Reinhard noch immer liebt. Dennoch siegt die praktische Vernunft über die heimliche Leidenschaft. Die Trennung ist für immer: *"´Du kommst nicht wieder`, sagte sie endlich. ´Ich weiß es, lüge nicht! du kommst nie wieder.` - ´Nie`, sagte er. [...] Und mehr und mehr versank hinter ihm das stille Gehöft, und vor ihm auf stieg die große weite Welt."*

In der handlungsarmen Novelle wird die intensive Wirkung, die von ihr ausgeht, durch lyrisch anmutende Stimmungsbilder erzeugt, die mit symbolischen Verweisen aufgeladen sind. Die Erdbeersuche der Kinder im Wald, bei der sie sich verirren, steht für die Irrungen und Wirrungen der Liebe. Der Tod des Vogels, den Rudolf seiner Freundin geschenkt hat, nimmt das Ende der Liebe vorweg. Die geheimnisvolle Wasserlilie wird zum Zeichen für das nie zu fassende Glück. Die in die Handlung eingestreuten Gedichte haben dieselbe Funktion wie die Gedichte in den Erzählungen Joseph von Eichendorffs: Sie enthalten in konzentrierter Form die Motive, die für das Verständnis der Novelle entscheidend sind. Und sie verstärken den Eindruck des Lyrischen im Erzählfluss der Prosa.

"Pole Poppenspäler": "...alles, was zu einem vollen Menschenglück gehört"

Mit 57 Jahren erhält Theodor Storm von der Zeitschrift "Deutsche Jugend" das Angebot, eine Erzählung für Jugendliche zu schreiben. Der entstandene Text sollte zu einer seiner populärsten Novellen werden: **"Pole Poppenspäler"** (1874). Auch hier ist die eigentliche Handlung in einen erzählerischen Rahmen eingebettet. Ein Handwerksmeister, Drechsler und Mechaniker, erzählt einem Knaben ein Erlebnis aus seiner Jugend. Als in seinem Dorf eine fahrende Puppenspieler-Familie gastiert, um ihre Künste vorzuführen, verfällt der junge Paul dem Zauber des Puppenspiels. Als praktisch begabter Junge untersucht er auch die Mechanik der Puppen und beschädigt dabei den "Kasper". Sein Vater repariert den Schaden. So kommt er in Kontakt mit der Puppenspieler-Familie. Zu deren Tochter Lisei entwickelt sich eine innige Jugendfreundschaft, die der Erzähler als *"eine Zeit des schönsten Kinderglücks"* bezeichnet. Da die Familie zum fahrenden Volk gehört, zieht sie bald mit ihrem Puppentheater weiter. Zwölf Jahre später - Paul ist inzwischen als Handwerksgeselle in einer fremden Werkstatt in der Lehre - trifft er Lisei wieder. Er hilft ihr dabei, den Vater aus dem Gefängnis zu befreien, in das er wegen des (falschen) Verdachts, einen Diebstahl begangen zu haben, geraten ist.

Paul nimmt Lisei zur Frau und zieht mit ihr und ihrem Vater in die Heimatstadt zurück. Als der Vater das Puppenspiel wieder aufleben lässt, kommt es zu einem unerfreulichen Zwischenfall. Jugendliche stören die Vorführung so heftig, dass sie abgebrochen werden muss. Der Vater verwindet die Schmach nicht und stirbt bald darauf. Bei seinem Begräbnis wirft einer der Übeltäter die Kasper-Figur ins offene Grab. Der verständige Pfarrer gibt der rohen Tat eine versöhnliche Deutung: *"Lasst nur das kleine Werk seinem Meister folgen; das stimmt gar wohl zu den Worten unserer Heiligen Schrift! Und seid getrost; denn die Guten werden ruhen von ihrer Arbeit."*

Theodor Storm weiß, als er diesen Schreibauftrag annimmt, um die Schwere der Aufgabe, für Jugendliche zu schreiben. Er beschreibt das Paradoxon so: *"Wenn du für die Jugend schreiben willst, [...] so darfst du nicht für die Jugend schreiben."* - Der Autor dürfe die Jugend nicht unterschätzen und ihr ein vollgültiges Kunstwerk vorenthalten. Er dürfe den Stoff auch nicht auf reine Kinderthemen einengen. Deshalb sind in der Erzählung Kinder- und Erwachsenenwelt untrennbar miteinander verwoben. Auch die Thematik weist weit über die Freundschaft zweier Kinder hinaus. Storm thematisiert den Gegensatz zwischen den ehrbaren Handwerkern, zu denen Pauls Vater zählt, und den Künstlern, die von der Puppenspieler-Familie repräsentiert werden. Diesen Gegensatz zwischen Bürgertum und Künstlertum sollte später Thomas Mann zu seinem Hauptthema machen. Die Novelle schildert mit viel Einfühlungsvermögen in die Kinderseele den Zauber der Jugend, ohne ihn romantisch zu verklären. Die Gefährdungen und die zeitliche Begrenztheit des unbeschwerten Glücks bleiben stets präsent: *"Aber alles im Leben ist nur für eine Spanne Zeit."* - "Pole Poppenspäler" gehörte lange Zeit zum festen Kanon der Schullektüre. Erst eine fragwürdige Modernisierung des Literaturunterrichts hat diese "pädagogisch wertvolle" Erzählung aus dem Unterricht verbannt.

"Hans und Heinz Kirch": "Wo aber ist Heinz Kirch geblieben?"

Lange hat sich auch die 1882 entstandene Novelle **"Hans und Heinz Kirch"** im Kanon bewährter Schullektüren gehalten. Sie ist eine bewegende Vater-Sohn-Geschichte. Der kleine Schiffseigner und Kapitän zur See Hans Kirch möchte, dass sein Sohn Heinz in seine Fußstapfen tritt und dereinst sein Geschäft übernimmt. Gleichzeitig soll er das reputierliche Amt eines Stadtrats erringen. Er erzieht ihn streng und weiht ihn frühzeitig in die Fertigkeiten der Seefahrt ein. Heinz ist ein sensibler Junge, der gleichzeitig einen eigenen Kopf hat, der sich den väterlichen Anordnungen immer weniger fügen will. Ein Schlüsselerlebnis für ihn ist die väterliche Zurechtweisung an der Haustür, als er am Abend nach dem Läuten der Bürgerglocke nach Hause kommt. Er hatte sich vor Anbruch seiner ersten großen Seefahrt von seiner Jugendliebe Wieb verabschiedet. Der Vater weist ihn streng zurecht: *"Klopf nicht noch einmal so an des Vaters Tür! Sie könnte dir verschlossen bleiben."* - Der Verweis auf das Gleichnis vom verlorenen Sohn aus dem Neuen Testament (Lukas 15,11-32) ist unübersehbar. Heinz beginnt eine einjährige Ausbildungsfahrt nach China. Lange gibt es von ihm kein Lebenszeichen. Als schließlich ein Brief ankommt, ist er nicht frankiert. Voller Zorn über den Sohn, der nicht einmal das Porto für einen Brief aufbringen kann, verweigert der Vater dessen Annahme. Das Nachporto hätte 30 Schillinge betragen. Auch dies ist eine Anspielung auf eine bekannte Bibelstelle, die Judasgeschichte (Matthäus 16, 14 f.). Als Heinz den zurückgesandten Brief in Händen hält, verweigert er aus Enttäuschung und Trotz die verabredete Heimkehr. Erst nach 18 Jahren kehrt er, von den Strapazen der Seefahrt gezeichnet und durch einen Pockenerkrankung im Gesicht stark entstellt, ins Elternhaus zurück. Vater und Schwester vermögen es nicht, in dem veränderten Heinz den verlorenen Sohn wiederzuerkennen. Einzig die Jugendliebe Wieb, die inzwischen verheiratet ist, erkennt den früheren Geliebten wieder. Verbittert verlässt Heinz das Elternhaus für immer. Der Vater muss seinen geschäftlichen und gesellschaftlichen Ehrgeiz, den er auf seinen Sohn projiziert hat, endgültig begraben. Ein halbwegs versöhnliches Ende findet die Novelle, wenn sie schildert, wie der alte, gebeugte Hans Kirch von Wieb ans Meer geführt wird, wo sie vergeblich nach Heinz Ausschau halten: *"Wo aber ist Heinz Kirch geblieben?"*

Die gesellschaftskritische Botschaft der Novelle ist unübersehbar: Ruhmsucht, Geld- und Machtstreben verletzen die Menschlichkeit, wenn sie das Leben beherrschen. Die Novelle hält zudem für alle Väter die Lehre bereit, ihre Kinder, vor allem die Söhne, nicht mit Ehrgeiz und Härte nach einem vorgestellten Ideal zu modeln, sondern ihnen die Möglichkeit zu geben, sie selbst zu sein. Nur die humane Erziehungsmaxime "Werde, der der du bist!" kann menschliche Katastrophen wie die zwischen Hans und Heinz Kirch verhindern.

Noch in einer anderen Novelle hat Storm einen Vater-Sohn-Konflikt geschildert, in **"Carsten Curator"** (1878). Heinrich hat das flatterhafte Wesen seiner Mutter geerbt und gerät, weil er moralische Grundsätze nicht kennt, auf die schiefe Bahn. Er veruntreut ihm anvertrautes Geld, verfällt dem Trunk und ruiniert zuletzt auch das Vermögen seiner Frau Anna. Während einer Sturmflut wagt er sich betrunken in ein Boot und kommt im Meer um. In diese dramatisch erzählte Geschichte vom gefallenen Sohn hat Storm seine Enttäuschungen und Qualen über das Schicksal seines eigenen Sohnes Hans gelegt, der seinem Vater einen das *"Leben zerstörenden Kummer"* bereitet hat.

"Ein Doppelgänger": "Er war ein Mensch, er irrte, und er hat gelitten"

Storm ist ein Meister kunstvoll gestalteter Rahmenhandlungen. Besonders gelungen ist die Rahmenerzählung in der Novelle **"Ein Doppelgänger"** aus dem Jahre 1887. Ein Rechtsanwalt aus einer Stadt an der Nordsee (Husum) trifft auf einer Reise nach Jena im Gasthof einen Oberförster. Die gegenseitige Sympathie führt dazu, dass der Anwalt einige Tage im Hause des Försters zu Gast weilt. Dort lernt er auch dessen Frau Christine kennen, die zufälliger Weise aus seiner Heimatstadt stammt. Vergeblich forscht er in ihren Zügen nach einer

Bekanntschaft aus Jugendzeiten. Hier setzt die Binnenhandlung ein, eine Erzählung, die der Anwalt nachts in seinem Zimmer aus der Erinnerung zu Papier bringt. Sie schildert das Schicksal von Christines Familie.

Der arbeitslose Arbeiter John Hansen gerät, verführt von einem Ganoven, auf die schiefe Bahn und begeht einen Einbruch. Nach Verbüßung einer 6-jährigen Zuchthausstrafe muss er mit dem Stigma des Entehrten leben. Er findet eine Arbeit als Aufseher über ein Heer von Frauen, die auf den Feldern Unkraut jäten. Dort verliebt er sich in die 17-jährige Hanna, die er schließlich heiratet. Ihnen wird ein Mädchen, Christine, geboren. Bei einer der vielen ehelichen Auseinandersetzungen, die der materiellen Not geschuldet sind, macht Hanna ihrem Mann den *Vorwurf seiner jungen Schande*". In dem folgenden Gerangel fällt Hanna unglücklich gegen den Ofen, verletzt sich schwer und stirbt. John arbeitet hart, um sich und das Kind ernähren zu können. Als er mit seinem ehemaligen Mithäftling zusammen gesehen wird, verliert er seine Arbeit und gerät mit seinem Kind in bittere Not. Als er nachts versucht, auf einem Acker Kartoffeln zu stehlen, fällt er in einen ungesicherten tiefen Brunnen, in dem er stirbt. Das Kind wird von einer Pfarrersfamilie aufgenommen, den Eltern des Försters. Der Sohn der Familie heiratet später Christine.

Der Titel der Novelle "Ein Doppelgänger" ergibt sich daraus, dass die erwachsene Christine sich nur schemenhaft an den Vater ihrer Kindheit erinnern kann. Dabei verschwimmen die klaren Konturen des guten und liebevollen Vaters mit dem Schemen eines gewalttätigen Menschen. Psychologisch könnte man diese Aufspaltung so deuten, dass das Mädchen, um sich zu schützen, die negative Seite des Vaters von seinen guten Eigenschaften abspaltet und verdrängt. Erst der Bericht des Anwalts führt dazu, dass sich Christine mit beiden Seiten im Charakter ihres Vaters versöhnt: "...*seine Tochter hat jetzt mehr an ihm; nicht nur den Vater, sondern einen ganzen Menschen.*"

Die Novelle hat einen unübersehbar sozialkritischen Akzent. Zum ersten Mal wählt Storm als Hauptfigur einer Novelle einen Arbeiter. Die Schilderung der Lebensumstände der Proletarierfamilie, der

Bettelgänge der Armen und der Unbarmherzigkeit der "ehrbaren" Stadtbürger zeigt schon naturalistische Züge. Storms Parteinahme für den entrechteten und gedemütigten John Hansen legt er dem einzigen Gönner des Delinquenten, dem Bürgermeister, in den Mund: *"Nachdem dieser John von Rechts wegen seine Strafe abgebüßt hatte, wurde er, wie gebräuchlich, der lieben Mitwelt zur Hetzjagd überlassen. Und sie hat ihn nun auch zu Tode gehetzt; denn sie ist ohn Erbarmen."* - Die Storm-Forschung hat darauf hingewiesen, dass der Dichter in dieser Novelle zum ersten Mal im 19. Jahrhundert die Frage nach der Resozialisierung von Strafgefangenen und dem Recht auf Arbeit aufwirft und damit typische Themen des 20. Jahrhunderts vorweg nimmt.

"Der Schimmelreiter" (1888): "Mein Gott, sei gnädig mit uns Menschen"

Die Geschichte vom Schimmelreiter ist in einen zweifachen Erzählrahmen eingefügt. Ein kleiner Junge liest im Hause seiner Urgroßmutter in einer Literaturzeitschrift eine sagenumwobene Geschichte. Darin erzählt ein Dorfschullehrer einem Gasthausbesucher, der sich vor einem wilden Herbststurm in die Wärme der Gaststube gerettet hat, die Geschichte vom Deichgrafen Hauke Haien. Dieser war schon als Jungendlicher fasziniert von der Deichbaukunst, deren geometrische Voraussetzungen er sich im Selbststudium anhand eines mathematischen Werkes von Euklid beibringt. Er geht als Knecht beim Deichgrafen in die Lehre und vervollkommnct dort sein Wissen. Zu dessen Tochter Elke entwickelt er eine zarte Zuneigung. Als der Deichgraf stirbt, heiratet er Elke. Als sein ererbter Hof mit dem seiner Frau zusammengelegt wird, hat er genügend Besitz, um selbst Deichgraf werden zu können. Mit Hilfe der Obrigkeit und der Dorfbewohner schafft er es, einen neuen Deich zu errichten, dessen Profil nach physikalischen Erkenntnissen so beschaffen ist, dass er die heftigsten Sturmfluten abwettern kann. Als er Jahre später auch noch den alten Deich modernisieren will, regt sich der Widerstand der Bauern, die Mühen und Kosten scheuen. Gegen seine innere Überzeugung gibt er dem Drängen der Bauern nach und gibt sich mit notdürftigen Reparaturen zufrieden. Bei einer Jahrhundertflut (man schreibt das Jahr 1765) bricht dieser alte Deich und überflutet weite Teile der Dorfwiesen. Als sich Elke mit ihrer Tochter Wienke aus ihrem Haus in Sicherheit bringen will, wird ihre Kutsche ins tosende Meer gerissen. Als Hauke Haien dies von seinem Schimmel aus sieht, gibt er ihm die Sporen und versinkt ebenfalls in den Fluten. Die Leichen der drei werden nie gefunden. Seitdem geht das Gerücht um, ein Schimmelreiter (der Geist des toten Deichgrafen?) erscheine immer dann auf dem Deich, wenn eine Sturmflut drohe, um die Bauern zu warnen. So walte er auch aus dem Totenreich noch seines Amtes als Deichgraf.

Zentrales Thema der Novelle ist der Kampf des Deichgrafen, der sich der Aufklärung und der modernen Naturwissenschaft verpflichtet fühlt, gegen Aberglaube und geistige Rückständigkeit der Dorfbewohner. Als sie beim Deichbau darauf bestehen, dass *"etwas Lebigs"*, ein kleiner Hund, mit eingegraben wird, weist Hauke Haien dieses Ansinnen voller Wut als *"Heidenlehre"* zurück und rettet den Hund. Gerade weil der Deichgraf Respekt vor den Gewalten der Natur hat, möchte er sie unter Zuhilfenahme der Naturgesetze zähmen. Der Reiz der Novelle ergibt sich aus der Spannung zwischen dem Geheimnisvoll-Abergläubischen, das die einfachen Menschen vertreten, und dem fachwissenschaftlichen Realismus, für den der Deichgraf steht.

Storm hat den "Schimmelreiter" schon im Angesicht seines baldigen Todes (1888) geschrieben. Mit dieser Novelle gelingt ihm ein Werk, das seinen Ruhm endgültig begründen sollte. Bis heute ist dies sein bekanntestes Werk, dessen Qualität sich auch in einigen Verfilmungen bewährt hat. Gerühmt wird der "Schimmelreiter" bis heute wegen des darin zum Ausdruck kommenden Bekenntnisses zur Humanität, zur Überwindung von Unwissenheit und Aberglauben und zum Respekt vor den Gewalten der Natur.

Der politische Storm: "Lasst uns die Eiche der Freiheit erklimmen"

Storm bezeichnet sich in einem Brief an einen Freund als *"eigentlich unpolitisches Tier"*. Diese Selbstbeschreibung hindert ihn nicht daran, sich aktiv am Kampf der Schleswig-Holsteiner für Unabhängigkeit von der dänischen Krone zu beteiligen. Das Herzogtum Schleswig wird in Personalunion vom dänischen König verwaltet, der deshalb Sitz und Stimme im Deutschen Bund besitzt. Als sich der König nationalistischen Kräften beugt und Schleswig ganz in den dänischen Staat einverleiben will, beginnt die schleswig-holsteinische Erhebung. Als die militärisch überlegenen Dänen im Jahre 1850 siegen, werden zahlreiche Beamten gegen loyale Gefolgsleute ausgetauscht. Auch Theodor Storm verliert seine Lizenz als Anwalt und muss ins "Ausland", nach Preußen, auswandern, um seinen Lebensunterhalt bestreiten zu können. Erst als die Dänen 1864 von preußischen Truppen geschlagen werden, kann das Dänenjoch abgeschüttelt werden. Storm kehrt in seine Heimatstadt zurück, nachdem er von einer spontanen Volksmenge per Akklamation zum Landvogt gewählt worden war. Storm ist nicht nur ein schleswig-holsteinischer Patriot, er vertritt auch eine entschieden demokratische Haltung, vor allem gegenüber einer anmaßenden Obrigkeit. Thomas Mann lobt in seinen "Betrachtungen eines Unpolitischen" Storm als einen "großen Bürger", einen "Demokraten" und "Politiker".

Was von Storm bleibt

Im kollektiven Gedächtnis bleiben von Storm gewiss seine Novellen und die besten seiner Gedichte. Lehrer, die jenseits moderner Lehrpläne einen Bildungsanspruch verfolgen, werden mit ihren Schülern weiterhin **"Pole Poppenspäler"**, **"Hans und Heinz Kirch"**, **"Ein Doppelgänger"** und **"Der Schimmelreiter"** lesen, um sie in die fremde Welt kleinstädtischen Lebens an der rauen Nordseeküste und in das Seelenleben unvergesslicher Figuren einzuführen. Die jungen Leser werden erkennen, dass Storm zu den Dichtern zählt, die eine große Liebe zu den Menschen, vor allem zu den "kleinen Leuten", verspüren, eine Zuneigung, die aus den liebevoll gezeichneten Charakteren seiner Figuren spricht.

Viele Leser der Stormschen Novellen werden sich auch weiterhin zu den herrlichen Frauenfiguren hingezogen fühlen, zu Lisei, Wieb, Elisabeth, Anna, Christine und Elke. Dies sind Frauen, die von einem widrigen Schicksal gezeichnet sind, denen aber Seelengröße und Güte eine große Stärke verleihen. Sie sind ihren Männern Halt und Stütze durch *"jene allbarmherzige Frauenliebe, die allen Trost des Lebens in sich schließt"*. (Aus: "Hans und Heinz Kirch"). Thomas Mann schätzte an Theodor Storm ganz besonders den Humanitätsanspruch seiner Literatur. Er sei es, der seinem Werk die "absolute Weltwürde" verleihe. Es wäre zu wünschen, dass sich die Prophezeiung Thomas Manns in Bezug auf seinen Dichterkollegen Theodor Storm bewahrheitet: "Er ist ein Meister, er bleibt."

Verwendete Literatur

Theodor Storm: Gesammelte Werke in sechs Bänden, München 1981
Hartmut Vinçon: Theodor Storm, Rowohlts Monographien, Reinbek bei Hamburg, 1972
Jochen Missfeld: Du graue Stadt am Meer, Der Dichter Theodor Storm in seinem Jahrhundert, Stuttgart 2014
Karl Ernst Laage: Theodor Storms öffentliches Wirken. Eine politische Biografie, Heide 2008

Annette von Droste-Hülshoff

„O schaurig ist's, übers Moor zu gehn"

Annette von Droste-Hülshoff gilt heute als beste deutschsprachige Schriftstellerin. Diese Ehre wurde ihr allerdings erst im 20. Jahrhundert zuteil, als sich die germanistische Wissenschaft ihrer annahm und sich auch ihre spätgeborenen Dichter-Kolleginnen für sie einsetzten. Sarah Kirsch drückte in dem Gedicht „Der Droste würde ich gern Wasser reichen" (1978) ihre Bewunderung für die Kollegin aus dem 19. Jahrhundert aus. Auf ihre Musikalität anspielend schreibt sie: "...am Spinett...spielen wir...das Verbotene von Villon."

Bis zur Einführung des Euro zückten Millionen von Menschen den grünen 20-Mark-Schein und klebten die 1DM-Briefmarke auf Kuverts, die beide das Konterfei der Dichterin trugen. Viele taten dies vermutlich, ohne zu wissen, dass mit dem Portrait eine große deutsche Dichterin verewigt worden ist.

Zu Lebzeiten war die Wirkung der Droste begrenzt, weil ihr die Entfaltungsmöglichkeiten gänzlich fehlten, die Frauen – künstlerisch tätigen zumal – heute zur Verfügung stehen. Annette von Droste-Hülshoff entstammt einem alten westfälischen Adelsgeschlecht, das sich im Münsterland bis ins Jahr 1000 zurück nachweisen lässt. Geboren wird sie in dem Wasserschloss Hülshoff bei Münster, das sich seit 1417 im Besitz der Familie befindet. Schon früh fällt ihre intellektuelle und musische Begabung auf. Schon als Kind zeigt sie eine gute Beobachtungsgabe und eine überschäumende Phantasie. Auch die Sprache steht ihr scheinbar mühelos zur Verfügung. Zwischen ihrem 7. und 17. Lebensjahr schreibt sie an die 50 Gedichte, in denen sie mit genauem Blick die Erscheinungen ihrer Umgebung - Tiere, Pflanzen, Menschen - einfängt. Über den kulturell interessierten Vater und die beiden literarisch ambitionierten Stiefonkel Werner und August von Haxthausen kommt das Mädchen in Kontakt mit dem Sprachwissenschaftler Wilhelm Grimm, der das "Fräulein aus dem Münsterland" in einem Brief an seinen Bruder Jacob als fleißige

Märchensammlerin lobt. Annette ist eingezwängt in das Korsett adeliger Erziehung und streng gelebter katholischer Frömmigkeit, die den kritischen Geist und wachen Intellekt des jungen Mädchens nicht voll zur Entfaltung kommen lassen. So werden der 15-Jährigen die Lektüre Schillerscher Dramen und die Beteiligung am Komödienspiel im privaten Kreis verboten. Ihr Selbstbehauptungswille wird vor allem durch ihre schwache Konstitution, die Folge mehrerer Krankheiten ist, geschwächt. In Briefen an Freunde beklagt sie ihren *"schwachen, miserablen Körper"*. Diesem Körper und den immer wieder auftretenden Depressionen ringt sie ihr literarisches Werk ab: *"Rastlos treibt´s mich um im engen Leben, / Und zu Boden drücken Raum und Zeit, / Freiheit heißt der Seele banges Streben, / Und im Busen tönt´ s: Unendlichkeit!"* - Schon in ihren frühen Texten, der Verserzählung **"Walter"** (1818) und dem Romanfragment **"Ledwina"** (1819), klingt das zentrale literarische Motiv ihres gesamten Schaffens an. Es geht um die Selbstbehauptung des Einzelnen in einer autoritär verfassten Gesellschaft. Für die junge Frau wird das Dichten zu einer Form der Selbstbewahrung ihres Ichs.

Die Lyrik der Dichterin: "Wär ich ein Jäger auf freier Flur"

In vielen Gedichten Annette von Droste-Hülshoffs schwingt die Sehnsucht nach Freiheit mit - nach der Freiheit einer in Konventionen gefesselten Frau. In dem Gedicht **"Am Turme"** steht die Sprecherin auf einem hohen Balkon und lässt sich vom Sturm ihr Haar zerwühlen. Alle Portraits, die wir von der Dichterin kennen, zeigen sie mit streng hochgestecktem Haar. Im Gedicht wird diese züchtige Frisur zur Fessel, die die Frau an einem freien Leben hindert: *"Gleich einem artigen Kinde, / Und darf nur heimlich lösen mein Haar"*. Die erotische Symbolik des frei flatternden Haares ist in dem Gedicht nicht zu übersehen. Ein anderes Gedicht mit erotischem Gehalt heißt **"Die Taxuswand"**. Die Sprecherin erinnert sich, vor einer hohen Taxushecke stehend, an eine frühere Liebesbegegnung mit einem Mann: *"Denn jenseits weiß ich sie, / Die grüne Gartenbank"*. - Auch hier spielt das frei flatternde Haar ein wichtige Rolle: *"Als mich mein Haar* *umwallte / Noch golden wie ein Strahl*". Diese Liebe ist unwiederbringlich dahin. Die Taxushecke wirkt wie eine Wand, die den Zugang zum einstigen Liebesparadies verwehrt: "*Mein Paradiesestor, / Dahinter alles Blume, / Und alles Dorn davor.*" - Resignativ endet das Gedicht in Todessehnsucht: "*O schlafen möcht´ ich, schlafen, / Bis meine Zeit herum!*" - Das Gedicht hat einen autobiografischen Hintergrund. Es spielt auf eine Liebschaft der jungen Dichterin mit einem Göttinger Jurastudenten an, die durch eine bösartige Intrige ihrer Stieftante Anna von Haxthausen zerstört worden ist.

In dem Gedicht **"Die Bank"** sitzt die Sprecherin "*Stunden wie gebannt*" auf einer Bank am Wegesrand und beobachtet das bunte Treiben ("*...was neu erblüht im Lebensgarten*"). Aus der Ferne verliebt sie sich in einen schmucken Jäger ("*Mein lieber schlanker blonder Junge*" / "*Wie sollte mir das Herz nicht pochen?*"). Gebannt beobachtet sie, ob hinter einem "*wilden Strauch*" "*was Liebes komme hergezogen*". Das Gedicht ist ein ergreifendes Dokument unerfüllter Liebessehnsucht, einer stillen Hoffnung, die den aktiven Schritt nicht wagt, sondern in der Position der Wartenden verharrt ("*Geduld´ ger Märtyrer der Treue*"). In diesem Gedicht spiegeln sich die Lebensumstände der Dichterin wider, die Jahre lang abgeschieden von der Welt zusammen mit ihrer älteren Schwester Jenny und ihrer Mutter im Rüschhaus bei Münster gelebt hat.

Das Gedicht **"Im Grase"** schildert die emphatische Hingabe des lyrischen Ichs an die Natur: "*Süße Ruh´, süßer Taumel im Gras, / Von des Krautes Arom umhaucht, / Tiefe Flut, tief trunkene Flut*". Die Euphorie wird durch Erinnerungen an eine vergangene Liebe gedämpft: "*Tote Lieb´, tote Lust, tote Zeit*". Das Gefühl der Vergänglichkeit mischt sich in das spontane Naturerleben: "*Stunden, flücht´ ger ihr als der Kuss / Eines Strahls auf den trauernden See*". Das Ekstatische und Entgrenzte des Gedichtanfangs wird in der letzten Strophe zurückgenommen im ethisch-religiösen Appell: "*Dennoch, Himmel, immer mir nur / Dieses eine nur: (...) für jedes Glück meinen Traum*".

Berühmt sind die **"Heidebilder"** der Dichterin, in denen sich genaue Naturbeobachtung mit Anklängen an den magisch-dämonischen

Volksglauben mischen. Das bekannteste Gedicht aus diesem Themenkreis ist **"Der Knabe im Moor"**.

> O schaurig ist's, übers Moor zu gehn,
> Wenn es wimmelt vom Heiderauche,
> Sich wie Phantome die Dünste drehn
> Und die Ranke häkelt am Strauche,
> Unter jedem Tritte ein Quellchen springt,
> Wenn aus der Spalte es zischt und singt,
> O schaurig ist' s, übers Moor zu gehn,
> Wenn das Röhricht knistert im Hauche! (...)

Anschauliche Metaphern und Vergleiche, Personifizierungen und Lautmalereien gestalten die lebendige Szenerie einer schaurigen Moorlandschaft. Die Illusion von Wiedergängern in der nächtliche Moorlandschaft (*"Gräberknecht, Spinnlenor, Fiedler Knauf, verdammte Margreth"*) unterstreicht die Dämonie der Natur. Der Knabe klammert sich beim Durchqueren des Moors an ein Requisit der Zivilisation: *"Fest hält die Fibel das zitternde Kind"*. Das Licht der heimatlichen Wohnung signalisiert nicht nur das glückliche Ende des abenteuerlichen Gangs durch das Moor. Es steht auch für die Zivilisation als sichere Gegenwelt zur unbeherrschbaren Natur: *"Die Lampe flimmert so heimatlich (...) / O schaurig war´s in der Heide!"*

Glaubenszweifel und Suche nach Gott: "Wo bist du denn, o Hort, o Lebenshauch?"

Je tiefer das junge Mädchen in die Welt des Wissens eindringt, desto größer werden ihre Glaubenszweifel, die sich schließlich zu einer religiösen Krise steigern. Ausdruck dieser Krise ist der Zyklus **"Das geistliche Jahr in Liedern auf alle Sonn- und Festtage"**. Ursprünglich will die 22-Jährige ihrer frommen Großmutter Maria Anna von Haxthausen geistliche Erbauungsgedichte schenken. Beim Schreiben werden die Texte allerdings immer mehr zu Bekenntnisgedichten, in denen sich die Glaubensschwäche des modernen Menschen offenbart.

Im Mittelpunkt der Gedichte steht das Ringen um Gott, dessen Erfahrung dem heranwachsenden Mädchen nicht mehr als selbstverständlich gegeben ist. Das Gedicht **"Am ersten Sonntage nach h. drei Könige"** beginnt mit dem zentralen Motiv des Zyklus, der Suche nach Gott: *"Und sieh ich habe dich gesucht mit Schmerzen, Mein Herr und Gott wo werde ich dich finden? Ach nicht im eignen ausgestorbnen Herzen."* - Im Gedicht **"Am dritten Sonntage nach Ostern"** kommt die Dichterin auf den Grund für den Glaubensverlust zu sprechen: *"Mein Wissen musste meinen Glauben töten."* Das aufklärerische Denken, das sich das Mädchen angeeignet hat, verhindert den vormals naiven Zugang zu Gott. Von dem Dichter-Zeitgenossen Friedrich Hölderlin stammt die für die Zeit typische Frage: "Kömmt (...) aus Gedanken die Tat? Leben die Bücher bald?" - In dem Gedicht **"Am Pfingstmontage"** setzt sich die Dichterin mit einem Zitat aus dem Evangelium des Johannes (3, 16-18) auseinander: "Also hat Gott die Welt geliebt, dass er ihr seinen eingeborenen Sohn gesandt hat, damit keiner, der an ihn glaubt, verloren gehe. (...) Wer aber nicht glaubt, der ist schon gerichtet." Trotzig antwortet die Dichterin: *"Ist es der Glaube nur, dem du verheißen, / Dann bin ich tot. (...) / Ich hab ihn nicht."* - Sie bietet Gott für den Glauben eine Alternative an: *"Ach, nimmst du statt des Glaubens nicht die Liebe / So weiß ich nicht, wie mir noch Hoffnung bliebe."* - Für sie ist die Liebe eines der größten Geschenke Gottes an die Menschen: *"Hast du nicht tief in unsre Brust gesäet / Mit deinem eignen Blut die Liebe auch?"* - Das letzte Gedicht des Zyklus **"Am letzten Tage des Jahres (Silvester)"** überragt in seiner literarischen Qualität alle anderen. Der Jahreswechsel wird zum Anlass genommen, die unerbittliche Vergänglichkeit allen Lebens in eindringlichen Bildern zu beschwören: *"Der Faden rollt sich sausend ab"*; *"In diesen Mauern rüttelt dein / Verrinnen, Zeit!"*; *"ja es will / Auf Sturmesfittichen das Jahr / Zerstäuben"*. Angesichts der rasenden Zeit empfindet die Dichterin Todesangst: *"Mein Lämpchen will / Verlöschen"*; *"Mein Leben bricht: Ich wusst´ es lang!"* - Sie bangt davor, von Gott als *"Sündenkind"* nicht angenommen zu werden. Sie sucht nach der göttlichen Liebe: *"Wär´ es der Liebe Stern vielleicht...?"* - Mit dem Bild des inbrünstigen Kniefalls endet das Gedicht und damit der ganze

Zyklus: *"O Herr! Ich falle auf das Knie: / Sei gnädig meiner letzten Stund! / Das Jahr ist um!"*

Annettes Mutter hält diese brisanten Gedichte jahrelang unter Verschluss, weil sie die Furcht umtreibt, ihre kritische Tochter könne als Katholikin endgültig verloren sein. Erst 31 Jahre später (1851) und drei Jahre nach der Dichterin Tod erscheinen die geistlichen Gedichte unter dem Titel **"Das geistliche Jahr"** zum ersten Mal gedruckt in der Öffentlichkeit.

Die Balladen und Versepen der Droste: "Und wenn du auch der Teufel bist..."

Die Balladen der Dichterin gehören zwei Typen an: der Schauer- und der Schicksalsballade. In manchen Balladen mischen sich allerdings die Genres. Die Ballade **"Die Vergeltung"** erzählt vom Untergang eines Schiffes im Sturm. Ein kranker Passagier kann sich auf eine Planke retten, die im Meer treibt. Als er einen anderen Passagier in einem morschen Beiboot, das zu sinken droht, entdeckt, fordert er ihn auf, sich auch an seiner Planke festzuhalten. Dieser vergilt die Hilfsbereitschaft mit Grausamkeit. Er stößt den Helfer von der Planke und überlässt ihn so dem sicheren Tod. Der Mörder wird von einem Piratenschiff gerettet. Als dieses aufgebracht wird, wird er zusammen mit den Piraten verhaftet. Alle sollen am Galgen sterben. Seiner Behauptung, kein Pirat zu sein, wird kein Glaube geschenkt, weil keiner der Piraten sich für ihn verwendet. Kurz vor der Hinrichtung erkennt er am Galgen die Inschrift des untergangenen Schiffes: *"Batavia. Fünfhundertzehn"*. Die Inschrift wirkt wie ein Fanal ausgleichender Gerechtigkeit. Dabei erinnert die Zahl "510" symbolisch an das fünfte der zehn Gebote aus dem Alten Testament. Der Mörder muss erkennen, dass *"des Himmels Walten"* doch keines *"Pfaffen Gaukelspiel"* darstellt, wie er bisher höhnisch gedacht hat. Die Ballade will dem Leser zeigen, dass eine höhere Ordnung die von Menschen verursachte Ungerechtigkeit zu korrigieren vermag.

In der Ballade **"Die Schwestern"** wird der älteren Tochter von der sterbenden Mutter ihre jüngere Schwester zu Schutz und Pflege anvertraut. Es ist das "*Kind, das sterbend [ihr] / Auf die Seele die Mutter gebunden*". Ein solches Schicksal ist in Mittelalter und Früher Neuzeit wegen des häufigen "Todes im Kindbett" nicht selten. Man erinnere sich nur an Lotte aus Goethes "Werther", die nach dem Tod der Mutter als älteste Tochter eine ganze Schar von Geschwistern an Mutter statt betreut. Die ältere Schwester in der Ballade, Gertrud, hadert damit, dass sie es zugelassen hat, dass ihre jüngere Schwester Helene allein in die Stadt gegangen ist. Sie macht sich auf die Suche nach ihr. Sie wandelt durch eine nächtliche Waldlandschaft, in der sich schaurige Geräusche vernehmen lassen. Eine Müllerin findet schließlich Gertrud am nächsten Morgen schlafend im Gras liegen. In der Stadt glaubt Gertrud, ihre Schwester in einer fahrenden Kutsche zu sehen. Sie rennt dem Gefährt hinterher, muss aber erkennen, dass sie sich getäuscht hat. Sie glaubt, den Verstand zu verlieren ("*Ich bin wohl verrückt geworden!*").- Zehn Jahre später geht die inzwischen ergraute Gertrud am Strand entlang, als sie eine Schar von Matrosen sieht, die sich um eine Leiche versammelt haben, die vom Meer angespült worden ist. Einer der Matrosen enthüllt ihre Identität: "*Das ist die blonde Helene!*" - Sie ist in der Stadt unter die Räder gekommen und hat einen zweifelhaften Lebenswandel geführt: "*Noch jüngst jucheite sie dort vorbei / Mit trunknen Soldaten am Strande*". Gertrud erträgt ihre Schuld nicht länger und stürzt sich vom Riff in den Tod. Die Ballade wirft die Frage nach der Schuld auf, die ein Mensch durch Unachtsamkeit auf sich lädt. Vernachlässigung der Aufsichtspflicht - würde man das "Versagen" Gertruds heute nennen. Die Dichterin stellt die Schuldfrage in den Kontext der sozialen Verhältnisse. Der frühe Tod der Mutter ist der eigentliche Auslöser für das Geschehen, das im zweifachen Tod der Schwestern endet. Soziale Zwänge beschädigen nicht nur den einzelnen Menschen, sie zerstören auch die Hoffnung auf eine menschliche Gesellschaft.

Annette von Droste-Hülshoff hat mehrere **Versepen** verfasst. Diese Gattung, die im 18. Jahrhundert noch sehr beliebt war (man denke an Goethes Epen "Reineke Fuchs" und "Hermann und Dorothea"), verliert mit Beginn der realistischen Literaturepoche an Bedeutung und

Popularität. Dies hat dazu beigetragen, dass die Epen der Droste nach ihrem Erscheinen im Jahre 1838 nicht angemessen gewürdigt wurden.

"Das Hospiz auf dem Großen Sankt Bernhard": "Wir kehren bei den Toten ein."

Ein alter Senn bricht mit seinem Enkelkind Henri, dessen Eltern gestorben sind, zu einer Hochgebirgswanderung auf, um den Jungen zu seiner Tante Rose nach Savoyen zu bringen. In einem Lawinenfeld verlieren sie die Orientierung und suchen Zuflucht vor der Nacht in einer Totenkapelle. Von Furcht vor den hier bestatteten Toten ergriffen, machen sie sich erneut auf die Wanderung. Im Schneesturm verlassen sie die Kräfte und sie sinken ermattet in den tiefen Schnee. Ein Suchtrupp vom Hospiz der Mönche auf dem Sankt Bernhard birgt die beiden Verschollenen. Dabei spielt der Bernhardinerhund Barry eine entscheidende Rolle. Während Henri noch Lebenszeichen von sich gibt, glauben die Mönche, der alte Senn sei an Entkräftung und Unterkühlung gestorben. Ein Mönch setzt jedoch gegen den Augenschein die Wiederbelebungsversuche fort und hat Erfolg: *"Es sei nur Ohnmacht, Todes Schein / Was auf dem alten Sennen liegt."* Am nächsten Morgen geben die gastfreundlichen Mönche dem Senn und seinem Enkelkind das Geleit für den Rest der Wanderung. Zentrales Thema des Epos ist die christliche Nächstenliebe, die über die feindlichen Naturgewalten siegt. Die Natur erscheint zwar als göttliche Offenbarung, kann aber auch zur Bedrohung für den Menschen werden. Auf der stilistischen Ebene wechseln Schauerelemente mit idyllischen Naturschilderungen ab.

"Des Arztes Vermächtnis": "hart Geschick, / Was mich betraf in Jugendmut und Glück"

Der Sohn eines Arztes erbt von seinem Vater eine Schriftrolle, die seine Lebensbeichte enthält. Der Vater berichtet darin, dass er als junger Arzt in tiefer Nacht von zwei Männern zu einem Verwundeten gerufen worden sei. Schnell erkennt er, dass der zu Tode Verwundete einer Räuberbande angehört, die in einen bewaffneten Kampf verwickelt war. Er kann den Schwerverletzten nicht retten und fürchtet deshalb, selbst ermordet zu werden. Der Sterbende gibt jedoch seinen Kumpanen das Zeichen, den Arzt zu verschonen. Mit einem der Räuber reitet er durch den gespenstisch anmutenden Wald zu seinem Haus zurück. Dieses Erlebnis verändert sein Leben. Er kränkelt und steigert sich immer mehr in Wahnvorstellungen hinein. Der Lebensbericht an seinen Sohn ist der Versuch, das traumatisch erlebte Geschehen seelisch zu bewältigen. Äußerlich gesehen bedient das Versepos mit seinen gruseligen Nachtstimmungen und Räuber-Requisiten die Erwartungen an eine Schauergeschichte. Im Kern ist es aber eine psychologische Studie über einen Mann, der mitten im blühenden Leben mit der Nachtseite des Lebens konfrontiert wird. Der Arzt erlebt zum ersten Mal das Dunkle und Bedrohliche in der menschlichen Natur - Grausamkeit, Gewalt und Tod - , das seine Vorstellung von einer harmonisch gefügten göttlichen Ordnung in Frage stellt. Das Epos vereint, mit großer Sprachgewalt gestaltet, eine psychologische Fallstudie mit der für die Dichterin typischen Frage nach der Stimmigkeit religiöser Verheißungen.

"Die Judenbuche": "Die Begriffe von Recht und Unrecht in Verwirrung geraten"

Die Kriminalgeschichte, die in der Novelle geschildert wird, geht auf eine wirkliche Begebenheit aus dem 18. Jahrhundert zurück. Die Droste findet den Stoff in einem Artikel, den ihr Stiefonkel August von Haxthausen unter Verwertung von Gerichtsaktien in der Göttinger Zeitschrift "Die Wünschelrute" veröffentlicht hat. Darin wird berichtet, dass der Knecht Hermann Georg Winkelhagen aus dem Dorf Bellersen am Rande des Teutoburger Waldes den Juden Soestmann-Behrens erschlagen hat, weil er Schulden von ihm eintreiben wollte. Der Mörder floh ins Ausland, geriet in Algerien in die Sklaverei und kehrte erst nach 25 Jahren in die Heimat zurück. Dort richtete er sich selbst, indem er sich an der Stelle seiner Untat im Wald erhängte. Die Novelle folgt dem äußeren Geschehen des Berichts, vertieft ihn jedoch durch ausführliche soziale Schilderungen des Dorfmilieus ("*Sittengemälde*") und durch die psychologische Motivierung der Personen. Das Dorf B. liegt abgeschieden inmitten eines ausgedehnten Waldgebiets. Die Dorfbewohner nehmen es mit dem Recht nicht sehr genau, wenn sie des Nachts im Forst illegal Holz schlagen und es an Händler verkaufen. Die Förster der Waldbesitzer werden, wenn sie den Holzdieben nachstellen, überfallen und übel zugerichtet. Die Erzählerin kritisiert die moralische Verirrung der Holzfrevler, wenn sie sagt, bei ihnen seien die "*Begriffe...von Recht und Unrecht einigermaßen in Verwirrung geraten*". Friedrich Mergel, die Hauptfigur der Novelle, ist der Sohn des Bauern Hermann Mergel und seiner Frau Margareth. Der Vater ist dem Trunk ergeben und wirtschaftet den Hof herunter. Eines Nachts findet man ihn erhängt an einer Eiche im Wald. Die Mutter kümmert sich jetzt allein um das neunjährige Kind. Dabei bringt sie ihm neben christlichen Gebeten auch die fragwürdige Einstellung der Dorfbewohner bei: "*Die Juden sind alle Schelme*"; die Förster seien ihre Feinde, weil sie die Bäume und das Wild bewachten, das allen Menschen unabhängig von den Besitzverhältnissen als natürliches Gut zustehe. Mit zwölf Jahren gibt die Mutter Friedrich in die Obhut ihres jüngeren Bruders Simon, der den Jungen in seine zweifelhaften Geschäfte verstrickt. Der Onkel zeigt ihm auch den Baum, an dem sich sein Vater erhängt hat. Eines Tages bringt Friedrich einen fremden Jungen, Johannes, mit nach Hause. Er dient dem Onkel als Schweinehirt. Da er keinen offiziellen Vater hat, wird er scherzhaft Johannes Niemand genannt. Seine Züge deuten allerdings darauf hin, dass es sich um den unehelichen Sohn des Onkels handelt. Im Motivgefüge der Novelle spielt der fremde Knabe die Rolle des Doppelgängers Friedrichs, der mit seinem Namen "Niemand" den sozialen Absturz Friedrichs vorwegnimmt.

Friedrich gerät in den Verdacht, den Förster Brandis im Wald erschlagen zu haben, weil er der letzte gewesen ist, der ihn lebend gesehen hat. Da er ein Alibi vorweisen kann, bleibt er unbehelligt. In der Folge entwickelt sich der Junge zu einem angeberischen und hochmütigen Dorfgesellen. Die Erzählerin entwirft von ihm ein anschauliches Charakterbild: *"Er war äußerlich ordentlich, nüchtern, anscheinend treuherzig, aber listig, prahlerisch und oft roh, ein Mensch, an dem niemand Freude haben konnte, am wenigsten seine Mutter."* - Auf einer Hochzeit versucht Friedrich, die Festgemeinschaft durch Imponiergehabe zu beeindrucken. Als der Jude Aaron ihn vor allen Feiernden daran erinnert, dass er die Schulden für seine Uhr, mit der er angibt, noch bezahlen muss, fühlt sich Friedrich öffentlich bloßgestellt. Drei Tage später wird Aaron erschlagen unter einer Buche im Wald aufgefunden. Der Verdacht fällt auf Friedrich, der sich der Strafverfolgung durch Flucht entzieht. Mit ihm verschwindet auch Johannes aus dem Dorf. Achtundzwanzig Jahre später kommt am Weihnachtsabend eine abgerissene Gestalt ins Dorf, in der die Bewohner Johannes zu erkennen glauben. Er wird vom Gutsherrn versorgt und nach seinem Schicksal befragt. Er berichtet, nach seiner Flucht aus dem Dorf in türkische Gefangenschaft geraten zu sein. Wenige Zeit später findet der Förster Johannes erhängt an der "Judenbuche". Als sie den Leichnam abschneiden, wird ihnen bewusst, dass es sich um Friedrich handelt. Er hat durch seinen Selbstmord den Spruch bewahrheitet, den die Juden des Dorfes nach dem Tod ihres Glaubensgenossen Aaron in den Stamm haben einschnitzen lassen: *"Wenn du dich diesem Ort nahest, so wird es dir ergehen, wie du mir getan hast"*. In diesem Satz drückt sich das Rechtsverständnis des alttestamentarischen Satzes aus: "Auge um Auge, Zahn um Zahn". Die Leiche Friedrichs wird, wie es bei Selbstmördern üblich gewesen ist, nicht auf dem kirchlichen Friedhof begraben, sondern *"auf dem Schindanger verscharrt"*.

"Die Judenbuche" schildert eine Welt der Rechtlosigkeit, des Betrugs und der Gewalt. Wie die Dorfbewohner mit der Natur umgehen, indem sie den Wald brutal abholzen, so gehen sie auch mit ihresgleichen um. Affektgesteuert und von Besitzgier getrieben, sind sie bereit, einander zu verletzten und zu töten. Das "Sittengemälde" zeigt eine moralisch zerrüttete Dorfgesellschaft, die den christlichen Glauben nur äußerlich in Ritualen lebt, ihn aber nicht zur Grundlage des zwischenmenschlichen Handelns macht. Die Erzählerin verzichtet mit wenigen Ausnahmen auf moralische Anklagen. Ihr geht es vor allem darum, das Schicksal der Hauptfigur Friedrich Mergel aus den misslichen sozialen Umständen, Armut, moralische Verwahrlosung und Alkoholismus, heraus zu erklären. Die Buche im Brederwald erfüllt im Erzählgefüge eine symbolische Funktion. An ihr erfüllt sich das Unheil, das das Dorf ergriffen hat. Mord und Selbstmord werden an der Buche begangen. Die Spannung der Novelle resultiert aus dem Kontrast zwischen dem nüchtern-distanzierten Berichtstil mit genauen Zeitangaben ("*Am Vorabend des Weihnachtfestes, den 24. December 1788*") und dem dunklen, unheilvollen Geschehen im Dorf.

Annette von Droste-Hülshoff als Musikerin und Komponistin

Den Lesern der Dichtungen der Droste ist oft nicht bekannt, dass sie auch Musikerin und Komponistin gewesen ist. Ihr Vater ist leidenschaftlicher Violinist und fördert die musikalische Ausbildung seiner Tochter. Als Kind erhält sie Klavierunterricht, als erwachsene Frau nimmt sie Gesangsunterricht. Ihr musikalischer Onkel Maximilian, Komponist und Freund von Joseph Haydn, fördert das musikalische Talent seiner Nichte und macht sie mit wichtigen Kompositionen der Zeit vertraut. Von ihm erhält sie auch eine Kompositionslehre, die sie sorgfältig durcharbeitet und als Anleitung für eigene Kompositionen benutzt. Zu vier Opern entwirft sie die Libretti und skizziert das Notenmaterial. Auch in der Liedkomposition ist sie bewandert. Aus ihrer Feder haben sich 74 Lieder für Singstimme und Klavier erhalten. Robert Schumann vertont ihr Gedicht **"Das Hirtenfeuer"**, das er in der Gedichtsammlung von 1844 gefunden hat. Clara Schumann bittet Annette um ein Libretto, das ihr Mann vertonen könne. Ob sie den Auftrag tatsächlich ausgeführt hat, ist nicht überliefert. Annette wirkt musikalisch nur im Familien- und Freundeskreis. Familienmitgliedern gibt sie Klavier- und Gesangsunterricht. Öffentliche Auftritte sind nicht überliefert. Der damaligen Frauenrolle gemäß produziert sie vorwiegend für die Schublade. Der Philosoph Christoph Bernhard Schüler, mit dem die

Dichterin befreundet gewesen ist, hat nach ihrem Tod ihr musikalisches Wirken gewürdigt: Sie habe die "seltenste Gabe" besessen, "Poesie in Musik und Musik in Poesie zu übersetzen". Der musikalische Nachlass der Droste wird in der Universitäts- und Landesbibliothek in Münster aufbewahrt.

Der Kampf einer begabten Frau um freie Lebensgestaltung und literarische Anerkennung

Annette von Droste-Hülshoff bleibt zeitlebens unverheiratet. Sie hat auch keine ernsthafte Liebesbeziehung. Als junges Mädchen schlägt sie zwei Bewerber, die ihre Eltern ihr zugedacht haben, aus. Vermutlich sind es Männer, die lediglich eine Zweckheirat ermöglichen sollen. Die Beziehung zu dem Mann, den sie wirklich liebt - einem Jurastudenten aus bürgerlichem Hause -, macht eine Familienintrige zunichte. Unverheirateten Frauen aus dem Adel bleibt im 19. Jahrhundert zweierlei Schicksal: der Eintritt in ein Stift für adelige Fräulein oder der Verbleib in der Familie bei freier Kost und Logis. Letzteres ist der Droste beschieden. Von ihr wird nicht nur erwartet, dass sie sich den Traditionen ihres Standes fügt, sondern auch familiäre Pflichten erfüllt. So unterrichtet sie die Kinder ihrer Geschwister, pflegt aufopferungsvoll Kranke und führt während der Abwesenheit von Verwandten deren Haushalt. Diese Pflichten verhindern, dass sie sich ganz auf ihr schriftstellerisches Schaffen konzentrieren kann. Ihre Verwandtschaft goutiert zwar, dass sie zur Freizeitbeschäftigung dichtet. Als Brotberuf ist die literarische Leidenschaft einer Frau jedoch nicht vorstellbar. Die erste Veröffentlichung der Dichterin, der Band **"Gedichte"** (1838), erscheint deshalb noch unter dem halben Pseudonym: "Gedichte von Annette Elisabeth v. D...H...".

Die vielen Krankheiten, unter denen die Dichterin leidet, ergeben aus heutiger Sicht das klare Bild psychosomatischer Leiden. Immer wenn sie der Einsamkeit in Schloss Hülshoff oder im Rüschhaus bei Münster ausgesetzt ist, verschlimmern sich ihre Leiden. Wenn sie hingegen reist, z.B. zu Freunden und Verwandten ins Rheinland, zu ihrer Schwester Jenny in die Schweiz oder später nach Meersburg, bleibt sie von Krankheiten verschont. Sie braucht und liebt den intellektuellen Austausch, von dessen Bedeutung für ihr Dichten auch ihre Briefe an intellektuelle Freunde Zeugnis ablegen. Ihren Durchbruch in der literarischen Welt erreicht die Droste erst in reifen Jahren - mit der Novelle **"Die Judenbuche"** (1842). Jetzt hätten die Honorare ihr auch das Schreiben als Brotberuf ermöglicht. Sie kauft sich das "Fürstenhäuschen" in Meersburg am Bodensee, wo sie ihre letzten Lebensjahre verbringt. Sie ahnt, dass ihr nur noch wenig Lebenszeit beschieden sein würde. Am 21. Juli 1847 setzt sie ihr Testament auf, in dem sie auch ein literarisches Fazit zieht. *"Alles was ich geschrieben / Das ist kein Hauch und ist keine Luft / Und ist kein Zucken der Finger / Das ist meines Herzens flammendes Blut / Das dringt hervor durch tausend Tore"*. Kennte man nicht die Verfasserin dieser Zeilen, könnte man sie für einen expressionistischen Text von Else Lasker-Schüler halten. So kühn nehmen die Metaphern die Sprache der Moderne vorweg. Es ist eine Ironie der Geschichte, dass die Dichterin stirbt, als der Aufstand der 1848er Revolution gerade das Meersburger Schloss erreicht. Sie ist eine Dichterin des Übergangs: den Traditionen ihres Standes noch verhaftet und trotz ihrer Glaubenszweifel zeitlebens in der katholischen Religion verwurzelt. Sie stellt sich aber auch den Problemen ihrer Zeit: den sozialen Verwerfungen beim Übergang vom Feudalismus zum Kapitalismus, den Gefährdungen von Glauben und Moral und der neuen realistischen Sicht auf die Natur, die romantische Verklärungen hinter sich lässt.

Ohne eine Frauenrechtlerin im heutigen Sinne sein zu können, hat die Droste dennoch den Frauen in der Literatur und im kulturellen Leben den Weg gebahnt. Ihr Gedicht **"Auch ein Beruf"** (1845) legt davon Zeugnis ab.

> O hätten wir nur Mut, zu walten
> Der Gaben, die das Glück beschert!
> Wer dürft uns hindern? wer uns halten?
> Wer kümmern uns den eignen Herd?
> Wir leiden nach dem alten Rechte:

Dass, wer sich selber macht zum Knechte,
Nicht ist der goldnen Freiheit wert.

Annette von Droste-Hülshoff stirbt am 24. Mai 1848. Sie liegt auf dem Friedhof von Meersburg begraben.

Was von Annette von Droste-Hülshoff bleibt

Der berühmteste Text der Droste - **"Die Judenbuche"** - wird immer im Gedächtnis der Deutschen verankert bleiben. Er ist einer der ersten wirklich realistischen Prosatexte der Literatur im Umbruch zwischen Klassik, Romantik und Realismus. Als Klassiker im Deutschunterricht wird die Novelle auch weiterhin gelesen werden. Es bleiben auch die großen Balladen (**"Die Vergeltung"**) und Gedichte (**"Der Knabe im Moor"**), die Zeugnis ablegen von der großen Sprachkraft einer Dichterin, die unbestechliche (christliche) Moral mit einer genauen Beobachtungsgabe und stilistischem Können vereint.

Verwendete Literatur

Annette von Droste-Hülshoff: Gedichte, Reclam, Stuttgart 2003
Annette von Droste-Hülshoff: Die Judenbuche, Reclam, Stuttgart 2014
Winfried Freund: Annette von Droste-Hülshoff, DTV, München 1998

Theodor Fontane

„... das ist ein zu weites Feld"

Dichter und Schriftsteller haben vor oder neben ihrer literarischen Tätigkeit oft noch bürgerliche Brotberufe. Goethe war Jurist und Minister, Schiller und Benn waren Arzt, Mörike, Herder und Hölderlin Pfarrer, Eichendorff war Beamter. Theodor Fontane hat gleich zwei Berufe ausgeübt, bevor er mit der Schriftstellerei beginnt. Er ist wie sein Vater gelernter Apotheker, dann arbeitet er für verschiedene Blätter als Journalist. Den Apothekerberuf gibt er mit 30 Jahren auf und widmet sich danach nur noch seiner journalistischen und schriftstellerischen Arbeit. Seine Braut Emilie muss eine fünfjährige Verlobungszeit erdulden, weil es dem Bräutigam nicht möglich ist, eine Familie zu ernähren. So prekär sind die Anstellungen in diversen Apotheken und im Krankenhaus Bethanien in Berlin-Kreuzberg. Der Beruf als Journalist führt Fontane nach England, in das Land, das er sein ganzes Leben lang verehren sollte. Von 1855 bis 1859 wohnt er ganz in London, holt auch seine junge Familie zu sich. In dieser Zeit schreibt er Korrespondentenberichte für das „Literarische Kabinett", eine Presseagentur des preußischen Innenministeriums, die versucht, die Presse regierungsfreundlich zu beeinflussen. Dabei gerät er in Widerspruch zu seiner demokratischen Gesinnung, die er durch seine Beteiligung an den Barrikadenkämpfen am 18. März 1848 unter Beweis gestellt hat. Als die Presseagentur eingestellt wird, verdingt sich Fontane verschiedenen Zeitungen, zuerst der preußischen „Kreuzzeitung", dem richtungsweisenden Organ der konservativen Elite. Das Motto der Zeitung lautet: „Vorwärts mit Gott für König und Vaterland." Nach dem Bruch mit dieser Zeitung wird Fontane Theaterrezensent bei der „Vossischen Zeitung", die vor allem vom liberalen Bürgertum gelesen wird. Diese weltanschauliche Ausrichtung behagt dem liberalen Weltbürger Fontane schon eher als die monarchische Gesinnung der „Kreuzzeitung". Als Theaterkritiker entwickelt Fontane die *„Freude des herzlichen Lobenkönnens"*, die seine

Besprechungen auszeichnet. Verrisse fallen ihm sichtlich schwer, was auch an seinem auf Versöhnlichkeit gestimmten Charakter liegt. Fontane wird zeitbedingt auch zum Kriegsberichterstatter. So berichtet er vom Schleswig-Holsteinischen Krieg im Jahre 1864, vom Deutschen Krieg 1866 und vom Deutsch-Französischen Krieg 1870/1871. Bei einer Reise ins französische Kriegsgebiet wird er als vermeintlicher Spion verhaftet und muss durch eine Intervention von Kanzler Bismarck höchstpersönlich befreit werden. Ein Schuss Abenteurertum ist auch schon damals mit dem Beruf des Korrespondenten verbunden.

"Wanderungen durch die Mark Brandenburg": "Man sieht nur, was man weiß."

1858 bereist Fontane zusammen mit einem Freund Schottland. Seine Reiseeindrücke verarbeitet er zu dem Reisebericht "Jenseits des Tweed". Von diesem Reisebild angeregt, beschließt er, seiner Heimatregion, der Mark Brandenburg, ebenfalls einen Reisebericht zu widmen. Bis 1862 entstehen die ersten zwei, bis 1882 zwei weitere Bände. Vor der Buchveröffentlichung werden die Reisebilder in Zeitschriften und Zeitungen abgedruckt und finden großen Anklang. Seine Erfahrung als Journalist kommt dem "Wanderer" Fontane zugute. Er verlässt sich nicht nur auf schriftliche Quellen, wie z.B. Akten, sondern schöpft aus den Erzählungen von Bewohnern. Wichtigste Helfer sind ihm Adelige, Pfarrer und Lehrer. Aber auch einfache Menschen, wie die Gurkenbauern aus dem Spreewald, kommen zu Wort. In die Reiseberichte streut Fontane historische Abhandlungen, ja sogar kleine Novellen ein. Für sein späteres Romanschaffen sind diese Reiseberichte wichtige Stützen. Oft bedient er sich im Roman der Landschaftsbeschreibungen oder der Gespräche, die er mit den Bewohnern geführt hat. Die Romane **"Vor dem Sturm"**, **"Effi Briest"** und **"Der Stechlin"** verdanken ihre atmosphärische Lebendigkeit der genauen Kenntnis der Landschaft, in der die Handlung angesiedelt ist. Dass Fontanes Reisebeschreibungen neben genauer Beobachtung von Land und Leuten auch tiefsinnige Betrachtungen enthalten, zeigt ein Ausschnitt aus der Beschreibung von "Schloss Tegel", dem Geburtsort der Gebrüder Wilhelm und Alexander von Humboldt: *"Die märkischen Schlösser (...) haben abwechselnd den Glauben und den Unglauben in ihren Mauern gesehen; straffe Kirchlichkeit und laxe Freigeisterei haben sich innerhalb derselben abgelöst. Nur Schloss Tegel hat ein drittes Element in seinen Mauern beherbergt, jenen Geist, der (...), lächelnd über die Kämpfe und Befehdungen beider Extreme, das Diesseits genießt und auf das rätselvolle Jenseits hofft"*. Die Bände **"Wanderungen durch die Mark Brandenburg"** waren lange Zeit die populärste Veröffentlichung des märkischen Dichters. Auch heute noch kann man in einem kleinen brandenburgischen Dorf Touristen erleben, die neben der Landkarte und dem Stadtplan Fontanes "Wanderungen" zu Rate ziehen.

Fontanes Balladen: "Ich hab es getragen sieben Jahr"

Theodor Fontane hat wie viele seiner Dichterkollegen seine schriftstellerische Laufbahn mit Gedichten begonnen. Noch zu Lebzeiten hat er mehrere Lyrik-Anthologien herausgegeben. Heute sind die meisten seiner Gedichte, die alle Formen der Lyrik umfassen, vergessen. Einzig seine Balladen haben sich im Gedächtnis der Literaturliebhaber erhalten, was auch daran liegt, dass sie sich im Literaturunterricht unserer Schulen nach wie vor großer Beliebtheit erfreuen.

Am bekanntesten ist bis heute das Erzählgedicht **"Herr von Ribbeck auf Ribbeck im Havelland"**. Es erzählt von einem gütigen Adeligen, der den Kindern des Dorfes gerne Birnen schenkt. Am Ende seines Lebens äußert er den ungewöhnlichen Wunsch, ihm eine Birne mit ins Grab zu legen. *"Vorahnend"* - wie es im Text heißt - und *"voll Misstrauen gegen den eigenen Sohn"*, dessen Geiz er kennt, hat er dafür gesorgt, dass die Dorfkinder auch nach seinem Tod noch die köstlichen Früchte des Birnbaums genießen können. Sie müssen im Herbst nur auf den Friedhof gehen, wo auf dem Grab des Herrn von Ribbeck der Baum gewachsen ist: *"So spendet Segen noch immer die Hand / Des von Ribbeck auf Ribbeck im Havelland"*. Der Text gehört zu den volkstümlichen Balladen des Dichters, die sich mit alltäglichmenschlichen Themen befassen. Fontanes Kommentar zur populären Themenwahl: *"Jetzt ist mir der Alltag ans Herz gewachsen"*. Die Ballade gestaltet das bei Fontane beliebte Motiv des gütigen Adeligen, der sich frei von Standesdünkel auf das einfache Volk einlässt. Ribbecks Gutmütigkeit erkennt man auch daran, dass er sich der märkischen Mundart des einfachen Volkes bedient: *"Lütt Dirn, / Kumm man röwer, ick hebb ne Birn"*.

Seit 1844 ist Theodor Fontane Mitglied im "Berliner Sonntagsverein", der sich den scherzhaften Namen "Tunnel über der Spree" gegeben hat. Mitglieder sind u. a. die Schriftsteller Emanuel Geibel, Paul Heyse und Theodor Storm, die Musiker Carl Loewe und Johann Nepomuk Hummel und der Maler Adolf Menzel. Bei literarischen Lesungen trägt Fontane auch seine Balladen vor. Besonderen Anklang finden die Texte, die sich auf mittelalterliche Ritter- und Heldensagen beziehen. Einige davon gründen auf englischen Vorlagen. Bekannt wurde die Ballade **"Archibald Douglas"** (1854). Der verbannte Graf Douglas trifft, in ein Pilgergewand gekleidet, im siebten Jahr seiner Verbannung auf den schottischen König Jakob, dem er sein schlimmes Schicksal zu verdanken hat. Grund ist die Feindschaft, die Douglas´ Brüder gegen den König gehegt haben. Douglas distanziert sich von deren Taten (*"Es war nicht meine Schuld"*) und erinnert den König daran, dass er ihm in seiner Jugend das Jagen und Fischen beigebracht hat. Der König reagiert barsch und hält an der Sippenhaftung fest: *"Ein Douglas vor meinem Angesicht / Wär ein verlorener Mann"*. Graf Douglas gibt nicht auf. Er will dem König sogar als Pferdeknecht dienen, wenn er nur die geliebte Heimat wiedersehen darf: *"Nur lass mich atmen wieder aufs neu / Die Luft im Vaterland!"* - Dafür will er sich sogar von ihm töten lassen. Jetzt erkennt der König des Grafen treue Gesinnung: *"Der ist in tiefster Seele treu, / Wer die Heimat liebt wie du."* - Gemeinsam reiten sie ins königliche Schloss, wo sie die *"alte Zeit"* der Freundschaft wieder aufleben lassen wollen. Die unverbrüchliche Liebe zur Heimat überwindet Feindseligkeit und Hass und führt zur Versöhnung - das ist die Botschaft des Textes. Man kann sich gut vorstellen, dass das zentrale Motiv der Heimatliebe in der Entstehungszeit der Ballade, als Deutschland noch nicht geeint ist, ihre Popularität begünstigt hat.

Im Deutschunterricht kommt kein Schüler um die Ballade **"John Maynard"** herum. Der Text beruht auf einer wahren Begebenheit, die sich auf dem Eriesee an der Grenze zwischen Kanada und den USA zugetragen hat. In der Nacht vom 8. zum 9. August 1841 geriet der Raddampfer "Erie" auf der Fahrt von Buffalo nach Erie in Brand. Von den bis zu 300 Passagieren überlebten nur 29. Auch der diensthabende Rudergänger Luther Fuller war unter den Toten. In Fontanes Text überleben alle Passagiere die Katastrophe, weil der Steuermann John Maynard todesmutig selbst dann noch am Steuer ausharrt, als ihn schon Flammen und Rauch umgeben. John Maynard steuert das Boot in die Brandung, so dass die Flammen gedämpft werden. Er selbst stirbt bei seiner Rettungsaktion. Von den Geretteten und von den Bewohnern der Stadt wird er als Held verehrt. Ein Leichenzug von zehntausend Menschen geleitet ihn zur letzten Ruhe. Eine Marmortafel auf dem Grab verkündet seine Heldentat: *"Hier ruht John Maynard. (...) Er hat uns gerettet, er trägt die Kron. (...)"*. Die Handlung der Ballade gewinnt ihre Spannung durch die mehrfach genannten Zeitangaben, die veranschaulichen, dass die Rettungsaktionen einen Wettlauf mit der Zeit darstellt: *"Und noch zehn Minuten bis Buffalo"*. Auch die angstvollen Rufe der Passagiere (*"Wo sind wir? wo?"*) und die besorgten Anfragen des Kapitäns (*"Noch da, John Maynard?"*) erhöhen die Spannung. Die Botschaft der Ballade ist eindeutig: Der Steuermann hat sein Leben für die Passagiere aufgeopfert. Altruismus besiegt Egoismus.

Fontane ist einer der ersten Dichter, die Motive aus der technisch-industriellen Welt gestalten. Zu dieser Gattung gehört auch die bekannte Ballade **"Die Brück´ am Tay (28. Dezember 1879)"**. Das Datum im Titel verweist auf ein wirkliches historisches Ereignis. An diesem Tag ereignete sich im schottischen Dundee ein gigantisches Eisenbahnunglück. Die Firth-of-Tay-Brücke stürzte schon eineinhalb Jahre nach ihrer Fertigstellung im Sturm in sich zusammen und riss einen Personenzug mit in die Tiefe. 75 Menschen fanden dabei den Tod. Fontane stellt das Geschehen in einen mystisch-romantischen

Zusammenhang, indem er die Hexen aus Shakespears Drama "Macbeth" auftreten lässt. Ihr Dialog lässt das Unglück als ihr Werk erscheinen (*"Und die Brücke muss in den Grund hinein"*). Sie wollen die Brücke zerstören, damit die Menschen von ihrem Glauben ablassen, sie könnten die Natur durch ihre technischen Bauwerke bezwingen: *"Tand, Tand / Ist das Gebilde von Menschenhand"*. Im Mittelteil schildert der Text das Unglück aus der Perspektive des Ehepaares, das die Aufsicht über die Brücke führt. Sie warten auf ihren Sohn, der als Zugführer unterwegs ist. Sie sind stolz auf die Brücke, weil sie die unsichere und wetterabhängige Fähre über den Tay überflüssig macht. Der Eisenbahn trauen sie zu, dass sie dem stärksten Sturm trotzen kann: *"Ein fester Kessel, ein doppelter Dampf, / Wir bleiben Sieger in solchem Kampf"*. Dann müssen sie mit ansehen, wie der Zug mitsamt der Brücke in den Fluss niederstürzt: *"...als ob Feuer vom Himmel fiel, / Erglüht es in niederschießender Pracht"*. Die Botschaft der Ballade ist zeitlos gültig: Der Mensch soll sich nicht einbilden, die Urgewalten der Natur durch technische Hilfsmittel ein für alle Mal bannen zu können. Eine solche Hybris wird von der Natur bestraft.

Fontanes Romanwerk: "Der Roman ist in dieser für mich trostlosen Zeit mein einziges Glück"

Fontane ist einer der wenigen Dichter und Schriftsteller, die ihre wahre Produktivität erst im fortgeschrittenen Alter entfalten. Im Jahre 1876 - er ist 57 Jahre alt - wagt er die Existenz als freier Schriftsteller. Er staunt selbst über diesen Schritt, der den endgültigen Verzicht auf bürgerliche Sicherheit bedeutet: *"Ein Apotheker, der anstatt von einer Apotheke von der Dichtkunst leben will, ist so ziemlich das Tollste, was es gibt"*. In den 22 Jahren bis zu seinem Tod wird er vierzehn Romane und Erzählungen schreiben. Dieses Alterswerk wird ihn dann endgültig berühmt machen.

"Vor dem Sturm" (Roman aus dem Winter 1812 und 13): "Wir schmecken bitter den Kelch der Niedrigkeit" (1878)

Der erste Roman Fontanes ist eine Mischung aus Historien- und Gesellschaftsroman. Er erzählt das Schicksal des Adeligen Berndt von Vitzewitz und seines Sohnes Lewin. Ort des Geschehens ist das Rittergut Hohen-Vietz bei Küstrin an der Oder. Bernd von Vitzewitz hasst Napoleon aus ganzem Herzen, weil er Preußen mit dem Frieden von Tilsit (1807) einen demütigenden Frieden auferlegt und in ein Militärbündnis gegen Russland gezwungen hat. Als der glühende Gegner Napoleons zu Beginn des Romans erfährt, dass dessen Heer in den Weiten Russlands besiegt und zerstreut worden ist, fasst er den Entschluss, den zaudernden Preußenkönig Friedrich Wilhelm III. durch eine Volkserhebung zum Kampf gegen den Erzfeind zu zwingen. Er gründet einen Landsturm, dessen Bataillone von Adeligen der umliegenden Güter befehligt werden. Der Aufstand gegen die französische Garnison in Frankfurt/Oder misslingt jedoch. Bei dem blutigen Gefecht wird der Jugendfreund Lewins, Tubal, getötet. Lewin heiratet die Tochter eines landfahrenden Unterhaltungskünstlers. Der Vater billigt die nicht-standesgemäße Ehe, weil er - frei von Standesdünkel - an den Wert eines jeden Menschen glaubt. Berndt von Vietzewitz reiht sich ein in die Reihe liberal gesinnter Adeliger, die in Fontanes Romanen immer wieder vorkommen. Sie haben Lebensart und stehen für Tugenden wie Treue, Anstand und Weltoffenheit. Der alte "Stechlin" ist der letzte in dieser Reihe. Wenn man sich auf den langsam dahinfließenden Erzählstrom des Romans einlässt, liest man ihn mit Gewinn. Man erlebt vor allem die große Kunst der Personencharakteristik, die die Romane Fontanes in der Folge auszeichnen sollte.

Zwei Erzählungen für den Literaturunterricht: spannend und lehrreich

"Grete Minde" (Nach einer altmärkischen Chronik): "Ich mag kein Unrecht sehen und auch keines leiden." (1880)

Für die Erzählung verwendet Fontane Berichte über die Verwüstung der Stadt Tangermünde durch einen Brand am 13. 9. 1617. Die junge Einwohnerin Grete Minde soll ihn gelegt haben. Grete wächst ohne Liebe im Haus ihres betagten Vaters auf. Sie wird von ihrem Halbbruder Gerdt, vor allem aber von dessen Frau Trude, mit Kälte und Missgunst behandelt. Diese lieblose Behandlung lässt in dem Mädchen melancholische Stimmungen aufkeimen, die schließlich in Hass gegen die Verursacher ihres Leids umschlagen. Freude empfindet sie nur, wenn sie mit dem Nachbarsjungen Valtin zusammen sein kann. Als die Unterdrückung Gretes im Elternhaus immer unerträglicher wird, flieht sie zusammen mit Valtin aus der Stadt. In der Nähe von Lübeck schließen sich die beiden einer fahrenden Theatertruppe an, die Stücke wie "Das Jüngste Gericht" aufführt. Grete bekommt von Valtin ein Kind. Als Valtin todkrank wird, nimmt er Grete das Versprechen ab, in die Heimatstadt zurückzukehren und ihre Familie wegen ihrer Flucht um Verzeihung zu bitten. Als sie und ihr Kind von Gerdt kaltherzig abgewiesen werden, verlangt sie ihr väterliches Erbe. Gerdt schwört vor dem Stadtrat, dem er selbst angehört, wider besseres Wissen, dass Gretes Mutter kein Vermögen in die Ehe eingebracht habe. Jetzt ist Gretes Leben auf einem Tiefpunkt angekommen: Mittellos und ohne familiären Rückhalt muss sie ihr und das Leben ihres Kindes fristen. Erfüllt von Hassgefühlen zündet sie die Stadt an und steigt mit ihrem und mit Trudes Kind auf den Turm der Kirche St. Stephan. Als die Kirche im Feuersturm untergeht, stürzen Grete und die beiden Kinder in die Tiefe und finden den Tod.

Die Erzählung schildert, wie aus einem lebenslustigen Mädchen, das sich an der Natur und am Puppenspiel erfreut, eine düster gestimmte junge Frau wird, die sich am Ende vollständig ihrer Rach-

und Zerstörungslust hingibt. An der Schuld für diese Entwicklung lässt Fontane keinen Zweifel. Die Hartherzigkeit des Halbbruders und seiner Frau und die Feigheit des Stadtrats von Tangermünde lassen Grete zu der blindwütigen Rächerin werden, die ihre Heimatstadt einem Flammeninferno ausliefert. Fontane verleiht der Rache Gretes göttliche Weihen. Grete zitiert nämlich vor ihrer Tat die Inschrift am Rathaus der Stadt: *"Verlass dich nicht auf dein Gewalt, / Dein Leben ist hier bald gezahlt, / Wie du zuvor hast ´richtet mich, / Also wird Gott auch richten dich - "*. Grete nimmt mit ihrer Brandstiftung lediglich das Urteil Gottes über die sündhaften Menschen von Tangermünde vorweg.

"Unterm Birnbaum": "Es ist nichts so fein gesponnen, ´s kommt doch alles an die Sonnen." (1885)

Abel Hradscheck betreibt mit seiner Frau Ursel in dem kleinen Dorf Tschechin im Oderbruch einen Krämerladen samt Schenke. Da er vom klugen Wirtschaften wenig versteht, gerät er immer tiefer in Schulden. Als eines Tages der Emissär eines Krakauer Geschäftsfreundes bei ihm ankommt, um ausstehende Schulden einzutreiben, tötet ihn Hradscheck mit Hilfe seiner Frau. Während die Kutsche des Polen in der Oder gefunden wird, fehlt von seinem Leichnam jede Spur. Die alte Nachbarin Hradschecks, die von den Dorfbewohnern als Hexe bezeichnet wird, hat gesehen, wie ihr Nachbar mitten in der Nacht etwas unter dem Birnbaum, der in seinem Garten steht, vergraben hat. Sie plaudert es aus und bringt die Untersuchung der Polizei gegen Hradscheck in Gang. Er wird verhaftet und sein Anwesen durchsucht. Bei Grabungen unter dem Birnbaum findet man jedoch nicht den Polen, sondern einen französischen Soldaten, der vermutlich in der Zeit der Befreiungskriege hier begraben wurde. Hradscheck wird entlastet und auf freien Fuß gesetzt. Er nimmt sein altes Leben wieder auf und lässt - durch eine vermeintliche Erbschaft zu Geld gekommen - auf sein Haus noch ein Stockwerk aufsetzen. Seine Frau Ursel siecht dahin und sucht Trost im christlichen Glauben. Nach ihrem Tod überführt sich Hradscheck schließlich selbst des Verbrechens, indem er mitten in der Nacht in den Keller steigt, um den dort verscharrten Toten auszugraben und unterm Birnbaum zu begraben. Er findet im engen Keller den Tod, als sich ein Weinfass auf die Luke wälzt.

Fontane hat die Novelle im Stile einer Kriminalgeschichte verfasst. Immer wieder finden sich im Text feine Andeutungen, die einen Verdacht auf Hradscheck werfen könnten. Die geheimnisvolle Atmosphäre des Textes wird auch durch das einfache Volk erzeugt, das einem Spukglauben anhängt und überall Geister am Werke sieht. Der Text entwirft ein realistisches Sittengemälde einer bäuerlichen Dorfgesellschaft zum Beginn des 19. Jahrhunderts.

Fontanes Frauengestalten: "einfach, wahr und natürlich"

Theodor Fontane wird nachgesagt, dass er ein besonderes Geschick gehabt habe, lebensechte, sympathische Frauengestalten zu schaffen, deren Schicksal den Leser zu bewegen vermag. Sie gehören unterschiedlichen Volksschichten an: Mal sind sie adelig, mal aus der Unterschicht, mal sind es typische Berlinerinnen, mal Hofdamen und Professorentöchter. Allen sieht man an, dass ihr Schöpfer sie mit besonderer Sympathie bedacht hat.

Mit der Näherin Ernestine Rehbein (**"Stine"**, 1890) begegnet uns ein einfaches Mädchen aus dem Volk, in das sich der kränkelnde junge Graf Waldemar von Haldern verliebt. Er träumt von einer ehelichen Verbindung, die jedoch von der auf den Standesunterschieden beharrenden Familie des Grafen verhindert wird. Aus Gram über die Zerstörung seines Liebesglücks nimmt sich Waldemar das Leben. Stine kommt von seiner Beerdigung krank zurück und es bleibt offen, ob sie die Krankheit überlebt. Stine ist der Standesunterschied zwischen ihr und Waldemar bewusst, weshalb sie seinem Eheantrag reserviert begegnet. Sie hätte lieber die Liebe, solange sie dauert, genossen, anstatt sie durch unrealistische Pläne zu zerstören. Stine wird als moralisch untadelig (*"Ich bin ein ordentliches Mädchen"*) geschildert, das gerade deshalb Männer aus dem Adel anzieht, die in ihren Kreisen eher Frauen mit lockerem Lebenswandel begegnen. Stine ist realistisch genug, zu erkennen, dass die Liebe zu einem Adeligen nur "*ein Sommerspiel*" sein kann.

Im selben Konflikt steht in dem Roman **"Irrungen, Wirrungen"** (1887) die junge Schneidermamsell Magdalene Nimptsch. Lene hat bei einer Ruderpartie auf der Spree den jungen Baron Botho von Rienäcker kennengelernt. Aus den lockeren Begegnungen der beiden entwickelt sich eine unbeschwerte Liebesbeziehung. Auch hier ist die Frau der realistische Part. Lene weiß, dass die Standesverhältnisse eine eheliche Verbindung nicht zulassen. Deshalb will sie die Liebe genießen, solange sie dauert: "*dass ich dich habe, diese Stunde habe, das ist mein Glück*". Beim endgültigen Abschied sagt sie: "*Alles war mein freier Entschluss. Ich habe dich von Herzen liebgehabt.*" - Botho heiratet eine reiche Cousine, um durch diese gute Partie das überschuldete Gut der Familie zu sanieren. Lene heiratet mit dem Fabrikmeister Franke einen Mann aus ihrem Stand. So hat alles seine Ordnung: "*Ordnung ist doch das Beste, die Grundbedingung auf der Staat und Familie beruhen*". Im Rückblick sieht der Baron voller Wehmut die Vorzüge Lenes, des einfachen Mädchens aus dem Volk: Sie war "*einfach, wahr und natürlich*". Über dem ganzen Roman liegt ein Hauch von Resignation, die Botho in die Worte kleidet: "*Viel Freud, viel Leid. Irrungen, Wirrungen. Das alte Lied*".

Die 17-jährige Effi (**"Effi Briest"**, 1895) wird von ihren adeligen Eltern mit dem 20 Jahre älteren Baron von Instetten, einem Landrat aus Hinterpommern, verheiratet. Das lebenslustige Mädchen, wegen ihrer Vorliebe für das Schaukeln als "*Tochter der Luft*" bezeichnet, kann sich nur schwer in die Ehe mit dem förmlichen Gatten hineinfinden. Zudem fehlt es ihm an erotischer Leidenschaft: "*Ein Liebhaber* [ist] *er nicht*". Aus der inneren Vereinsamung flüchtet sie in eine Liebesbeziehung mit einem Major namens Crampas aus der nahen Garnison. Die Affäre endet, als Instetten nach Berlin versetzt wird. Sechs Jahre später findet der Ehemann alte Liebesbriefe des Majors an Effi. Er tötet Crampas im Duell, weil er sich dem Ehrenkodex der Gesellschaft verpflichtet fühlt. Die Ehe mit Effi wird geschieden, das gemeinsame Kind dem Ehemann zugesprochen. Effi vereinsamt und stirbt jung, nachdem ihre Lebenslust erloschen ist. Auf dem Totenbett versöhnt sie sich innerlich mit ihrem Mann, sieht aber auch seine Schwächen: *"er war so edel, wie jemand sein kann, der ohne rechte Liebe ist"*. Nach dem Tod Effis streiten sich die Eltern über die Schuld am frühen Tod der Tochter. Dabei fragen sie sich, *"ob sie nicht doch vielleicht zu jung war?"* - Hier klingt das Eingeständnis mit, das Leben ihrer lebensfrohen Tochter durch die arrangierte Heirat mit einem ungeliebten älteren Mann in falsche Bahnen gelenkt zu haben. Der zeitgenössische Leser kann daraus den Schluss ziehen, dass die im Adel "gute Partie" genannte Ehe, eine Zweckheirat aus materiellem Interesse, nur selten zu echten Liebesbeziehungen führt. Im Falle Effis hat die erzwungene Ehe das Leben einer lebenslustigen jungen Frau allzu früh zerstört.

In dem Roman **"Frau Jenny Treibel"** (1892) begegnen wir Corinna, der intelligenten und geistreichen Tochter des Gymnasialprofessors Schmidt. Sie schwärmt, wie viele junge Mädchen während der Gründerzeit, von Luxus und einem Leben in Wohlstand. Deshalb möchte sie den antriebslosen Leopold heiraten, dessen Vater eine Fabrik besitzt und als Kommerzienrat über gesellschaftliche Reputation verfügt. Als sie erkennt, dass die Mutter Leopolds - eine Jugendfreundin ihres Vaters - sie als nicht-standesgemäße Partie von der Familie fernhalten will, verzichtet sie auf Leopold und heiratet Marcell, der als Intellektueller ihrer eigenen Bildungssphäre entstammt. Corinna wird als selbstbewusste, kluge, aber auch kokette junge Frau geschildert, die in jeder Gesellschaft eine gute Figur abgibt und die Männerwelt für sich einzunehmen vermag. Literaturkritiker glauben in ihr Fontanes Tochter Martha erkannt zu haben. Der Roman gilt als witzigster Roman des Autors, der zudem noch viel Berliner Lokalkolorit enthält. Der Grunewald-Ausflug der beiden Familien Schmidt und Treibel von Halensee über Hundekehle nach Paulsborn ist für jeden Fontanefreund ein Muss.

Thilde aus dem Roman **"Mathilde Möhring"** (aus dem Nachlass) ist das, was man ein patentes Mädel nennt: lebensklug, couragiert und pragmatisch. Sie heiratet einen Bürgermeisterkandidaten, dessen Trägheit sie auf die Sprünge hilft. Als er früh stirbt, wird sie zurückgeworfen auf das ärmliche Milieu des Berliner

Kleinbürgertums. Sie verzagt jedoch nicht, sondern schafft in autodidaktischer Vorbereitung das Lehrerinnenexamen.

Im letzten Roman Fontanes **"Der Stechlin"** (1897) erleben wir Melusine, die Tochter des Grafen Garby. Sie ist extrovertiert, geistsprühend und verführerisch. Trotzdem entscheidet sich Woldemar von Stechlin in seinem Werben für ihre Schwester Armgard, die mit ihrer Introvertiertheit und Zurückhaltung im Schatten der Schwester steht. Instinktiv hat der junge Adelige erkannt, welches Gefahrenpotential in der Ehe mit der lebenslustigen jungen Dame - Nomen est omen - schlummern würde. Im alten Dubslav von Stechlin finden sich in konzentrierter Form die Charaktereigenschaften, die die besten Männer-Figuren in Fontanes Romanen auszeichnen: heitere Gelassenheit, ironischer Skeptizismus und schlichte Menschlichkeit. Diese Figuren sind Alter Egos des menschenfreundlichen Autors.

Was von Theodor Fontane bleibt

Zum bleibenden lyrischen Schatz der Deutschen zählen die bekannten Balladen Fontanes, vor allem **"Herr von Ribbeck..."**, **"Archibald Douglas"** und **"John Maynard"**. Seine großen Romane, wie **"Irrungen, Wirrungen"** , **"Effi Briest"** und **"Der Stechlin"**, werden immer Leser finden. Sie können sich an dem Berlin-Kolorit ergötzen, das die meisten seiner Romane und Erzählungen auszeichnet. Sie werden vor allem die meisterhaft gestalteten Gespräche bewundern, die Fontanes Personal ständig führt: sei es im Salon einer adeligen Dame, sei es am Herd einer Wäscherin oder auf einer Landpartie ins Grüne. Gefallen werden die Leser immer wieder an den herrlichen Frauengestalten finden, die Fontanes Romane bevölkern. Vom Berliner Original mit flottem Redetalent bis zur sensiblen Baronesse finden sich Frauentypen, die von der tiefen Menschenkenntnis des Autors zeugen - und von seiner Humanität.

Verwendete Literatur

Alle Romane und Erzählungen finden sich in der Fontane Bibliothek, Ullstein Verlag, Berlin o.J.

Theodor Fontane: Von Rheinsberg bis zum Müggelsee. Die schönsten Kapitel aus den Wanderungen durch die Mark Brandenburg. Berlin, Weimar 1990

Helmuth Nürnberger: Fontane. Rowohlts Monographien, Reinbek bei Hamburg, 1968

Gottfried Keller

„Immer die gegenwärtige Stunde, das ist Gottes Stunde"

Das Leben Gottfrieds Kellers wird durch einen Schülerstreich in unerwartete Bahnen gelenkt. Als er sich an der Züricher Industrieschule an einer Demonstration gegen einen Rechenlehrer beteiligt, wird er als einer der Rädelsführer der Schule verwiesen. Diese Härte hat er nie verwunden und seine *"vertane Jugend"* dafür verantwortlich gemacht: *"Ein Kind von der allgemeinen Erziehung ausschließen, heißt nichts anderes als seine innere Entwicklung, sein geistiges Leben köpfen."* An eine Privatschule ist wegen der prekären finanziellen Lage der alleinerziehenden Mutter nicht zu denken. Der junge Gottfried muss sich einen Brotberuf wählen. Er geht bei einem Künstler in die Lehre, um Landschaftsmaler zu werden. In dieser Ausbildung legt Keller den Grundstein für seine soliden malerischen Fertigkeiten, die er an der Kunstakademie in München vervollkommnet. Die Aquarelle und Ölbilder, die er in dieser Zeit schafft, zeigen künstlerisches Talent und eine routinierte Technik. Als sich der Kunststudent Keller immer tiefer in Schulden verstrickt, muss er frühzeitig in seine Heimatstadt Zürich zurückkehren.

Seine ersten schriftstellerischen Arbeiten entstehen als Redakteur der Wochenzeitung der "Schweizergesellschaft", einer Vereinigung der in München lebenden Schweizer. Er schreibt Artikel, Rezensionen und Gedichte. Literarisch orientiert er sich in dieser Zeit an den Romanen des romantischen Dichters Jean Paul, deren Mischung aus geistreichen Betrachtungen und sentimentalen Anwandlungen ihn fasziniert. Der politisch aufgewühlten Zeit geschuldet, wendet sich Keller der politischen Lyrik zu, die er vor allem bei Georg Herwegh, der "eisernen Lerche" des Vormärz, bewundert. In Zürich halten sich zur Zeit des "Vormärz" zahlreiche deutsche "Zensurflüchtlinge" auf, die in der "freien" Schweiz ihre Texte publizieren können, so Georg Herwegh, Ferdinand Freiligrath und Hoffmann von Fallersleben. Keller hält Hoffmann für den Entdecker seines lyrischen Talents.

Keller bekennt sich dazu, dem Dichten vor dem Malen den Vorrang einzuräumen: *„Ich habe nun einmal großen Drang zum Dichten. Warum sollte ich nicht probieren, was an der Sache ist?"*

Gottfried Keller als Lyriker: "Nicht ein Flügelschlag ging durch die Welt"

Gottfried Keller hat in allen Schaffensperioden Gedichte geschrieben. Sein eigentliches Talent liegt jedoch im Erzählerischen. Mit seinen Prosatexten gelingt ihm der Durchbruch als Autor. Von seinen zahlreichen Gedichten haben es nur wenige dauerhaft in den Fundus der deutschen Poesie geschafft. Das bekannteste Gedicht Gottfried Kellers heißt "**Abendlied**". 1879 entstanden, ist es ein Werk seiner Alterslyrik.

Abendlied

Augen, meine lieben Fensterlein,
Gebt mir schon so lange holden Schein,
Lasset freundlich Bild um Bild herein:
Einmal werdet ihr verdunkelt sein!

Fallen einst die müden Lider zu,
Löscht ihr aus, dann hat die Seele Ruh';
Tastend streift sie ab die Wanderschuh',
Legt sich auch in ihre finst' re Truh'.

Noch zwei Fünklein sieht sie glimmend steh' n
Wie zwei Sternlein, innerlich zu seh' n,
Bis sie schwanken und dann auch vergeh' n,
Wie von eines Falters Flügelweh' n.

Doch noch wandl' ich auf dem Abendfeld,
Nur dem sinkenden Gestirn gesellt;

Trinkt, o Augen, was die Wimper hält,
Von dem goldnen Überfluss der Welt!

Die Todesgewissheit, von der das Gedicht spricht, führt das lyrische Ich nicht zu Trauer und Verzweiflung, sondern zu einer lebensbejahenden Haltung. Am Beispiel der Augen wird gezeigt, wie das Leben des Menschen erlischt. Die Augen werden als Fenster zur Welt betrachtet, die dem Menschen positive Eindrücke vermitteln. Erst wenn das Augenlicht erloschen ist, ist der Mensch tot und mit ihm die Seele, die in der christlichen Vorstellung unsterbliche Substanz. Das Leben wird als Wanderschaft beschrieben, an dessen Ende sich die Seele mit dem Körper zur Ruhe legt. Gottfried Keller formuliert in seinem Gedicht einen nüchternen materiellen Befund: Mit dem Körper stirbt auch die Seele des Menschen. Von einer Auferstehung im christlichen Sinn und einem Weiterleben nach dem Tode ist nicht die Rede. Der Sterbevorgang wird sehr zart ausgemalt. Das Augenlicht erlischt ganz langsam, als würden zwei Kerzen von dem Windhauch eines wehenden Schmetterlingsflügels ausgelöscht. Nichts findet sich von einem Tod in Verbitterung nach qualvollem Leiden. Genauso harmonisch, wie das Leben gesehen wird, wird auch der Tod ausgemalt: als friedliches Erlöschen. Noch die letzten Augenblicke vor dem Sterben sollen zum vollen Lebensgenuss genutzt werden. Das Gedicht gewinnt aus einer lebensbejahenden Grundeinstellung einen gelassenen Umgang mit dem Tod. Gleichzeitig verabschiedet es sich von der christlichen Vorstellungswelt, wonach das Leben ein "Jammertal" sei, das durchlitten werden müsse, um dann in der Auferstehung der unsterblichen Seele eine neue Qualität zu gewinnen.

Die positive Sicht auf die Welt prägt vor allem die Naturgedichte Kellers. Beispielhaft steht dafür das Gedicht "**Stille der Nacht**" (1888).

Stille der Nacht

Willkommen, klare Sommernacht,
Die auf betauten Fluren liegt!

Gegrüßt mir, goldne Sternenpracht,
Die spielend sich im Weltraum wiegt!

Das Urgebirge um mich her
Ist schweigend, wie mein Nachtgebet;
Weit hinter ihm hör ich das Meer,
Im Geist, und wie die Brandung geht.

Ich höre einen Flötenton,
Den mir die Luft von Westen bringt,
Indes herauf im Osten schon
Des Tages leise Ahnung dringt.

Ich sinne, wo in weiter Welt
Jetzt sterben mag ein Menschenkind -
Und ob vielleicht den Einzug hält
Das viel ersehnte Heldenkind.

Doch wie im dunklen Erdental
Ein unergründlich Schweigen ruht,
Ich fühle mich so leicht zumal
Und wie die Welt so still und gut.

Der letzte leise Schmerz und Spott
Verschwindet aus des Herzens Grund,
Es ist, als tät der alte Gott
Mir endlich seinen Namen kund.

Die Sommernacht wird dem Sprecher zum Inbegriff der "guten" Welt. Nur kurz wird die seelische Harmonie durch den Gedanken gestört, dass gerade irgendwo ein Kind sterben könnte. Die ruhige Stimmung der Nacht verschafft dem lyrischen Ich die Gewissheit, dass über dem menschlichen Geschick ein gütiger Gott waltet, der sich auch dem Sprecher offenbart. Mit dem *ersehnten Heldenkind* könnte Jesus Christus gemeint sein, dessen Wiederkunft viele Menschen ersehnen.

Die letzten beiden Verse des Gedichts verweisen auf die Glaubenszweifel, die den materialistisch gesonnenen Dichter immer wieder heimgesucht haben. In diesem Gedicht kann er sich immerhin der Bewunderung der Schöpfung nicht entziehen.

In dem Gedicht "**Nachtfalter**" (1846) erleben wir den Sprecher (den Dichter?) beim Verfassen eines Schmähgedichts gegen Gott: "*Saß ich und schrieb bei einer Kerze Schein, / Und schrieb ein wild und gottverleugnend Lied.*" - Dann sieht er, wie ein Nachtfalter durch das offene Fenster ins Zimmer flattert und an der Flamme einer Kerze zu verbrennen droht. Der Sprecher fühlt sich "*innerlich gezwungen*", den Falter zu retten. Er fängt ihn und lässt ihn ins rettende Freie flattern. Die Rettungstat hat seine blasphemischen Gelüste besänftigt: "*Ich aber hemmte meines Liedes Lauf / Und hob den Anfang bis auf Weitres auf*". Will er den Falter nicht für die Abwesenheit Gottes büßen lassen? Oder verdrängt die gute Tat die bösen Gedanken der Gottesleugnung? Kompliziert ist die Haltung Kellers gegenüber Gott zeitlebens geblieben. Die in seiner Heidelberger Zeit unter dem Einfluss des atheistischen Philosophen Ludwig Feuerbach erworbene schroffe Leugnung Gottes weicht im Alter allerdings einem sanften Agnostizismus. Den vollen Frieden mit Gott kann der Dichter, der den Frieden Gottes im Namen führt, freilich nicht finden. Im **"Grünen Heinrich"** findet sich das dafür passende Zitat: "*Bei Gott ist alles möglich, auch dass er existiert*".

Gottfried Keller und die Frauen: "...vorübergegangene Liebesstürme"

Gottfried Keller ist es nicht beschieden gewesen, eine Lebensgefährtin zu finden. Zahlreich sind seine Werbungen um Frauen. Sie bleiben letztlich alle erfolglos. Sicher hat dabei neben seinem schüchternen Wesen seine geringe physische Attraktivität eine Rolle gespielt. Er ist kleingewachsen, nur 150 Zentimeter groß, hat kurze Beine und einen großen Kopf. 1866 hat sich Keller mit Luise Scheidegger verlobt. Zur Hochzeit kommt es aber nicht, weil sich die Braut das Leben nimmt. Ursache sind zwei Schmähartikel gegen Keller in der "Winterthurer

Zeitung", in denen auf den unsoliden Lebenswandel des "Staatsschreibers" Keller angespielt wird. Keller hat seit 1861 das Amt des Ersten Staatsschreibers des Kantons Zürich inne, was einem Beamtenstatus gleichkommt. Missgünstigen Journalisten ist nicht verborgen geblieben, dass Keller gerne im Wirtshaus zecht und dabei mitunter ausfällig wird. Auch Handgreiflichkeiten mit Zechkumpanen sind überliefert. Zeitlebens plagt ihn sein Mangel an gesellschaftlicher Gewandtheit, den er durch starken Alkoholgenuss und Rauflust kompensiert. Viel ist über den komplizierten Charakter Gottfried Kellers geschrieben worden. In der Jugend überwiegt die Melancholie, mit fortschreitendem Alter dominiert der cholerische Einschlag. Ein durchgehender Charakterzug ist eine Disposition zum Manisch-Depressiven. Lange depressive Phasen, die den Dichter für die Umwelt unleidlich machen, wechseln mit manischen Anwandlungen, die in einen Schaffensrausch münden. Ein seelisches Gleichgewicht ist Keller erst im Alter beschieden, als er in gesicherten materiellen Verhältnissen lebt. Bis zum 42. Lebensjahr ist er zur Bestreitung seines Lebensunterhalts von Mutter und Schwester abhängig, die dafür auch das Elternhaus mit Hypotheken belasten. Diese Abhängigkeit hat sein Selbstwertgefühl stark beeinträchtigt. Der sittenstrengen und knausrigen Schwester Regula hat er in der Figur des "Estherchens" in der Novelle **"Pankraz, der Schmoller"** ein augenzwinkerndes Denkmal gesetzt.

Gottfried Keller stirbt am 15. Juli 1890 mit 71 Jahren in seiner Heimatstadt Zürich, wo er auch begraben wird. Ein Jahr zuvor ist sein 70. Geburtstag in einem Festakt in der Aula der Universität, dessen Ehrendoktor er ist, festlich begangen worden. Dabei wird ganzen Welt bewusst, dass hier ein Großer der deutschen Literatur geehrt wird.

Gottfried Kellers erzählerisches Werk

Die Novellensammlungen **"Die Leute von Seldwyla"** (1856/1874) und **"Züricher Novellen"** (1877) und sein Roman **"Der grüne Heinrich"** (1854/55) begründen Kellers Ruhm und machen ihn im deutschsprachigen Raum zu einem der wichtigsten Dichter des 19. Jahrhunderts. Am bekanntesten wurde die Novelle **"Romeo und Julia auf dem Dorfe"** (1875), die Walter Benjamin als "unvergänglich" bezeichnet hat. Die Handlung beginnt mit einem gemeinschaftlich begangenen Unrecht zweier angesehener und unbescholtener Bauern. Obwohl sie den Eigentümer des verwilderten Ackers, der zwischen ihren Äckern liegt, zu kennen glauben, pflügen sie jedes Jahr eine Furche davon ab und schlagen sie ihrem Land zu. Als die Gemeinde den verwaisten Acker zur Versteigerung freigibt, bekommt Manz den Zuschlag. Er verlangt von Marti, ihm seinen vom Acker abgezwackten Anteil wieder zurückzugeben. Als dieser sich weigert, landet der Streit vor Gericht. Er wird so verbissen durchgefochten, dass sich die beiden Bauern gegenseitig ruinieren. Die Kinder der beiden Familien, Vrenchen und Sali, kennen sich aus frühester Kindheit. Als Teenager verlieben sie sich, leiden aber unter dem selbstzerstörerischen Streit ihrer Eltern. Als Vrenchens Vater die beiden im Kornfeld erwischt, kommt es zu einem Kampf, in dessen Verlauf Sali den Vater mit einem Stein so schwer verletzt, dass er geistig behindert in eine Heilanstalt verbracht werden muss. Vrenchen hat nach dieser Tat keine Hoffnung mehr, mit Sali glücklich zusammenleben zu können. Sie beschließen, noch einen Tag lang unbeschwert zusammen zu sein und dann getrennter Wege zu gehen. Ausgelassen tanzen sie auf einer Kirchweih. In der Dorfschenke inszeniert eine Gruppe fahrenden Volks für das Liebespaar eine Trauung, die beide mit billigen Ringen besiegeln. Das Angebot, sich der Gruppe von Vagabunden dauerhaft anzuschließen, schlagen sie aus. Nach Mitternacht machen sie ein mit Heu beladenes Schiff vom Ufer los und lassen sich darauf den Fluss hinabtreiben. *"Als es sich der Stadt näherte, glitten im Frost des Herbstmorgens zwei bleiche Gestalten, die sich fest umwanden, von der dunklen Masse herunter in die kalten Fluten."* Die Leichen der beiden Liebenden werden später flussabwärts gefunden. Die Novelle schließt mit einem Zitat aus einem fiktiven Zeitungsartikel, in dem die *"verzweifelte und gottverlassene Hochzeit"* des Liebespaares gebrandmarkt und als *"Zeichen von der um sich greifenden Entsittlichung und Verwilderung der Leidenschaften"* gedeutet wird.

Die Novelle zeigt, wie zwei unbescholtene Bürger ihre Ehre verspielen, weil sie ihren Reichtum als das Recht missverstehen, Unrecht begehen zu dürfen. Dadurch ruinieren sie sich nicht nur materiell, sondern auch moralisch. Im Kontrast zur moralischen Verwilderung der Väter steht die Liebe ihrer Kinder, die sich völlig frei von materiellen Interessen nur ihren Gefühlen verpflichtet fühlen. Die Alternative, sich als freies Liebespaar den Heimatlosen anzuschließen, können sie nicht wählen, weil in ihnen noch *"die letzte Flamme der Ehre"* lebendig ist, welche ihre *"Väter durch einen unscheinbaren Missgriff ausgeblasen und zerstört haben"*. Wenn es nicht möglich ist, das *"verschwundene Glück des Hauses"* wiederzubeleben, bleibt ihnen nur das Sterben für ihre Liebe: *"Es gibt nur eines für uns, Vrenchen, wir halten Hochzeit zu dieser Stunde und gehen dann aus dieser Welt"*. Interpreten haben bei der Schilderung der Liebesgeschichte von Vrenchen und Sali Anleihen aus dem Hohen Lied Salomons ausgemacht. Sali sei als Koseform von Salomon zu verstehen und Vrenchen erinnere in ihrem Aussehen und ihrer Leidenschaft an die im biblischen Lied besungene Geliebte. Wie viele andere Dichter hat sich auch Keller hier aus dem reichen Fundus biblischer Geschichten bedient.

Die Erzählung **"Kleider machen Leute"** (1874) findet sich ebenfalls in der Novellensammlung **"Die Leute von Seldwyla"**. Der arbeitslose Schneidergeselle Wenzel Strapinski wandert an einem kalten Novembertag die Landstraße entlang. Er wird von einer vornehmen Kutsche bis zum nächsten Städtchen Goldach mitgenommen. Als er der Kutsche entsteigt, wird er wegen seines samtgefütterten Mantels, seiner schwarzen Haarlocken und seiner melancholischen Gesichtszüge für einen Grafen gehalten. Im Gasthof werden ihm köstliche Speisen und erlesene Weine gereicht. Je länger die Verwechslungsgeschichte andauert, desto weniger findet der Schneider den Mut, das Missverständnis aufzuklären, ja, er verstrickt sich immer mehr in das Lügengespinst: *"So ward er rasch zum Helden eines artigen Romans"*. Er fantasiert sich in die Vorstellung hinein, dass in Goldach *"das ungleiche Schicksal abgewogen und ausgeglichen und zuweilen ein reisender Schneider zum Grafen gemacht würde."* - Auch das

Liebesglück ist dem falschen Grafen hold, als sich Nettchen, die Tochter des Amtmanns, in ihn verliebt und bei ihrem Vater die Verlobung durchsetzt. Beim Verlobungsball erscheint ein Maskenzug aus Seldwyla. Bei einer Darbietung im Tanzsaal entlarven die Protagonisten den falschen Grafen durch eine pantomimische Darstellung des Mottos: *"Leute machen Kleider - Kleider machen Leute"*. Er wird als Schneidergeselle aus Seldwyla bloßgestellt. Im Gefühl von Scham und Erniedrigung flieht Strapinski in die Winternacht hinaus. Nettchen folgt ihm, findet ihn im Schnee liegen und entlockt ihm sein Geständnis. Den guten Kern im Wesen ihres Verlobten erkennend, setzt sie beim Vater die Heirat durch. Mit Hilfe von Nettchens Vermögen wird Strapinski in Seldwyla ein angesehener *"Tuchherr"* mit einem blühenden Geschäft. Die Häme der Seldwyler weicht der Verehrung, als sie erkennen, dass mit dem jungen Paar *"ein großes Vermögen"* in die Stadt gekommen ist.

Die Erzählung ist eine köstliche Verwechslungskomödie in Prosaform. Humorvoll wird geschildert, wie sich der Schneider aus Ängstlichkeit und Unsicherheit in eine Lügengeschichte verstrickt, der er nicht mehr zu entfliehen weiß. Er muss erleben, dass alles, was er tut, als Beweis für seine Grafenidentität ausgelegt wird: Zaghaftigkeit wird als Vornehmheit gedeutet, Schweigsamkeit erscheint den Bürgern als Tiefsinn. Den nach Sensationen dürstenden biederen Bürgern wird schließlich der äußere Schein zur Realität. Nettchen verkörpert pragmatische Vernunft (*"Keine Romane mehr!"*), aber auch das Ideal praktischer Humanität. Sie hält an der Treue zu ihrem Bräutigam auch dann noch fest, als der Schleier der Täuschung gelüftet und seine wahre Identität aufgedeckt worden ist: *"Wie du bist, ein armer Wandersmann, will ich mich zu dir bekennen."* Geschäftstüchtigkeit und Romantik gehen in der Novelle eine sympathische Symbiose ein.

"Der grüne Heinrich": "Unverantwortlichkeit der Einbildungs-kraft"

Neben Goethes "Wilhelm Meister" und Stifters "Nachsommer" ist der **"Grüne Heinrich"** der dritte große Bildungsroman des 19. Jahrhunderts. Er liegt in zwei Fassungen vor, die sich nicht unerheblich voneinander unterscheiden. Die erste ist 1854/1855, die zweite 1879/1880 erschienen. Der zwanzigjährige Heinrich Lee verlässt seine Heimatstadt Zürich, um in München Kunst zu studieren. Ihn zeichnet die Fähigkeit aus, die Wirklichkeit aus einer lebendigen inneren Anschauung heraus wahrzunehmen. Dies führt ihn zu einer Kunstauffassung, die die Wirklichkeit poetisch verklärt und - im Medium der Malerei - in phantastischen Erfindungen gestaltet. Heinrich überträgt die poetische Welt des Dichters Jean Paul auf seine Bilder, die ihm zu Traumgebilden einer verklärten Wirklichkeit geraten. Durch die Lektüre von Goethes Werken begreift er, dass sich wahre Kunst in der *"hingebenden Liebe an alles Gewordene und Bestehende"* ausdrückt. Unter Anleitung des Malers Römer lernt er, diese Kunstauffassung in die Malerei zu übertragen. Er zügelt seine *"Erfindungslust"* und übersetzt sie in *"gemeine Naturwahrheit"*. Denselben Zwiespalt erlebt Heinrich auch in der Liebe. In Anna verehrt er einen *"Himmelsboten"* der Liebe, eine vergeistigte *"Elfe"*, während er in Judith die irdische *"sinnliche Hälfte"* begehrt. Von keiner der beiden Frauen vermag er sich zu lösen. Als Anna stirbt, verliert er die *"edlere Hälfte der Liebe"*, weshalb er sich auch von der sinnlichen Judith losreißt, um der Gefährdung durch sie zu entgehen. Heinrich erkennt schließlich, dass ihm das Talent fehlt, ein großer Maler zu werden. Er bricht das Studium ab und schlägt sich mit Gelegenheitsarbeiten durch, bis er sich das Geld für die Heimkehr in seine Vaterstadt verdient hat. Als er zu Hause ankommt, ist seine Mutter gestorben. Tiefe Schuldgefühle befallen ihn, die zu seinem frühen Tod beitragen. In die Handlung, die ein auktorialer Er-Erzähler berichtet, ist eine Ich-Erzählung eingefügt, in der Heinrich seine Kindheitserlebnisse erzählt. Früh wird seine poetische Begabung deutlich, die ihn dazu bringt, den objektiven Erscheinungen um ihn herum phantastische Bedeutungen beizumessen. So entsteht auch seine Vorstellung von Gott, den er im golden glänzenden Turmhahn der nahen Kirche zu erkennen glaubt. Heinrich spielt seinen Schulkameraden Streiche, indem er sie in erfundenen Geschichten eines Vergehens gegen die Schulordnung bezichtigt. Auch er selbst wird ein Opfer schulischer Repression. Als er sich an einer Demonstration gegen einen Lehrer beteiligt, wird er der Schule verwiesen. Dieser Umstand führt dazu, dass er nicht studieren kann, sondern sich einen Brotberuf suchen muss: das Handwerk des Malers.

In der zweiten Fassung des Romans verändert Keller vor allem den Schluss, dessen erste Fassung er selbst als zu *"zypressendunkel"* empfunden hat. Heinrich Lee stirbt nicht, sondern nimmt ein Amt im Staatsdienst an. Von der aus Amerika zurückgekehrten Judith als treue *"Freundin"* unterstützt, gelangt er zu einem inneren Seelenzustand, der von Ausgeglichenheit und Gelassenheit gekennzeichnet ist. In dieser Fassung fügt Keller die Jugendepisode chronologisch in die Romanhandlung ein und verfasst den ganzen Roman in der Ich-Erzählform. Die Fachwelt ist sich einig, dass die erste Fassung der zweiten wegen ihrer größeren Intensität und Unmittelbarkeit vorzuziehen sei. Die zweite besticht allerdings durch eine größere Ausgewogenheit und formale Geschlossenheit. Der Begriff des Bildungsromans wird heute nicht mehr ungebrochen auf Kellers **"Grünen Heinrich"** angewandt, zeigt der Werdegang des jungen Heinrich doch eher ein Scheitern als ein Gelingen. Was Keller letztlich beschreibt, ist ein langer Prozess der Desillusionierung eines hochgestimmten jungen Mannes, dem im Beruf und in der Liebe nur wenig gelingt.

Was von Gottfried Keller bleibt

Die beiden Erzählungen **"Romeo und Julia auf dem Dorfe"** und **"Kleider machen Leute"** gehören zum Kanon der besten deutschen Novellen. Auch im Literaturunterricht unserer Schulen erfreuen sie sich immer noch höchster Wertschätzung. Der **"Grüne Heinrich"** wird auch weiterhin treue Leser finden, die an dem Schicksal eines jungen

Mannes Anteil nehmen, dessen hochfliegende Pläne an der Realität zerbrechen. Von den Gedichten Gottfried Kellers wird vor allem das **"Abendlied"** im Gedächtnis der Deutschen bleiben, in dem sich verhaltene Melancholie mit Daseinsfreude auf unvergleichliche Weise paart.

Verwendete Literatur

"Der grüne Heinrich", "Die Leute von Seldwyla", "Züricher Novellen" (Texte mit Kommentar) im Deutschen Klassiker Verlag, Frankfurt/M. 2006
Gedichte: https://gutenberg.spiegel.de/buch/gedichte.
Bernd Breitenbach: Gottfried Keller in Selbstzeugnissen und Bilddokumenten, Reinbek bei Hamburg, 1978

Rainer Maria Rilke

„Ausgesetzt auf den Bergen des Herzens"

Rainer Maria Rilke, der Dichter hermetischer, geheimnisvoll-raunender Gedichte, hat es ins populäre Fach geschafft. Streift man in der Buchhandlung durch die Abteilung "Lebenshilfe", stößt man auf Titel wie "Rilke für Gestresste" oder "Rilke für jeden Tag". Sogar Meditationen zu Texten aus dem "Stundenbuch" werden angeboten. Rilkes Gedichte müssen etwas an sich haben, das sie auch für literarisch anspruchslose Zeitgenossen genießbar macht. Man muss nicht eigens betonen, dass die Handreichungen der Lebenshilfe-Ratgeber die Dimensionen, die Rilke in seiner Dichtung auslotet, bestenfalls streifen können.

Rilke und die Kinder: "Aber aus Kindern werden Königinnen"

Im Sommer 1904 trifft Rilke in Schweden die Frauenrechtlerin und Pädagogin Ellen Key, die vier Jahre zuvor mit ihrem Buch "Das Jahrhundert des Kindes" Aufsehen erregt hatte. Er besucht die reformpädagogische "Högre Samskola" (Höhere Gesamtschule) in Göteborg, über deren Pädagogik er begeisterte Kommentare verfasst: *"Man ist in einer Schule, in der es nicht nach Staub, Tinte und Angst riecht, sondern nach Sonne, blondem Holz und Kindheit."* Die Begeisterung für eine Schule, die sich am Wohl der Kinder und nicht an abstrakten Erziehungsprinzipien ausrichtet, hat sicher etwas mit der strengen Erziehung zu tun, die Rilke als Jugendlicher in den Militärakademien von St. Pölten und Mährisch-Weißkirchen absolvieren musste. Seit dieser Zeit sind ihm Gängelung, Drill und blinde Unterordnung zutiefst verhasst. In Deutschland wirbt Rilke in einem Aufsatz in der Zeitschrift "Zukunft" für die Idee eines reformpädagogischen Schulprojekts nach dem Vorbild der "Samskola". In der Folge werden tatsächlich viele Schulen, sog. Landerziehungsheime, gegründet, die sich dem Motto "Lernen vom Kinde aus" verpflichtet fühlen.

In vielen Gedichten feiert Rilke das, was er für das spezifisch Kindliche hält. Im folgenden Gedicht aus dem Zyklus "**Mir zur Feier**" (1909) ist es die spontane Lebensfreude des Kindes, die Offenheit und Zugewandtheit, mit der es der Welt gegenübertritt:

> Du musst das Leben nicht verstehen,
> dann wird es werden wie ein Fest.
> Und lass dir jeden Tag geschehen
> so wie ein Kind im Weitergehen von jedem Wehen
> sich viele Blüten schenken lässt.
>
> Sie aufzusammeln und zu sparen,
> das kommt dem Kind nicht in den Sinn.
> Es löst sie leise aus den Haaren,
> drin sie so gern gefangen waren,
> und hält den lieben jungen Jahren
> nach neuen seine Hände hin.

In dem Gedicht "**Das Kind**" aus dem Zyklus "**Neue Gedichte**" (1907) beschreibt Rilke die Fähigkeit des Kindes, sich bedingungslos in sein Spiel zu versenken, weil es nicht an die Mühsal des Erwachsenenlebens gekettet ist. Rilke hat sich eine solche voraussetzungsfreie Dichterexistenz zeit seines Lebens gewünscht. Das ist das untergründige Motiv für seine Verehrung des Kindes. Doch nur in wenigen Momenten seine Lebens sollte ihm ein solches Dasein beschieden sein.

Rilke und die Frauen: "Sie sind verliebt und immer verliebt..."

Die Liste der Frauen, in die Rilke verliebt war, ist lang. Viele seiner Angebeteten berichteten später von der rätselhaften Magie, mit der es der Dichter schaffte, sie in seinen Bann zu ziehen. An seinem Äußeren kann es nicht gelegen haben. Das wird von allen Frauen als wenig vorteilhaft beschrieben. Er verfügt aber über Fähigkeiten, die vor allem gebildete Frauen, Künstlerinnen und kreativ Begabte besonders schätzten: Einfühlungsvermögen, die Fähigkeit, ihnen zuzuhören, sich auf ihre künstlerischen Versuche einzulassen. Rilke schreibt einfühlsame Briefe, in denen er den Frauen das Gefühl gibt, nur sie seien auserwählt, am Leben und Schaffen des großen Lyrikers teilzuhaben. Nach jeder Annäherung an eine neue Geliebte erfährt Rilkes Schaffenskraft einen rasanten Schub. Die Angebetete wird mit Liebesgedichten überhäuft, die er ihr feierlich vorträgt. Er liest gerne aus seinen Werken vor, mit einer Stimme, die als sehr angenehme, sonore Baritonstimme beschrieben worden ist.

Drei Frauen ragen aus der großen Zahl der von Rilke Umworbenen und Angebeteten heraus. Die erste ist Lou Andreas-Salomé, eine um 15 Jahre ältere aus deutsch-russischer Familie stammende Schriftstellerin und Psychoanalytikerin. In ihr findet er nicht nur eine Geliebte, sondern eine Lehrerin (sie bringt ihm Russisch bei) und eine Art von Übermutter, die ihm in allen Lebenskrisen kluge Ratschläge gibt. Sie erkennt, dass Rilkes Bestimmung nicht in der bürgerlichen Ehe, sondern in seinem Künstlertum liegt, wozu eine selbst gewählte Einsamkeit die wichtigste Voraussetzung darstellt. Die einzige Krise in ihrer lebenslangen Freundschaft entsteht, als sich Rilke gegen Lous Rat mit der Bildhauerin Clara Westhoff, die er in der Künstlerkolonie Worpswede kennen gelernt hat, vermählt. Eigentlich hat er um die Malerin Paula Becker geworben. Als diese jedoch den Maler Otto Modersohn heiratet, wagt auch Rilke mit Clara den Schritt in die bürgerliche Ehe. In Briefen an die Braut gibt er schon früh zu erkennen, wie wichtig ihm seine Unabhängigkeit als Künstler ist. Eine gute Ehe sei dann gegeben, wenn *"jeder den anderen zum Wächter seiner Einsamkeit bestellt."* Man hat Rilkes Schritt in die Ehe als Versuch gewertet, die ihm eigene Weltfremdheit und seine gesellschaftliche Isolation zu überwinden und sich ein Stück Heimat zu schaffen. Geldnot und die Unfähigkeit, mit dem quirligen Leben eines Kleinkindes umzugehen, führen schließlich zur Flucht Rilkes nach Paris und zurück in die Einsamkeit als Künstler. In einem Brief rechtfertigt er diesen Schritt: Er wolle *"alles an die Kunst [...] geben, nicht an das Leben, das uns immer traurig und trübe macht."* - Rilkes Umgang mit seiner Frau Clara und seiner Tochter Ruth gehören zu den traurigsten und anstößigsten Kapiteln im Leben des Dichters. Ruth wächst, da auch Clara von Geldsorgen geplagt ist und ständig den Wohnort wechselt, überwiegend bei den Eltern der Gattin auf. Ruth hat ihren Vater nur wenige Male in ihrem Leben gesehen. Die Verherrlichung "des Kindes" in seinen Gedichten steht in einem merkwürdigen Kontrast zu der Kälte, die er dem eigenen Kinde gegenüber an den Tag legt.

Die dritte wichtige Frau im Leben Rilkes ist die Fürstin Marie von Thurn und Taxis. Sie wird zur größten Bewunderin seiner Kunst und zu einer wichtigen Gönnerin. Sie ermöglicht ihm ein ungestörtes Leben und Schaffen auf ihren Schlössern in Böhmen (Lautschin) und Italien (Duino). Als Teilnehmer an ihren literarischen und musikalischen Salons lernt er wichtige Geistesgrößen seiner Zeit kennen. Die lebenskluge und herzliche Dame erkennt Rilkes Masche, die Frauen nur zu umwerben, um das *Abenteuer der Seele* auszukosten und für seine Dichtung zu verwerten. Sie bestärkt ihn in dieser Haltung und fordert von ihm, die angefangenen (Duineser) **"Elegien"**, deren Größe sie erkennt, zu vollenden. Dies gelingt ihm, da der Erste Weltkrieg sein Schaffen unterbricht, erst im Jahre 1922.

Im letzten Lebensabschnitt, in dem Rilke im Chateau de Muzot im Schweizer Kanton Wallis lebt, hat er noch zahlreiche Verehrerinnen, aber auch noch eine wichtige Vertraute und Gönnerin, Nanny Wunderly-Volkart, die Gattin eines reichen Kaufmanns. Nanny, die Rilke nach der griechischen Siegesgöttin "Nike" nennt, ist auch in der Todesstunde des Dichters am 29. Dezember 1926 zugegen. Viele Biografen, die das Leben des Dichters Rilke in erster Linie unter dem Gesichtspunkt seiner menschlichen Verträglichkeit bewertet haben, mussten zu dem Schluss kommen, dass Rilkes Umgang mit seinen Frauen von maßlosem Egoismus geprägt war. Oft hat er die materielle Unterstützung unter Berufung auf seine dichterische Mission unverblümt eingefordert. Diese Bewertung der Biografen lässt freilich außer Acht, dass die Egozentrik Rilkes nur einem Ziel geschuldet ist: das gültige Kunstwerk zu schaffen. Rilke ist selbstkritisch genug, sein egomanisches Gebaren zu erkennen: Er bedauert, *"dass ich oft fast feindselig bin gegen die Nahen, die mich stören und ein Recht haben auf mich."* Er gibt auch den Grund dafür an: "[Nur] *wo ich schaffe, bin ich wahr."* Rilke gehört in die lange Reihe großer Dichter, denen es nicht gelungen ist, zugleich ein großer Künstler und ein guter Mensch zu sein.

Rilke als Dichter der Liebe: "Leise hör ich dich rufen..."

Es versteht sich von selbst, dass der Verehrer der Frauen großartige Liebesgedichte verfasst hat. Eines der bekanntesten heißt **"Liebeslied"** und stammt aus dem Zyklus **"Neue Gedichte"** von 1907:

Liebeslied

Wie soll ich meine Seele halten, dass
sie nicht an deine rührt? Wie soll ich sie
hinheben über dich zu andern Dingen?
Ach gerne möcht ich sie bei irgendwas
Verlorenem im Dunkel unterbringen
an einer fremden stillen Stelle, die
nicht weiterschwingt, wenn deine Tiefen schwingen.
Doch alles, was uns anrührt, dich und mich,
nimmt uns zusammen wie ein Bogenstrich,
der aus zwei Saiten *eine* Stimme zieht.
Auf welches Instrument sind wir gespannt?
Und welcher Geiger hat uns in der Hand?
O süßes Lied.

Das Gedicht gestaltet die unwiderstehliche Kraft, die das Liebesgefühl zu entfalten mag. Der Verlust der Autonomie der Liebenden wird in das Bild eines Geigers gekleidet, der auf dem Instrument der Liebe zwei Töne zu einem Klang vereint. Die drängenden Fragen in den Versen 11/12 betonen das Rätselhafte der Liebe. Auch in dem Gedicht **"Die Liebende"** von 1906 wird der Kontrollverlust, den die Liebe bewirkt, beschworen:

Die Liebende

Ja ich sehne mich nach dir. Ich gleite
mich verlierend selbst mir aus der Hand,
ohne Hoffnung, dass ich Das bestreite,
was zu mir kommt wie aus deiner Seite
ernst und unbeirrt und unverwandt.
[...]

Die Vorliebe, die Rilke für die Phänomene der Parapsychologie hegt, kommen in folgendem Gedicht aus dem **"Buch der Bilder"** (1902) zum Ausdruck. Die Liebe zwischen zwei Menschen ist so intensiv, dass die Liebenden die Regungen des anderen über eine große Distanz hinweg wahrzunehmen vermögen.

Die Stille

Hörst du Geliebte, ich hebe die Hände -
hörst du: es rauscht...
Welche Gebärde der Einsamen fände
sich nicht von vielen Dingen belauscht?
Hörst du, Geliebte, ich schließe die Lider
und auch das ist Geräusch bis zu dir.
Hörst du, Geliebte, ich hebe sie wieder......
... aber warum bist du nicht hier.
[...]

Rilke und die Welt der Dinge: "Die Dinge singen hör ich so gern"

Ab 1902 lebt Rilke für längere Zeit in Paris. Dort setzt er sich intensiv mit den Skulpturen des Bildhauers Auguste Rodin auseinander. 1905 wird er sogar Rodins Sekretär. In der Anschauung der von Rodin geschaffenen Werke lernt Rilke, wie man das Kunstwerk auf das Charakteristische, das Wesentliche reduziert. Aus dem früher nur

Gefühlten (so in den Gedichten des **"Stunden-Buchs"**) wird das exakt Geschaute. Die in Paris entstandenen Gedichte haben deshalb einen unverkennbar neuen Ton. Rilke gruppiert diese Gedichte in zwei Zyklen, dem **"Buch der Bilder"** (1902/1906) und den **"Neuen Gedichten"** (1902/1907).

Das berühmteste aller Ding-Gedichte heißt: **"Der Panther"** (1902):

Der Panther

Im Jardin des Plantes, Paris

> Sein Blick ist vom Vorübergehn der Stäbe
> so müd geworden, dass er nichts mehr hält.
> Ihm ist, als ob es tausend Stäbe gäbe
> und hinter tausend Stäben keine Welt.
>
> Der weiche Gang geschmeidig starker Schritte,
> der sich im allerkleinsten Kreise dreht,
> ist wie ein Tanz von Kraft um eine Mitte,
> in der betäubt ein großer Wille steht.
>
> Nur manchmal schiebt der Vorhang der Pupille
> sich lautlos auf -. Dann geht ein Bild hinein,
> geht durch der Glieder angespannte Stille -
> und hört im Herzen auf zu sein.

Das lyrische Ich, das als Beobachter hinter das Geschehen zurücktritt, versetzt sich in das Raubtier (*"Ihm ist, als ob...."*), um aus seiner Perspektive heraus das Gefangensein und den Weltverlust zu beschreiben. Im Kontrastverfahren gestaltet der Dichter die Zumutung, ein starkes Raubtier auf engstem Raum einzusperren: Die *"starken Schritte"* können sich nur noch im *"allerkleinsten Kreise"* drehen, die *"Kraft"* und der *"große Wille"* sind *"betäubt"*. Die Impulse der Außenwelt (*"Dann geht ein Bild hinein"*), die in freier Wildbahn den Jagdinstinkt hervorrufen, werden im Inneren des Tieres begraben (*"hört im Herzen auf zu sein"*). Dieses Gedicht hat Generationen von Lesern, vor allem auch von Tierfreunden, fasziniert und berührt - bis heute.

Zwei im Jahre 1902 in Paris entstandene Herbst-Gedichte ragen aus der Fülle der gelungenen Texte heraus:

Herbst

Die Blätter fallen, fallen wie von weit,
als welkten in den Himmeln ferne Gärten;
sie fallen mit verneinender Gebärde.

Und in den Nächten fällt die schwere Erde
aus allen Sternen in die Einsamkeit.

Wir alle fallen. Diese Hand da fällt.
Und sieh dir andre an: es ist in allen.

Und doch ist Einer, welcher dieses Fallen
unendlich sanft in seinen Händen hält.

Herbsttag

Herr, es ist Zeit. Der Sommer war sehr groß.
Leg deinen Schatten auf die Sonnenuhren,
und auf den Fluren lass die Winde los.

Befiehl den letzten Früchten, voll zu sein;
gib ihnen noch zwei südlichere Tage,
dränge sie zur Vollendung hin, und jage
die letzte Süße in den schweren Wein.

Wer jetzt kein Haus hat, baut sich keines mehr.
Wer jetzt allein ist, wird es lange bleiben,
wird wachen, lesen, lange Briefe schreiben

und wird in den Alleen hin und her
unruhig wandern, wenn die Blätter treiben.

Im Bild des Fallens entwickelt das erste Gedicht ein Grundgesetz der Natur, den Menschen eingeschlossen: der Vergänglichkeit allen Lebens. In der Gegenbewegung des Haltens zeigt sich die göttliche Gnade. Das zweite Gedicht entwickelt aus Bildern der Fülle und Reife das Gefühl des Unbehaustseins, das Rilke zeit seines Lebens nicht fremd gewesen ist. Beide Gedichte werden wegen ihres Bilderreichtums, ihrer sprachmagischen Kraft und ihrer Musikalität gerühmt. Wenn man diese beiden vollkommenen Gedichte liest, kann man den Satz nachvollziehen, den Stefan Zweig in seiner Gedenkrede über Rainer Maria Rilke sagte: "Einzig in ihm von uns allen war das Wort schon vollkommen Musik."

Rilke und die Religion: "Was wirst du tun Gott, wenn ich sterbe...?"

Rilke hat zahlreiche Gedichte, ja ganze Gedicht-Zyklen, verfasst, die einen religiösen Bezug aufweisen. Am bekanntesten ist das **"Stunden-Buch"**, das 1905 erschienen ist. Es hat drei Abteilungen: **"Das Buch vom mönchischen Leben"**, **"Das Buch von der Pilgerschaft"** und **"Das Buch von der Armut und vom Tode"**. Der Titel "Stunden-Buch" spielt auf das Gebets- und Andachtsbuch der katholischen Kirche im Mittelalter an, das für Laien und für Kleriker für die geistlichen Exerzitien passende Gebetstexte bereit hielt. Die Gebete mussten zu bestimmten "Stunden" des Tages und der Nacht gesprochen werden. Rilkes Gedichte sind keine glaubensstarken Gebete eines frommen Klosterbruders. Es sind tastende Versuche, das Wesen Gottes zu ergründen. Gott erscheint in unterschiedlicher Gestalt: mal als Turm oder als Rad, mal als der Rätselhafte oder der Ewige. Mit der Suche nach Gott geht die Selbstvergewisserung des Lyrischen Ichs einher:

Ich lebe mein Leben in wachsenden Ringen,
die sich über die Dinge ziehn.

> Ich werde den letzten vielleicht nicht vollbringen,
> aber versuchen will ich ihn.
>
> Ich kreise um Gott, um den uralten Turm,
> und ich kreise jahrtausendelang;
> und ich weiß noch nicht: bin ich ein Falke, ein Sturm
> oder ein großer Gesang.

Das Kreisen um Gott ist Ausdruck der Suche nach dem Platz des Menschen in der Welt und der Sehnsucht des Dichters nach geistiger und religiöser Erfüllung. Diese Suche nach Gott ist weit entfernt von den Glaubensritualen der beiden christlichen Kirchen. Der anti-kirchliche Affekt ist im "Stunden-Buch" stets präsent. Für Rilke verstellen die Rituale des institutionellen Glaubens den Blick auf den wahren Gott:

> Wir bauen Bilder vor dir auf wie Wände;
> so dass schon tausend Mauern um dich stehn.
> Denn dich verhüllen unsre frommen Hände,
> sooft dich unsre Herzen offen sehn.

An anderer Stelle schreibt Rilke, dass selbst Jesus Christus der Gotteswahrnehmung im Wege stehe: *"Für junge Menschen [...] ist Christus eine große Gefahr, der Allzunahe, der Verdecker Gottes."* Rilke beschreibt, wie es den Menschen immer wieder gelingt, den Glauben an Gott zu verschütten: *"Es wechseln immer wieder drei Generationen. Eine findet den Gott, die zweite wölbt den engen Tempel über ihn und fesselt ihn so, und die dritte verarmt und holt Stein um Stein aus dem Gottesbau, um damit notdürftig kärgliche Hütten zu bauen. Und dann kommt eine, die den Gott wieder suchen muss."* Rilke ist der Auffassung, dass man Gott nur mit dem Herzen erfassen könne. Dem Verstand bleibe er unzugänglich. Hier erinnern die Gedichte an die christliche Mystik, die die Gotteswirklichkeit im Diesseits durch religiöse Versenkung erfahren wollte.

Der Glaube an Gott hat im "Stunden-Buch" auch einen unübersehbar pantheistischen Einschlag. Für diese in der Zeit der Aufklärung entstandene Glaubensrichtung ist Gott identisch mit dem Kosmos und der Natur. Es gibt also keinen personifizierten, allmächtigen Gott, das göttliche Prinzip drückt sich vielmehr in den Erscheinungen der realen Welt aus.

> Ich finde dich in allen diesen Dingen,
> denen ich gut und wie ein Bruder bin;
> als Samen sonnst du dich in den geringen
> und in den großen gibst du groß dich hin.

Der Gottsucher im Gedichtzyklus gibt sich demütig, aber auch trotzig und aufbegehrend:

> Was wirst du tun, Gott, wenn ich sterbe?
> Ich bin dein Krug (wenn ich zerscherbe?)
> Ich bin dein Trank (wenn ich verderbe?)
> Bin dein Gewand und dein Gewerbe,
> mit mir verlierst du deinen Sinn.

Rilke verkehrt in diesem Gedicht aus dem "Stunden-Buch" die Ungewissheit, die der Mensch angesichts des Todes empfindet, ins Gegenteil: Gott ist derjenige, der durch den Tod des Menschen verunsichert wird. Rilkes Gottesbild geht von einem Gott aus, der selbst noch an seiner Vervollkommnung arbeitet und *seine Mängel, seine Ungerechtigkeit und alles Unzulängliche seiner Macht* vollenden müsse. Diese Anmaßung und Selbstüberhöhung hat manche Zeitgenossen Rilkes durchaus verstört und Rilke den Vorwurf der Blasphemie eingebracht.

Auf der anderen Seite gibt es im "Stunden-Buch" aber auch Gedichte, die sich in einer naiv-kindlichen Frömmigkeit ergehen, einer Glaubenszuversicht, die Rilke bei seinen beiden Reisen nach Russland in der russischen Volksfrömmigkeit gefunden zu haben glaubt:

So bin ich nur als Kind erwacht,
so sicher im Vertraun
nach jeder Angst und jeder Nacht
dich wieder anzuschauen.

In Russland hat Rilke erlebt, wie sich einfache Menschen voller Inbrunst dem Glauben hingeben, wie sie im Gottesdienst stundenlang stehend den Gesängen der Chöre lauschen oder sich in die Anschauung goldverzierter Ikonen versenken. Rilke erinnert sich zeitlebens auch an die frommen Rituale, die er als Kind mit seiner religiösen Mutter zelebriert hat. An Weihnachten knieten beide vor dem im Kerzenschein leuchtenden Weihnachtsbaum nieder.

Rilke als Dichter des Todes: "Wir sind die Seinen lachenden Munds"

Rilke gilt auch als Verfasser meisterhafter Gedichte über den Tod. Zweimal hat er den frühen Tod ihm nahestehender Frauen erlebt. Paula Becker-Modersohn stirbt 31-jährig kurz nach der Geburt ihres ersten Kindes an einer Embolie. Die Tochter Wera des befreundeten Ehepaares Ouckama Knoop stirbt mit nur 19 Jahren an einer rätselhaften Drüsenerkrankung. Ihr widmet Rilke seinen Gedicht-Zyklus **"Sonette an Orpheus"**: **"Geschrieben als ein Grab-Mal für Wera Ouckama Knoop"**. Diese Grausamkeit des Todes, Menschen aus dem blühenden Leben herauszureißen, hat Rilke in seinem bekanntesten Todes-Gedicht beschrieben:

Der Tod ist groß.
Wir sind die Seinen
lachenden Munds.
Wenn wir uns mitten im Leben meinen,
wagt er zu weinen
mitten in uns.

Aber auch dem Rätsel des Todes versucht der Dichter auf den Grund zu gehen:

Todes-Erfahrung

Wir wissen nichts von diesem Hingehn, das
nicht mit uns teilt. Wir haben keinen Grund,
Bewunderung und Liebe oder Hass
dem Tod zu zeigen, den ein Maskenmund
tragischer Klage wunderlich entstellt. [...]

Dieses Gedicht hat Rilke schon mit 31 Jahren gedichtet. Die Frage nach dem tieferen Sinn des Todes hat ihn aber sein ganzes Leben lang beschäftigt. In einem Brief schreibt er: *„Wie ist es möglich zu leben, wenn doch die Elemente dieses Lebens uns völlig unfasslich sind? Wenn wir immerfort im Lieben unzulänglich, im Entschließen unsicher und dem Tode gegenüber unfähig sind, wie ist es möglich, da zu sein?"*

O Herr, gib jedem seinen eignen Tod.
Das Sterben, das aus jenem Leben geht,
darin er Liebe hatte, Sinn und Not.

Denn wir sind nur die Schale und das Blatt.
Der große Tod, den jeder in sich hat,
das ist die Frucht, um die sich alles dreht.

In diesem Gedicht könnte man eine Art von Fazit von Rilkes Todesüberlegungen sehen. Tod und Leben gehören, ohne dass wir den Zusammenhang voll zu verstehen vermögen, zusammen. Die Art des Todes, auch sein Zeitpunkt, entspricht deshalb im Idealfall der Individualität eines jeden Menschen. Jedem gebührt sein eigener, für ihn charakteristischer Tod.

Rilke als Erzähler: "Ich lerne sehen"

Rilke wird heute in erster Linie als Lyriker wahrgenommen. Er hat allerdings auch einige Prosawerke geschaffen, die bei den Zeitgenossen sehr beliebt gewesen sind. Eine davon ist die Erzählung **"Die Weise von Liebe und Tod des Cornets Christoph Rilke"**, die der Dichter im Jahre 1899 innerhalb einer Nacht niedergeschrieben hat. Als Nr. 1 der Insel-Bücherei wird die Erzählung ein Bestseller. Deutsche Soldaten beider Weltkriege sollen das Bändchen im Tornister mit sich geführt haben. Der Text schildert in hymnisch-lyrischer Sprache, wie ein junger Fahnenträger nach einer Liebesnacht mit einer Gräfin in die Schlacht und in den Tod reitet. Die Leser sahen darin einen Lobpreis von Lebenshunger und Sterbensbereitschaft. Kritiker warnten vor der Glorifizierung des Heldentodes, der in der Darstellung des frühen Sterbens des jungen Soldaten zum Ausdruck komme.

1910 veröffentlicht Rilke **"Die Aufzeichnungen des Malte Laurids Brigge"**, einen Roman in Tagebuchform. Er gibt die Eindrücke wieder, die Rilke in seiner Pariser Zeit von der Großstadt gesammelt hat. Berühmt wird das Motto der Hauptfigur: *"Habe ich es schon gesagt? Ich lerne sehen."* - Der Roman, der keinen durchgehenden Handlungsstrang aufweist, gestaltet in assoziativer Folge die Erlebnisse und Reflexionen der Hauptfigur Malte. Die Thematik kreist um Aspekte wie Krankheit und Tod, Daseinsangst und Identitätssuche und vor allem um die Einsamkeit des modernen Menschen. Die Montagetechnik und die erzählerische Methode des Bewusstseinsstroms weisen auf die moderne Prosaliteratur des 20. Jahrhunderts voraus.

Was von Rilke bleibt

Von Rilke bleiben vor allem seine Gedichte. Sie finden heute noch Verehrer, die seiner Lyrik mit quasi religiöser Hingabe zugetan sind. In den besten seiner Gedichte hat Rilke für die Ur-Sehnsüchte des Menschen, für seine Suche nach Gott, nach der erfüllten Liebe und nach einer würdigen seelischen Haltung gegenüber dem Tod einen gültigen Ausdruck gefunden. Die großen Gedicht-Zyklen, wie das **"Buch der Lieder"**, die **"Neuen Gedichte"**, die **"Duineser Elegien"** und die **"Sonette an Orpheus"** sind Gipfelwerke deutscher Lyrik. Alle Dichter nach ihm haben sich an ihnen gemessen, nur wenigen war es vergönnt, ihr Niveau zu erreichen. Im Literaturunterricht unserer Gymnasien kann es einer inspirierten Lehrkraft gelingen, den Schülern etwas von der sprachlichen Magie der Rilkeschen Gedichte mitzuteilen. Ich habe erlebt, dass Schüler freiwillig die Gedichte "Herbsttag" und "Herbst" auswendig gelernt haben, um sich für ihr Leben einen kleinen geistigen Vorrat anzueignen.

Verwendete Literatur

Rilke: Werke in drei Bänden. Insel-Verlag, Frankfurt/M. 1966
Hans   Egon   Holthusen: Rilke   in   Selbstzeugnissen   und Bilddokumenten, Rowohlt-Verlag, Hamburg 1958
Gunter Martens: Annemarie Post-Martens: Rainer Maria Rilke, Rowohlt-Verlag, Reinbek bei Hamburg, 2008
Heimo Schwilk: Rilke und die Frauen. Biografie eines Liebenden. Piper-Verlag, München 2015

Bertolt Brecht

„Das Scheusal hat Talent" – Thomas Mann über Bertolt Brecht

Bertolt Brecht hat die literarische Öffentlichkeit und den Literaturbetrieb in Deutschland polarisiert wie kein anderer Dichter. In der DDR, wo er nach dem Exil freiwillig seinen Wohnsitz nahm, wurde er als kommunistischer "Hofdichter" verehrt, in der antikommunistischen Bundesrepublik von vielen als kommunistischer Agitator im Poetengewand verunglimpft. An den Theatern des Westens gab es sogar Boykotte seiner Stücke und an den Gymnasien behandelten nur mutige Deutschlehrer seine Texte. Brecht selbst kokettierte mit seiner Position zwischen den Stühlen. "*In mir habt ihr einen, auf den könnt ihr nicht bauen*" - lautet ein Vers aus seinem Gedicht **"Vom armen B.B."** Auch der Staatsführung der DDR war er kein bequemer Gefolgsmann. Als die SED den Volksaufstand vom 17. Juni 1953 mit Hilfe sowjetischer Truppen niederschlagen ließ, dichtete er "*Das Volk* [hat] *das Vertrauen der Regierung verscherzt. Wäre es da nicht doch einfacher, die Regierung löste das Volk auf und wählte ein anderes?*"

Jugendlicher Rebell und frühes Genie: "Ich bin aus den schwarzen Wäldern"

Schon in der Schule offenbart Bertolt Brecht seinen rebellischen Geist und sein Schreibtalent. In einem Schulaufsatz über den Horaz-Vers "Dulce et decorum est pro patria mori" ("Süß und ehrenhaft ist es, für das Vaterland zu sterben") schreibt er provokant, solche Sprüche seien der Speck, mit dem man Mäuse fängt. In der Schülerzeitung "Die Ernte" veröffentlicht er böse Satiren auf Mitschüler und Lehrer. Für Augsburger Zeitungen schreibt er Theaterkritiken und kleine literarische Texte. Als Student der Medizin an der Münchener Universität eingeschrieben, verfasst er seine ersten Theaterstücke: **"Baal"** und **"Trommeln in der Nacht"**. Bei "Baal" geht es um einen zynischen Genussmenschen, der seinen hedonistischen Lebensinstinkt brutal auslebt. Das Stück "Trommeln..." handelt von einem Soldaten des Ersten Weltkriegs, der sich an der Novemberrevolution 1918/1919 beteiligt, sich dann aber desillusioniert abwendet und ins Privatleben zurückzieht. Beide Dramen haben einen nihilistischen Touch. Sie wenden sich gegen Ideen und Utopien, die vorgeben, dem Leben und dem Sterben einen Sinn zu verleihen. ("*Mein Fleisch soll im Rinnstein verwesen, dass eure Idee in den Himmel kommt?*" - aus: "Trommeln"). Beide Dramen zeigen schon die dramatische Handschrift des reifen Brecht. Es sind Stationendramen, die das Bauprinzip des klassischen Dramas durch eine lockere Szenenfolge ersetzen. Die Theaterillusion durchbricht Brecht, indem er vorschreibt, dass über der Bühne eine Tafel mit der Aufschrift "*Glotzt nicht so romantisch*" angebracht wird. Schon in dieser literarischen Frühzeit schafft es Brecht, einen Kreis von Bewunderern um sich zu scharen, die er durch Witz, intellektuelle Brillanz und Charisma an sich bindet. An Selbstbewusstsein hat es Brecht nie gefehlt. Schon in jungen Jahren tritt es unübersehbar zutage. Als 19-Jähriger berichtet er einem Freund, dass er kaum etwas geschrieben habe. Er vergleicht sich mit "*dem lieben Gott*", der "*viele tausend Jahre gebraucht* [hat], *um sein einziges Buch zu schreiben*". Viele Menschen, die Brecht von Nahem begegnet sind, berichten, dass es solche frappierenden Frechheiten waren, durch die er Menschen in seinen Bann zog.

Sensationserfolg "Dreigroschenoper": "Und der Haifisch, der hat Zähne"

1924 siedelt Brecht nach Berlin über, der Stadt, die in Deutschland das aufregendste Kulturleben besitzt. Seine Mitarbeiterin und Geliebte Elisabeth Hauptmann übersetzt für ihn John Gays Satire "The Beggar´s Opera" ins Deutsche. Brecht bearbeitet den Stoff, indem er ihn vom 18. ins 20. Jahrhundert transponiert. Der Komponist Kurt Weill schreibt für das Unterhaltungsstück publikumswirksame Songs, die im Sinne des Desillusionstheaters die Handlung unterbrechen. Darunter finden sich so bekannte Einlagen wie das "Lied der Seeräuberjenny" oder die

"Moritat von Mackie Messer". Bei den Songtexten bedient sich Brecht ungeniert einiger Gedichte von Francoise Villon. Die "Oper" handelt vom Konkurrenzkampf zwischen dem Chef der Bettlermafia von London (Peachum) und dem Kopf einer Gaunerbande (Macheath). Der Bettlerkönig stattet seine Bettler in zynischer Weise mit künstlichen Verstümmelungen aus, damit sie besonders viel Mitleid erregen. Das Geschäftsprinzip: Je größer das Mitleid, desto lauter klingelt es in der Kasse. Die Uraufführung der **"Dreigroschenoper"** findet am 31. 08. 1928 im Theater am Schiffbauerdamm in Berlin statt und wird zum spektakulärsten Bühnenerfolg der Weimarer Republik. Die Songs werden teilweise zu Welthits. Bertolt Brecht schafft mit diesem Revuestück endgültig den Durchbruch. Die Tantiemen machen ihn zu einem reichen Mann.

Die marxistische Versuchung: Brecht als Parteisoldat

Die Endphase der Weimarer Republik ist geprägt von einer starken politischen Polarisierung zwischen Rechts und Links. Die Auswirkungen der Weltwirtschaftskrise und der rasante Aufstieg der NSDAP werden von den Menschen als Ausdruck einer tiefen Krise der noch nicht sehr gefestigten Demokratie empfunden. Über den Soziologen Fritz Sternberg und den aus der KPD ausgeschlossenen Philosophen Karl Korsch kommt Brecht mit der marxistischen Gesellschaftstheorie in Berührung, die für die krisenhafte Situation in Wirtschaft und Gesellschaft eine scheinbar rationale Erklärung bereit hält: das Marxsche Krisen- und Untergangsszenario. Im theatralischen Bereich entwickelt Brecht den Typus des Lehrstückes, das ihm für seine Intention, die Mechanismen der kapitalistischen Gesellschaftsordnung zu erhellen und zu entlarven, am besten geeignet scheint. Am Anfang steht das Skandalstück **"Die Maßnahme"** (1930). Hier wird im Stile einer Versuchsanordnung die Ermordung eines jungen Kommunisten durch die eigenen Genossen vorgeführt. Vier Kommunisten einer Propagandaeinheit halten diese grausame "Maßnahme" für notwendig, um die Mission des Kollektivs nicht durch die Schwäche eines Einzelnen (der junge Genosse hat Mitleid empfunden) zu gefährden. Die Hauptstadtpresse reagiert entsetzt auf die Inszenierung der "Maßnahme", selbst die KPD distanziert sich von dem Stück, das eigentlich ihr zugedacht gewesen ist. Nach 1945 hat Brecht weitere Aufführungen der "Maßnahme" untersagt. Allzu deutlich fällt im Rückblick die Parallele zu den Stalinschen "Säuberungen" während der Phase des Geheimdienstterrors ins Auge. Trotz des Misserfolgs der "Maßnahme" bleibt Brecht der marxistischen Tendenzliteratur treu. In dem Spielfilm **"Kuhle Wampe"**, für den er das Drehbuch schreibt, wird das proletarische Gegenmilieu zur "bürgerlichen Ausbeutergesellschaft" verherrlicht. In dem Lehrstück **"Die Heilige Johanna der Schlachthöfe"** (1929) verpflanzt Brecht die von Friedrich Schiller gestaltete Figur der Jungfrau von Orléans nach Chicago. Die Propagandistin der Heilsarmee Johanna Dark will die Kapitalisten der Schlachthöfe zur Menschlichkeit bekehren - und scheitert. Die Lehre, die Brecht aus dem Geschehen zieht, lautet: Mit Güte kann man die Mechanismen des Kapitalismus nicht außer Kraft setzen. Nötig wäre ein entschlossener Klassenkampf des Proletariats, ja, die kommunistische Revolution. An diesem Stück kann man beispielhaft sehen, worin das Lehrhafte der Brechtschen Lehrstücke besteht: Die Zuschauer erleben auf der Bühne "falsches" Verhalten und sollen ex negativo die richtigen Schlussfolgerungen ziehen. Mit der Dramatisierung des Romans **"Die Mutter"** (1931) von Maxim Gorki gestaltet Brecht eine weitere Variante parteilicher Literatur. Die zuerst ablehnend gesonnene Mutter eines jungen Kommunisten schließt sich schließlich der Revolution der Bolschewisten an, nachdem ihr Sohn im Kampf gefallen ist. Auch dieses Stück zieht die Kritik des (bürgerlichen) Feuilletons auf sich. In einer Zeitung ist zu lesen, es handele sich um "allerrotestes Polittheater im Zeichen von Hammer und Sichel."

Brechts Odyssee im Exil: "Öfter die Länder als die Schuhe wechselnd"

Am 27. 02. 1933 brennt in Berlin der Reichstag. Bis heute konnten Historiker nicht zweifelsfrei klären, ob es sich bei dem noch in derselben Nacht gefassten Anarchisten Marinus van der Lubbe tatsächlich um den Brandstifter gehandelt hat. Vor allem ist bis heute unklar, ob er als Einzeltäter tätig oder in eine Gruppe eingebunden war. Bis heute hält sich auch die Meinung, der Brand sei von den Nationalsozialisten gelegt worden, um die schon zuvor geplante Verhaftungswelle endlich in Gang setzen zu können. Die sog. "Reichstagsbrandverordnung", die am Tag darauf erlassen wird, gilt unter Historikern als der entscheidende Schritt zur Außerkraftsetzung der Weimarer Demokratie.

Brecht weiß, dass er auf der Schwarzen Liste der Nationalsozialisten steht. Deshalb verlässt er am Tag nach dem Brand mit seiner Familie Berlin und begibt sich ins Exil. Stationen sind Prag, Zürich und schließlich Paris, wo sich nach und nach viele deutsche Exilanten einfinden. Für längere Zeit lässt sich Brecht in Dänemark nieder, wo er wohnen wird, bis der Ausbruch des Zweiten Weltkriegs auch das unmittelbare Nachbarland Deutschlands zum unsicheren Ort werden lässt. Über Schweden und Finnland reist er schließlich nach Moskau. Brecht hat nie in Erwägung gezogen, in der Hauptstadt des Weltkommunismus um Exil nachzusuchen. Zu deutlich hat er erkannt, dass er dem Stalinschen Terror genauso zum Opfer fallen würde wie zahlreiche deutsche Kommunisten, auch politische Weggefährten, die wegen "ideologischer Abweichungen" im Gulag verschwanden. Es ist eine Ironie der Geschichte, dass es Brecht, den sein marxistischer Lehrer Karl Korsch den "Hofdichter der russischen Revolution" nennt, verschmäht, im "Mutterland der Werktätigen" zu bleiben. Sein Ziel ist das Land des Klassenfeindes: Amerika. Am 13. 06. 1941 fährt Brecht mit seiner Familie und seiner Geliebten Ruth Berlau mit dem letzten Schiff von Wladiwostok in die Vereinigten Staaten von Amerika. Nur neun Tage später beginnt Hitlers Feldzug gegen die Sowjetunion.

Brechts erste Jahre - noch im europäischen Exil - sind produktive Jahre. Ihm gelingt es, um sich herum eine wohnliche und zugleich produktive Atmosphäre zu schaffen, die ihm ungestörtes Arbeiten ermöglicht. Oft wohnt er in Häusern und Wohnungen, die ihm befreundete Künstler oder Verehrer zur Verfügung stellen. Im Exil entstehen die Dramen, die heute noch zu seinen besten zählen: **"Das**

Leben des Galilei" (1938), "**Furcht und Elend des Dritten Reiches**" (1938), "**Der gute Mensch von Sezuan**" (1939), "**Mutter Courage und ihre Kinder**" (1939), "**Herr Puntila und sein Knecht Matti**" (1940), "**Der aufhaltsame Aufstieg des Arturo Ui**" (1941).

Viele Kenner halten Brechts "**Galilei**" für sein bestes Theaterstück. Brecht gestaltet die Figur des berühmten Physikers aus der Zeit der Renaissance als widersprüchlichen Helden. Im Konflikt zwischen dem Drang, als Wissenschaftler der Wahrheit den Grund zu gehen, und seinem Wunsch nach einem bequemen Leben entscheidet er sich für die opportunistische Anpassung. Brechts Galilei wird so zum Prototypen des versagenden Intellektuellen. Nach dem Abwurf der Atombomben auf die Städte Hiroshima und Nagasaki im Sommer 1945 akzentuiert Brecht die Figur des Wissenschaftlers Galilei neu. Sein Versagen ist jetzt nicht mehr nur ein Verrat am Wahrheitsgebot der Wissenschaft, sondern ein Verbrechen an der Menschheit. Brechts Galilei ist das Stück, das auch heute noch mit Gewinn im Theater genossen werden kann, weil die in vielen Brechtschen Stücken so aufdringliche politische Lehre hinter einer faszinierend gestalteten Figur aus der Geschichte zurücktritt. Auch als Lektüre im Deutschunterricht hat sich der "Galilei" bis heute gehalten.

Bis heute beliebt ist auch das Drama "**Furcht und Elend des Dritten Reiches**". Anhand von Zeitungsartikeln aus Hitlerdeutschland und Erzählungen von Emigranten gestaltet Brecht 27 Szenen über den Alltag im Nationalsozialismus. Die Szenen, die man als kleine Einakter bezeichnen könnte, spielen in unterschiedlichen Milieus, so dass ein vielfältiges Kaleidoskop von Lebensschicksalen entsteht. Das Bemerkenswerte an diesem Montage-Stück ist, dass es entgegen der Theatertheorie Brechts durchaus mit dem Mittel der Einfühlung arbeitet. Einige Szenen sind berührend und gehen dem Zuschauer sehr nahe. In der Szene "Die jüdische Frau" verabschiedet sich eine Frau am Telefon von ihren Freundinnen und danach von ihrem Ehemann, einem Arzt. Sie geht ins Ausland, um sich zu retten, aber auch, um ihren Mann davor zu bewahren, dass er von den nationalsozialistisch gesinnten Freunden geächtet wird, weil er mit einer Jüdin verheiratet ist. Die Szene zeigt die verbalen Verrenkungen, die der Mann unternimmt, um seinen Verrat an der Liebe zu kaschieren und seine Scham zu verbergen.

Mit dem Drama **"Mutter Courage und ihre Kinder"** wendet sich Brecht wieder einem historischen Stoff zu. Eine Marketenderin begleitet im 30-jährigen Krieg die kämpfende Armee, um ihre Waren an die Soldaten zu verkaufen. Dabei gerät sie in einen grausamen Konflikt. Auf der einen Seite profitiert sie vom Krieg, weil er ihr und ihren Kindern ein Auskommen gewährt. Auf der anderen Seite verliert sie ein Kind nach dem anderen, weil sie den nahen Kampfhandlungen zum Opfer fallen. Die Mutter Courage durchläuft keinen Erkenntnisprozess, wie es oft in Brechts Stücken der Fall ist. Sie bleibt bis zum Schluss unbelehrt. Die Zuschauer müssen die pazifistische Lehre selbst ziehen.

Mit der Parabel **"Der gute Mensch von Sezuan"** (1939) begibt sich Brecht in einen fremden Kulturkreis: nach China. Die Prostituierte Shen Te bekommt von drei Göttern, die auf die Erde gekommen sind, um ihren Zustand zu inspizieren, ein Geldgeschenk. Sie kauft damit einen Tabakladen und nimmt sich vor, mit ihrem neuen Reichtum Gutes zu tun. Sie gerät damit aber in einen elementaren Zwiespalt. Um den Laden effektiv zu führen, muss sie die soziale Kälte zeigen, die im Kapitalismus üblich ist. Gleichzeitig will sie sich aber auch nicht von ihren guten Taten verabschieden. Sie flüchtet sich in eine Spaltung ihrer Persönlichkeit, indem sie Nächstenliebe praktiziert, aber auch an der Ausbeutung von Menschen verdient. Brecht gestaltet hier die vom Marxismus behauptete Entfremdung des Menschen in der kapitalistischen Gesellschaft. Der offene Schluss verweigert - typisch für den Brecht der Exilzeit - eine Lösung. Am Ende des Stücks stehen die berühmten Verse, die Marcel Reich-Ranicki immer am Schluss seines Literarischen Quartetts im Fernsehen gesprochen hat: *"Wir stehen selbst enttäuscht und sehn betroffen / Den Vorhang zu und alle Fragen offen."*

All diese Werke sind während Brechts produktivem Aufenthalt in Skandinavien entstanden. Weit weniger ertragreich ist die Zeit, die er in den USA verbringt. Brecht findet hier eine völlig andere Kultur vor als in Europa. Nicht das Theater, sondern Film und Musical sind die bevorzugten kulturellen Medien. Brecht versucht diesem Umstand Rechnung zu tragen, indem er mehr als 50 Drehbuchentwürfe verfasst. Bis auf einen Spielfilm wird keines davon realisiert. Brecht lebt wie viele der deutschen Emigranten in Hollywood, um dem Zentrum der Unterhaltungsindustrie nahe zu sein. Er hat auch weiterhin Kontakt zu den Dichtern und Künstlern, die er schon aus Europa kennt, vor allem zu Lion Feuchtwanger, Hanns Eisler und Kurt Weill. Als einziges der in den USA entstandenen Werke hat **"Der kaukasische Kreidekreis"** (1944) eine gewisse Bekanntheit erworben. Im Mittelpunkt des Dramas steht der Streit zweier Frauen um die Mutterschaft für ein Kind. Die Gouverneursgattin beansprucht ihr Kind, das sie in den Wirren der Revolution zurückgelassen hat, für sich, während die Magd Grusche denselben Anspruch erhebt, und zwar mit der Begründung, sie habe es an sich genommen und aufgezogen. Der Dorfrichter Azdak möchte den Streitfall durch ein Experiment lösen. Das Kind soll sich in einen Kreidekreis stellen. Beide Frauen sollen versuchen, es an den Armen aus dem Kreis zu ziehen. Der wahren Mutter unterstellt er, dass nur sie die Kraft haben kann, das Kind aus dem Kreis zu ziehen. Die Herrin zerrt kräftig an dem Kind, worauf die Magd seinen Arm loslässt, damit es sich nicht verletzt. An dieser mitleidigen Reaktion erkennt der Richter das wahrhaft Mütterliche und spricht der Magd Grusche das Kind zu. Das Drama besticht nicht nur durch die beispielhaft durchgeführte Konzeption des epischen Theaters, sondern auch durch seine poetische Sprache.

Brecht und die DDR: "Warum sehe ich den Radwechsel mit Ungeduld?"

Schon bald nach Ende des Zweiten Weltkriegs zerbricht die Anti-Hitler-Koalition, der auch Russland und die USA angehört haben. Der Ost-West-Gegensatz bildet sich heraus, der in den Kalten Krieg münden sollte. Diese Entwicklung verschärft das innenpolitische Klima in den USA. Der "Ausschuss für unamerikanische Umtriebe" lädt Emigranten vor, um sie auf ihre Loyalität zum Gastland zu befragen. Am 30. 10. 1947 wird auch Bertolt Brecht zum Verhör geladen. Er zeigt sich kooperativ, beantwortet die Frage nach seiner Mitgliedschaft in der Kommunistischen Partei wahrheitsgemäß mit "Nein" und spielt den politischen Gehalt seiner Werke herunter. Sein unheroischer Auftritt wird ihm allerdings in Emigrantenkreisen verübelt. Kurz darauf verlässt Brecht die USA für immer. Zuerst lässt er sich in Zürich nieder, wo schon während des Krieges seine Exil-Stücke aufgeführt worden sind. Erst Ende 1948 besucht er zum ersten Mal die DDR. Vom SED-Regime wird er hofiert und zum Bleiben eingeladen. Dazu entschließt er sich erst, als er 1950 die österreichische Staatsbürgerschaft erhalten hat. Auch aus der Ferne ist Brecht nicht verborgen geblieben, dass die sowjetische Besatzungsmacht in der von ihr besetzten Zone ein hartes Regiment führt, dass sie sogar die Konzentrationslager der NSDAP wieder in Betrieb nimmt, um "Feinde des Sozialismus" einzusperren. Auch der Stalinsche Terror ist ihm in schlechter Erinnerung geblieben. Die DDR-Führung will sich vor allem des Ruhmes, den Brecht schon vor dem Krieg erworben hat, versichern. Sie gewährt ihm großzügige Privilegien: eine Villa, eine eigene Theatertruppe am Deutschen Theater und schließlich ein eigenes Theater, das "Berliner Ensemble" im Theater am Schiffbauerdamm im Herzen Berlins. Dort kann er mit ihm wohl gesonnenen Künstlern Modellaufführungen seiner Stücke auf die Bühne bringen. Seine Berühmtheit schützt ihn freilich nicht vor der Zensur. Alle Texte muss er der Zensurbehörde vorlegen, die des Öfteren den Daumen senkt. Mal ist ein Text zu pazifistisch, mal ein anderer zu wenig optimistisch oder nicht im Sinne der Doktrin des "Sozialistischen Realismus" verfasst.

Ein Prüfstein auf Brechts kommunistische Gesinnung sollte der Volksaufstand am 17. Juni 1953 werden, der von sowjetischen Truppen blutig niedergeschlagen wird. Viele Menschen kennen nur die berühmten Verse aus dem Gedicht "Die Lösung": *"Wäre es da nicht doch einfacher, die Regierung / Löste das Volk auf und / Wählte ein anderes?"* Zur historischen Wahrheit gehört aber auch die Ergebenheitsadresse, die Brecht an die Staats- und Parteiführung schickt. Darin fordert er zwar die *"große Aussprache mit den Massen über das Tempo des sozialistischen Aufbaus"*, versichert aber zugleich die Genossen seiner *"Verbundenheit mit der Sozialistischen Einheitspartei Deutschlands"*. Dieselbe Huldigung schickt er an den Chef der sowjetischen Militäradministration Semjonow. Der Brecht-Biograf Hans Bunge berichtet, dass Brecht und sein Dichterkollege Erwin Strittmatter den einrückenden Sowjetpanzern freudig zugewinkt hätten. In der aufgewühlten Stimmung nach der blutigen Niederschlagung des Aufstands wird dieses Verhalten Brechts im Westen als Unterwerfungsgeste eines privilegierten Hofschriftstellers interpretiert, dem die Moral abhanden gekommen sei.

Der Lyriker Brecht: "Wirklich, ich lebe in finsteren Zeiten!"

Unter Germanisten herrscht inzwischen die Meinung vor, die Lyrik sei der eigentlich wertvolle Beitrag des Dichters zur Literatur des 20. Jahrhunderts. Manche stellen Brecht sogar an die Seite der großen Lyriker Rainer Maria Rilke und Gottfried Benn. Brecht hat sein ganzes Leben hindurch Gedichte verfasst. Schon in seinen ersten Balladen, wie z.B. in der **"Legende vom toten Soldaten"** (1918), klingt der kühle, sachliche, oft auch ironische Ton an, der seine Gedichte bis ans Lebensende auszeichnen sollte. Sein Gedichtband **"Die Hauspostille"** (1927) versammelt Balladen, Songtexte und Moritaten, in denen er in parodistischer Anspielung auf die Predigtsammlungen der evangelischen Kirche das menschliche Elend im Kapitalismus darstellt. In der Sammlung finden sich so bekannte Texte wie die **"Ballade von Hanna Cash"**, die **"Erinnerung an die Marie A."** und der **"Alabama Song"**. Brechts beste Gedichte sind im Exil entstanden, und zwar in der äußerst fruchtbaren Zeit in Skandinavien. Darunter finden sich **"An die Nachgeborenen"**, **"Schlechte Zeit für Lyrik"**, **"Fragen eines lesenden Arbeiters"** und **"Legende von der Entstehung des Buches Taoteking..."**, alle aus dem Zyklus **"Svendborger Gedichte"**. Aus heutiger Sicht ungenießbar sind die Gedichte, in denen Brecht seine Parteinahme für den Kommunismus ausdrückt, z.B. **"Lob der Partei"** und **"Lob des Kommunismus"** (*"Er ist das Einfache / Das schwer zu machen ist"*). Sie zeigen eine unkritische Lobhudelei auf eine politische

Ideologie, die ihre Unmenschlichkeit auch schon zur Entstehungszeit der Gedichte offenbart hat.

Zum Schönsten, was Brecht gedichtet hat, gehören seine Liebesgedichte. Da gibt es das Sonett **"Entdeckung an einer jungen Frau"**, das von der Vergänglichkeit der Schönheit handelt (*"Da sah ich: eine Strähn in ihrem Haar war grau"*), oder **"Die Liebenden"**, ein Gedicht, das im Bild des Fluges zweier Kraniche den Gleichklang der Liebe gestaltet (*"So scheint die Liebe Liebenden ein Halt"*). Das Gedicht **"Erinnerung an die Marie A."** gestaltet die verblassende Erinnerung an eine vergangene Liebe im Bild einer weißen Wolke (*"Und über uns im schönen Sommerhimmel / War eine Wolke, die ich lange sah"*). Brecht thematisiert in seinen Liebesgedichten nicht nur die individuelle Liebe, er stellt die Liebe auch in den gesellschaftlichen Zusammenhang, indem er zeigt, wie sie unter schlechten gesellschaftlichen Bedingungen leidet.

Brechts letzte Gedichte, die er in dem Zyklus **"Buckower Elegien"** (1953) zusammenfasst, bestechen durch die Einfachheit von Sprache und Form und durch ihren menschlichen Gehalt. Der politische Gehalt tritt hinter rein menschliche Betrachtungen zurück. In dem bekannten Gedicht **"Der Radwechsel"** geht es um einen Reisenden, der zusieht, wie sein Fahrer das Rad wechselt. Die Verse *"Ich bin nicht gern, wo ich herkomme. / Ich bin nicht gern, wo ich hinfahre"* veranschaulichen, dass sich der Beobachter zwischen zwei nicht-idealen Lebensmöglichkeiten (hier schlechte bürgerliche Gesellschaft, Exil, dort unfertige sozialistische Ordnung) entscheiden muss. Das Gedicht **"Der Rauch"** zeigt, dass Haus, Garten und Landschaft nur lebenswert sind, wenn sie von Menschen bewohnt werden. Der Rauch steht für die heimelige Geselligkeit, die Brecht in seiner Buckower Villa am See stets lustvoll zelebriert hat.

Brecht und die Frauen: "Ich will nicht nachdenken, ob es gut ist"

Eines der dunkelsten Kapitel in der Vita des Dichters ist sein Verhältnis zu seinen Frauen. Schon den Zeitgenossen sind die charakterlichen Schwächen Brechts nicht verborgen geblieben. Heute weiß man, dass Brecht von den Egomanen unter den Künstlern der problematischste gewesen ist. Mitarbeiter und Mitarbeiterinnen instrumentalisiert er, ja, beutet ihre Arbeitskraft aus, ohne angemessen dafür zu bezahlen. Selbst enge Weggefährten wie Kurt Weill, dem er den Erfolg der "Dreigroschenoper" verdankt, werden abserviert, wenn er sie nicht mehr braucht oder wenn sie ihm widersprechen. Die Tantiemen für veröffentlichte oder aufgeführte Werke teilt er nicht gerecht nach dem Anteil der daran Schaffenden, sondern behält den Löwenanteil für sich. Für die "Dreigroschenoper" bekommt Elisabeth Hauptmann, die der Forschung zufolge bis zu 80% des Stücktextes beigesteuert hat, ein Achtel, der Komponist der Musik, Kurt Weill, zwei Achtel, während Brecht für sich fünf Achtel einbehält. Dabei muss man wissen, dass die Oper nur durch die Songs von Weill, die zu Welthits werden, den Siegeszug durch die Welt antreten kann. Brecht hat neben seiner Ehefrau Helene Weigel stets, auch im Exil, noch Geliebte als Nebenfrauen, teilweise wohnen sie im selben Haus wie seine Frau. Schon als junger Mann weiß er Liebesbeziehungen nach seinen Wünschen zu regeln. Die Sängerin Marianne Zoff muss ihm vertraglich zusichern, dass sie ihm Freundschaften zu anderen Frauen zugesteht, während sie ihm Treue geloben muss. Seine Begründung: *"Ich bin ein Provisorium und muss Sprungweite haben, ich wachse noch."* Alle Frauen werden von Brecht schwanger. Die Liste der Abtreibungen ist lang. Wenn doch einige der Kinder auf die Welt kommen, kümmert sich der Vater nicht um sie, weil er das für die Angelegenheit der Frauen hält. Margarete Steffin, die Gefährtin seiner skandinavischen Jahre, lässt er sterbend in einer Moskauer Klinik zurück, als er es eilig hat, das Schiff von Wladiwostok nach Kalifornien zu erreichen. Brecht weiß um die dunkle Seite seines Charakters. Er schreibt dazu sogar eine Tagebuchnotiz: *"Ich glaube von jedem Menschen das Schlechteste, selbst von mir - und ich habe mich noch selten getäuscht."* Bertolt Brecht ist der schlagende Beweis für die These, dass ein guter Dichter nicht zwangsläufig ein guter Mensch sein muss.

Was von Brecht bleibt: "Er hat Vorschläge gemacht..."

Brechts Werk ist äußerst umfangreich. Stets fiel es ihm leicht zu schreiben. Selbst unter den widrigen Bedingungen des Exils versiegt seine schöpferischer Schaffenskraft selten. Seine Werkausgabe umfasst deshalb zwanzig Bände. Trotzdem ist inzwischen vieles in Vergessenheit geraten. Dies liegt an der Zeitbedingtheit vieler seiner Texte und an der oft expliziten Verherrlichung der kommunistischen Ideologie. Deshalb werden die Lehrstücke allenfalls noch von Liebhaberbühnen aufgeführt. Dauerhaft gehalten haben sich die wichtigen Dramen aus dem Exil, vor allem **"Galilei"** und **"Mutter Courage"**. Moderne Inszenierungen betonen dabei die widerspruchsreiche Charakterzeichnung, während sie den politischen Bezug zur damaligen Entstehungszeit vernachlässigen. Zurecht noch häufig aufgeführt wird - auch gerne auf Schulbühnen - das Stück **"Furcht und Elend des Dritten Reiches"**. Die großen Gedichte werden im poetischen Kanon bleiben, solange es Menschen gibt, die die sprachliche Raffinesse und die kluge Formgestaltung, die sie auszeichnen, zu schätzen wissen. Äußerst beliebt ist auch die Parabel-Sammlung **"Geschichten vom Herrn Keuner"**. Die manchmal aphoristisch verkürzten Texte frappieren durch den Perspektivenwechsel, mit dem sie die Erwartungshaltung des Lesers unterlaufen. Als Herr Keuner gefragt wird, woran er arbeitet, antwortet er: *"Ich habe viel Mühe, ich bereite meinen nächsten Irrtum vor."* Bei allen Irrtümern, die dem Dichter Bertolt Brecht unterlaufen sind, hat er doch Bleibendes geschaffen.

Verwendete Literatur

Bertolt Brecht: Gesammelte Werke in 20 Bänden, Suhrkamp Verlag, Frankfurt/M. 1967
Reinhold Jaretzky: Bertolt Brecht, Rowohlts Monographien, Reinbek bei Hamburg, 2010
Marianne Kesting: Brecht, Rowohlts Monographien, Reinbek bei Hamburg, 1959 (nur noch antiquarisch erhältlich)

Anmerkung

Aus urheberrechtlichen Gründen wird auf den Abdruck längerer Texte von Bertolt Brecht verzichtet. Brecht hat sich selbst ständig auf unzulässige Weise fremder Texte bedient, was er mit seiner *"grundsätzlichen Laxheit in Fragen geistigen Eigentums"* begründete. Die Brecht-Erben sehen dies leider ganz anders. Sie verlangen für Abdrucke von Brecht-Texten so hohe Tantiemen, dass selbst Schulbuchverlage darauf verzichten, Texte von Brecht abzudrucken. Der vorstehende Text macht vom Recht des "Kleinzitats" Gebrauch, indem neben dem Titel des Werks in der Regel eine Zeile oder ein Vers zitiert werden. Der Leser kann den vollständigen Text leicht in der Werkausgabe oder in einer der vielen Einzelausgaben auffinden.

Franz Kafka

„Was bist du? Elend bin ich.“

Kafkas Angst: "Das gefrorene Meer in uns"

Kafkas Texte beginnen verstörend: "*Jemand musste Josef K. verleumdet haben, denn ohne dass er etwas Böses getan hätte, wurde er eines Morgens verhaftet.*" (**"Der Prozess"**) - "*Als Gregor Samsa eines Morgens aus unruhigen Träumen erwachte, fand er sich in seinem Bett zu einem ungeheueren Ungeziefer verwandelt.*" (**"Die Verwandlung"**). Selbst wenn die Texte scheinbar harmlos anfangen, schleicht sich beim Leser doch ein ungutes Gefühl ein, weil die demonstrativen Beruhigungsformeln, die der Ich-Erzähler benutzt, eher dazu angetan sind, kommendes Unheil erwarten zu lassen. In der Kurzgeschichte **"Der Nachbar"** heißt es gleich zu Beginn: "*Ich klage nicht, ich klage nicht*", bevor der Ich-Erzähler schließlich von paranoider Angst gepackt wird. In der Parabel **"Der Schlag ans Hoftor"** äußert der Ich-Erzähler anfangs den Satz: "*Ich war sehr ruhig und beruhigte auch meine Schwester*", nur um später vom Unheil heimgesucht zu werden. Woher kommt diese Angst der Protagonisten, die sie zu Beruhigungsformeln zwingt? Viel ist in der Fachwissenschaft darüber gemutmaßt worden, ob sich in die Texte das eigene ängstliche Lebensgefühl, von dem Franz Kafka immer wieder berichtet, eingeschrieben hat. Wie überdimensioniert seine Angstgefühle sind, zeigt Kafkas Begründung, eine gemeinsame Reise mit einem Freund abzusagen: "*Es ist die Angst vor der Veränderung, Angst davor, die Aufmerksamkeit der Göller durch eine für meine Verhältnisse große Tat auf mich zu lenken.*" Lesen und Schreiben sind für Kafka existentiell – gerade weil sie an das rühren, was unter der Oberfläche eingeschlossen scheint: „[...] *ein Buch muss die Axt sein für das gefrorene Meer in uns*", so schreibt Kafka am 27. Januar 1904 in einem Brief an Oskar Pollak. *„Wenn das Buch, das wir lesen, uns nicht mit einem Faustschlag auf den Schädel weckt, wozu lesen wir dann das Buch?“* – so seine rhetorische Frage.

Schrecknis der Erziehung: "Nur eben als Vater warst du zu stark für mich"

Franz Kafka wird am 3. Juli 1883 als Sohn des jüdischen Kaufmanns Herrmann und seiner Frau Julie, geb. Löwy, in Prag geboren. Nach ihm werden noch drei Schwestern geboren. Schon früh zeigen sich bei dem Kind die Eigenschaften, die Franz Kafka sein kurzes Leben lang - er sollte nur knapp 41 Jahre alt werden - begleiten sollten: Schüchternheit und Kontaktscheu, Empfindlichkeit und Ängstlichkeit. Obwohl Kafka ein guter Schüler ist, hat er auch vor der Schule Angst. Deshalb gelingt es der boshaften Köchin, die ihn jeden Tag zur Schule begleitet, ihn dadurch einzuschüchtern, dass sie droht, den Lehrern zu erzählen, wie unartig er zu Hause sei. Davor fürchtet er sich so sehr, dass er sie auf der Straße für Dinge um Verzeihung bittet, die er gar nicht getan hat. In dem berühmt gewordenen **"Brief an den Vater"**, den Kafka mit 36 Jahren verfasst und dem Vater nie hat zukommen lassen, wird deutlich, wie sehr die autoritären Erziehungsmethoden des Vaters den sensiblen Sohn verletzt haben: *"Ich winselte einmal in der Nacht immerfort um Wasser [...]. Nachdem einige starke Drohungen nicht geholfen hatten, nahmst du mich aus dem Bett, trugst mich auf die Pawlatsche* [Balkon] *und ließest mich dort allein vor der verschlossenen Tür ein Weilchen im Hemd stehen [...]. Noch nach Jahren litt ich unter der quälenden Vorstellung, dass der riesige Vater, mein Vater, die letzte Instanz, fast ohne Grund kommen [...] konnte und dass ich also ein solches Nichts für ihn war."* Das Gefühl der Nichtigkeit und Schwäche speist sich aus strafenden Erziehungsmethoden, die durch die *"bloße Körperlichkeit"* des Vaters, der in dem Brief als *"stark, groß, breit"* beschrieben wird, verstärkt werden. Noch im Alter von 40 Jahren schreibt Kafka in einem Brief an seine Schwester Elli rückblickend über das Bestreben des Vaters, den Sohn nach seinen Idealen zu modeln: *"Wenn es in dem Kinde fehlt, so fängt er an, es ihm einzuhämmern, was ihm auch gelingt, aber gleichzeitig misslingt, denn er zerhämmert das Kind."* In drastischen Worten verurteilt er diese Erziehungsmethoden: *"Das sind, aus Eigennutz geboren, die zwei Erziehungsmethoden [...]: Tyrannei und Sklaverei."*

Nach dem Abitur im Jahre 1901 studiert Kafka an der Deutschen Universität in Prag Germanistik, wechselt dann aber zu Jura. Das Studium schließt er 1906 mit der Promotion ab. Von 1908 bis zu seiner krankheitsbedingten Frühpensionierung im Jahre 1922 arbeitet Kafka bei der "Arbeiter-Unfall-Versicherungs-Anstalt" als Sachbearbeiter. Kafka führt eine zweigeteilte Existenz. Den Tag verbringt er in der Versicherungsanstalt, in der Nacht schreibt er seine Texte. Das Schreiben wird zu einer Tätigkeit, die er als existentielle Notwendigkeit erlebt: *"Der Sinn für die Darstellung meines traumhaften inneren Lebens hat alles andere ins Nebensächliche gerückt."* Manchmal ist bei Kafka der Sog des Schreibens so stark, dass Texte wie in Trance aus ihm herausfließen. So verfasst er die Erzählung **"Das Urteil"** in der Nacht vom 22. auf 23. September 1912 in nur acht Stunden.

Bestrafungsphantasien: "Liebe Eltern, ich habe euch doch immer geliebt..."

"Das Urteil": "Ich verurteile dich jetzt zum Tode des Ertrinkens."

Dass ein Vater seinen Sohn nach einem heftigen Streit zum Tode verurteilt, gehört zu den ungewöhnlichsten Episoden der Weltliteratur. Der junge Kaufmann Georg Bendemann arbeitet im väterlichen Geschäft als Kaufmann. Die Mutter ist vor kurzem gestorben. Einem nach Russland ausgewanderten Freund möchte er in einem Brief sein Verlöbnis mit einem Mädchen namens Frieda mitteilen und ihn zur Hochzeit einladen. Er sucht seinen Vater in dessen Schlafzimmer auf, um ihm von diesem Brief zu erzählen. Im Verlauf des Gesprächs entsteht ein heftiger Streit, an dessen Ende das ungewöhnliche Todesurteil des Vaters steht, das der Sohn ohne Widerspruch vollzieht: *"Georg fühlte sich aus dem Zimmer gejagt."* Er eilt zur Brücke, hält sich kurz am Geländer fest und lässt sich in den Fluss fallen. Die Erzählung behandelt ein zentrales Thema in Kafkas Texten: die Rivalität zwischen Vater und Sohn. Georgs Vater ist seit dem Tod der Mutter sichtbar gealtert und vernachlässigt die Reinlichkeit seiner Kleidung. In der Konfrontation mit dem Sohn im

Schlafzimmer gewinnt er deutlich an Stärke zurück: *"Mein Vater ist noch immer ein Riese."* - *"Georg sah zum Schreckbild seines Vaters auf."* - Der Vater: *"Ich bin noch immer der viel Stärkere."* Der Vater beleidigt den Sohn als *"teuflischen Menschen"* und seine Braut als *"widerliche Gans"*, die ihn nur mit erotischer Freizügigkeit geködert habe. Die Vollstreckung des Urteils durch den Sohn wird in der Fachliteratur unterschiedlich interpretiert. Die einen deuten den Freitod als Einverständnis des Versagens und Vollzug einer Bestrafungsphantasie. Die anderen sehen den Sprung ins Wasser (Kafka war ein vorzüglicher Schwimmer) als imaginierte Befreiung von der väterlichen Bevormundung und als Weg ins selbstbestimmte Leben.

"Die Verwandlung": "Da gab ihm der Vater einen wahrhaftig erlösenden starken Stoß."

Diese Erzählung gehört zu den schockierendsten und rätselhaftesten Texten Kafkas. Die Verwandlung eines Menschen in ein Insekt irritiert die Leser und fordert die Fachwelt zu Deutungen heraus. Der junge Handlungsreisende Gregor findet sich eines Morgens beim Aufwachen in einen Käfer verwandelt. Aus der Perspektive Gregors erfährt der Leser, wie er seine Verwandlung in eine andere Lebensform verarbeitet und wie die Familie (Vater, Mutter und Schwester) damit umgeht. Zu Beginn wird Gregor von der Familie noch als Mensch wahrgenommen, indem sie noch von *"ihm"* spricht. Später geht sie dann zum sächlichen Personalpronomen *"es"* über. Das Dienstmädchen spricht vom *"Mistkäfer"* und vom *"Zeug nebenan"*. Aus dem Gedankenstrom Gregors erfahren wir, dass er nach dem Bankerott des väterlichen Geschäftes in die Rolle des Familienernährers geschlüpft ist. Der Vater hingegen ist in Lethargie versunken und äußerlich verwahrlost. Nach Gregors Verwandlung lebt er Vater auf und gewinnt seine alte Rolle als Familienoberhaupt zurück. Die neue Dominanz bekräftigt er, indem er Gregor misshandelt. Die Verletzung im Rücken, aber auch die Einsicht, dass er um des familiären Friedens willen das Feld räumen muss, veranlassen ihn, die Nahrung zu verweigern und sein Leben zu beenden. Nach Gregors Freitod lebt die Familie sichtbar auf. Vor allem der Vater gewinnt seine alte Stärke zurück. Auch diese Erzählung schildert im Kern eine Vater-Sohn-Rivalität. Die Verwandlung in einen Käfer kann man als Symbol für die regressive Selbstbestrafung des jungen Mannes deuten, der nach einer kurzen Phase als Oberhaupt der Familie diese Position wieder räumt und nach einem demütigenden Prozess familiärer Ausgrenzung und Erniedrigung als Höhepunkt der Selbstbestrafung den Freitod wählt. Die Parallelen zu Kafkas **"Brief an den Vater"** (1919) sind unübersehbar. Dort beschreibt Kafka seinen Vater als kraftvoll, jähzornig und impulsiv, sich selbst als sensibel und introvertiert. Während der Vater sich auch ohne Bildung ökonomisch nach oben gearbeitet habe, verharre sein Sohn unselbständig und verängstigt in seiner geistigen Welt. Wie man an dieser Erzählung sehen kann, sucht sich das Biografische immer wieder Wege in die Texte des Dichters.

Geschichten vom Misslingen: "Gibs auf, gibs auf"

Die bekannteste Parabel Kafkas über die Vergeblichkeit heißt **"Gibs auf"**. Am frühen Morgen geht der Ich-Erzähler zum Bahnhof. Beim Vergleich seiner Uhr mit der Uhrzeit auf der Turmuhr stellt er fest, dass er sich verspätet hat. Da er sich in der fremden Stadt nicht auskennt, fragt er einen Polizisten ("*Schutzmann*") um Orientierungshilfe. Anstatt ihm zu helfen, fragt der Polizist: "*Von mir willst du den Weg erfahren?*" - Das "*Ja*" des Erzählers kontert er mit einem zweimaligen "*Gibs auf*". Dabei wendet er sich lachend von dem Hilfesuchenden ab. Diese Geschichte ist wie die meisten Texte Kafkas doppelbödig. Die Suche nach dem richtigen Weg zum Bahnhof steht für die Suche nach dem Sinn der menschlichen Existenz, nach dem Sinn der Weltordnung. Der "Schutzmann" vertritt die Autoritäten, an die man sich gemeinhin wendet, um Orientierung zu erhalten: Geistlicher, Philosoph, Wissenschaftler. Sie können jedoch über die letzten Dinge der menschlichen Existenz keine Auskunft geben, weil sie die Erklärung selbst nicht wissen ("*Von mir willst du den*

Weg erfahren?"). Die starke emotionale Reaktion des Erzählers angesichts der entdeckten Verspätung (*"Schrecken"*, *"unsicher"*, *"atemlos"*) deutet auf eine existentielle Verunsicherung hin. Dieser Text wird gemeinhin als Beleg dafür genommen, dass Kafka die existentielle Grundtatsache gestaltet, dass der Mensch auf sich selbst zurückgeworfen ist, weil ihm in der Moderne die herkömmlichen (religiösen) Welterklärungen nicht mehr zur Verfügung stehen.

In der Parabel **"Vor dem Gesetz"** bittet ein *"Mann vom Lande"* um Einlass in das Gesetz, was ihm von einem Türhüter, hinter dem noch eine Phalanx weiterer Wächter steht, verwehrt wird. Alles Bitten und Flehen, aber auch Bestechungsversuche bleiben umsonst. Der Bittsteller wird über das lange Warten alt und schwach. Am Ende des Textes schließt der Türhüter den Eingang in das Gesetz, der nur für den Bittsteller bestimmt war. Der Text formuliert die rätselhafte Paradoxie, dass der Mann vom Lande den Zugang zum Gesetz, der nur ihm vorbehalten war, nicht betreten darf. Bei dem Gesetz handelt es sich um eine Variante der Kafkaschen Ur-Idee: die Frage nach dem Lebenssinn, nach der letzten Wahrheit unseres Daseins. Auf diese existentielle Frage erhält der Mensch keine Antwort, weil er das Absolute in seiner menschlichen Beschränktheit nicht zu erfassen vermag.

In der Parabel **"Eine kaiserliche Botschaft"** übermittelt der Kaiser einem Bewohner seines Reiches, der als *"jämmerlicher Untertan"* bezeichnet wird, eine Botschaft. Um sie zu überbringen, sendet er einen seiner kräftigsten Boten aus. Außerhalb des Palastes türmen sich unüberwindliche Hindernisse auf, an denen der Bote scheitert. Der Adressat der Botschaft sitzt am Fenster und erträumt sich vergeblich deren Ankunft. Das Sich-Abmühen des Boten gleicht der vergeblichen Mühe seines mythologischen Vorbilds Sisyphos (*"wie nutzlos müht er sich ab"*), die auch *"durch Jahrtausende"* nicht belohnt wird. Man geht sicher nicht fehl in der Annahme, bei der Botschaft handele es sich um eine für den Menschen positive Nachricht, um eine "frohe Botschaft", wie das Evangelium im Altgriechischen genannt wird. Kafka hat häufiger Anleihen in der christlichen Religion gemacht, ohne sein

Judentum zu verleugnen. Die Parabel ist deshalb eine Geschichte des Misslingens, weil der Mensch die Botschaft, die seinem Leben einen Sinn geben könnte, nicht zu erlangen vermag, da sich zwischen dem Absender (Kaiser = Gott?) und dem Empfänger (Untertan = Mensch) unüberwindliche Hindernisse auftürmen. Glaubensverlust in der Zeit der Moderne hat dazu geführt, dass man die Botschaft von einer jenseitigen besseren Welt nicht mehr zu verstehen vermag. Der Mensch im sachlichen Zeitalter ist nicht mehr empfänglich für Transzendenz.

Mit der Parabel **"Heimkehr"** hat Franz Kafka einen Paralleltext zum "Gleichnis vom verlorenen Sohn" (Lukas-Evangelium 15, 11-32) verfasst. Ein Sohn - der Ich-Erzähler - kehrt nach längerer Abwesenheit in sein Elternhaus zurück, traut sich aber nicht, die Türschwelle zu überschreiten. Er fühlt sich von altem Gerümpel im Hof und von einer lauernden Katze abgeschreckt. Letztlich verhindert aber seine eigene Unsicherheit, ein Gefühl von Isolation und Fremdheit, dass er in seine Familie zurückkehrt. Der Text schildert das Misslingen einer Heimkehr. Der Ort, den man gemeinhin als Stätte elementarer Geborgenheit versteht - die Familie, das Vaterhaus - wird dem heimkehrenden Sohn zu einem Ort der Fremdheit, des Ausgeschlossen-Seins. Die Parabel formuliert die Grunderfahrung des ungeborgenen, isolierten Menschen der Moderne. Traditionelle Familienbindungen können den Menschen nicht mehr tragen. Fremdheit und Heimatlosigkeit sind das Ergebnis dieses Verlustes. Ganz anders verläuft die Heimkehr des verlorenen Sohnes im biblischen Gleichnis. Der Sohn, der sein Erbteil in der Fremde verprasst hat, wird trotz seines Fehlverhaltens vom Vater freudig in die Arme geschlossen. Des Vaters Begründung für den überschwänglichen Empfang lautet: "Er war verloren und ist wiedergefunden." Auf die Glaubensebene übertragen lautet die Botschaft: Gott freut sich über jeden Sünder, der umkehrt und den Weg zu ihm zurückfindet. Dem Alltagsverständnis von Gerechtigkeit gehorcht dieses Gleichnis keineswegs. Wir haben uns angewöhnt, Gerechtigkeit mit größtmöglicher Gleichheit in eins zu setzen. Der Vater im Gleichnis "bevorzugt" jedoch den sündigen Sohn vor dem braven, treuen Sohn. Das Gleichnis will sagen, dass derjenige eine größere Zuwendung braucht, der im Leben gestrauchelt ist, als derjenige, dem im Leben alles gelingt. Die Gerechtigkeit im Gleichnis ist keine formale, sondern eine kompensatorische. Kafka steht die metaphysisch unterlegte Sicherheit und Geborgenheit des Gleichnisses nicht (mehr) zur Verfügung. Der Sohn in der Parabel ist auf sich allein gestellt und kann sich der göttlichen Vergebung und der väterlichen Zuwendung nicht sicher sein. Daran und am eigenen Misstrauen scheitert seine Heimkehr.

Kafkas Tagebücher: "Mein Leben ist das Zögern vor der Geburt."

Kafkas Tagebücher sind für den Zeitraum von 1909 bis 1923 - er starb im Jahre 1924 - größtenteils erhalten geblieben. Sie enthalten Aussagen zu seiner psychischen Befindlichkeit (*"besseres Selbstbewusstsein"*), seiner Lektüre (*"van Gogh Briefe"*) und seinen Liebschaften (*"Behüte dieses Leben nur vor Frauen"*). Die Notizen dienen in erster Linie der reflexiven Selbstbewältigung. Sie geben dem Verfasser aber auch Halt in seelischer Not: *"Ich werde das Tagebuch nicht mehr verlassen. Hier muss ich mich festhalten, denn nur hier kann ich es."* Das Tagebuch ist für Kafka Medium der literarischen Selbstvergewisserung und Versuchslabor für Motive und Themen, die er in Literatur umzuwandeln gedenkt. In einigen Tagebucheinträgen kann man die Konzipierung literarischer Projekte konkret verfolgen. Die Tagebücher dokumentieren, dass Schreiben für Kafka eine Existenzform war, eine elementare Lebensäußerung, neben der Beruf und gesellschaftlicher Umgang verblassen. Die Themen seiner wichtigsten Werke finden sich auch in den Tagebüchern: Einsamkeit, Vergeblichkeit und die Frage nach der Lösung des Lebensrätsels. In den Bänden aus den Jahren 1917/1918 hat Kafka diesen existentiellen Themen 109 Aphorismen gewidmet: *„Ein erstes Zeichen beginnender Erkenntnis ist der Wunsch zu sterben."* (Nr. 13); *„Es gibt ein Ziel, aber keinen Weg; was wir Weg nennen, ist Zögern."* (Nr. 26) - Kafkas Tagebücher sind einmalige Dokumente, die über die komplexe

Persönlichkeit des Dichters und seine Lebensprobleme Auskunft geben.

Franz Kafka und das Judentum: "Was habe ich mit Juden gemeinsam? Ich habe kaum etwas mit mir gemeinsam."

Franz Kafka wird in einer assimilierten jüdischen Familie geboren. Der Vater entstammt der Unterschicht und pflegt einen eher nachlässigen Umgang mit der jüdischen Religion. Die Mutter hingegen entstammt dem deutsch-jüdischen Bürgertum und hat einen geistigen Bezug zum Judentum. Die Bar-Mizwah (jüdisches Mündigkeitsritual) des Sohnes annonciert der Vater der Sitte der assimilierten Juden gemäß als "Confirmation". Dem erwachsenen Franz Kafka wird bewusst, wie wenig die Eltern ihm von den Grundlagen des Judentums vermittelt haben. Im **"Brief an den Vater"** schreibt er vorwurfsvoll: *"Es war ja wirklich ein Nichts"*. Hingezogen fühlt sich Kafka zur volksnahen Tradition des Ost-Judentums, zum Chassidismus, und zur mystischen Tradition der Kabbala. Freundschaft schließt er mit dem jiddischen Volksschauspieler Jizchak Löwy, dessen Aufführungen er häufig besucht. Erst spät, im letzten Lebensjahr, versucht er an der Berliner jüdischen Hochschule Hebräisch zu lernen. Ausreisewünsche nach Palästina scheitern an seiner schwachen Gesundheit. Sein Freund Max Brod hat die These vertreten, bei Kafka handele es sich um den "jüdischsten aller jüdischen Dichter". In der Folge haben Interpreten versucht, dieses Urteil an Kafkas Texten zu verifizieren. Sie sehen das Leiden, das viele der Kafkaschen Figuren heimsucht, in der Nachfolge des Leides und der Schuld von Hiob. Die häufigen Strafaktionen und mysteriösen Gerichtsverfahren - etwa im **"Prozess"** - halten sie für eine Variante der kabbalistischen Lehre von der Geschichte als permanentem Gerichtsprozess. Das kurze Leben Kafkas macht eine weitere Hinwendung zum Judentum zunichte.

Kafka und die Frauen: "Dass ich Ehe und Kinder für das höchste Erstrebenswerte auf Erden hielt."

Kafka hat sich dreimal verlobt - zweimal mit Felice Bauer, einmal mit Julie Wohryzek - und hat alle Verlöbnisse wieder gelöst. Ihm ist es offensichtlich nicht möglich, eine dauerhafte Bindung zu einer Frau einzugehen. Zwar verspürt er den Wunsch, seine Isolation, von der er immer wieder berichtet, durch eine Ehe zu überwinden, schreckt aber immer wieder vor dem letzten Schritt zurück. Vermutlich hat ihn die Angst geplagt, in einer dauerhaften Liebesbeziehung das fragile seelische Gleichgewicht, das er immer wieder aufs Neue erkämpfen muss, einzubüßen. Hinzu kommt die Befürchtung, durch eine erotische Beziehung die literarische Kreativität zu verlieren. So bleiben Kafka nur briefliche Beziehungen, die seiner Angst vor Nähe entgegenkommen. In Fernbeziehungen ist er äußerst produktiv. Allein die Briefe, die er an Felice Bauer schreibt, umfassen gedruckt 700 Seiten. Es sind nicht nur elegant geschriebene Liebesbriefe, sie geben auch einen tiefen Einblick in seine skrupulöse, sensible Persönlichkeit. In den Briefen gelingt es ihm, sich in einer Weise zu öffnen, die ihm in der direkten Begegnung mit einer Frau verwehrt bleibt. Eine unbeschwerte Liebesbeziehung ist Kafka erst kurz vor seinem Tod beschieden. Mit Dora Diamant, einer natürlichen jungen Frau, die frei von Koketterie ist, lebt Kafka ein halbes Jahr in Berlin zusammen. Sie ist es auch, die ihn bis zu seinem Tod aufopferungsvoll pflegt. Dora Diamant widerspricht jenen Biografen, die in Kafka in erster Linie eine neurotisch gestörte Persönlichkeit haben erblicken wollen. Sie berichtet, sie habe Kafka voll Heiterkeit, Lebenslust und Spielfreude erlebt, außerdem sei er "sinnesfreudig wie ein Tier (oder wie ein Kind)" gewesen.

Im August 1917 bricht bei Franz Kafka eine schwere Lungentuberkulose aus, die sich trotz mehrerer Sanatoriums-aufenthalte nicht mehr heilen lässt. Als er die Diagnose erfährt, erklärt er sich gleichsam zum Schuldigen: In der Krankheit liege *"zweifellos Gerechtigkeit"* [...] *"Im Vergleich zum Durchschnitt der letzten Jahre* [fühle er] *durchaus Süßes."* Am 3. Juni 1924 stirbt Kafka in einem

Sanatorium in Kierling (Niederösterreich). Er wird auf dem Jüdischen Friedhof in Prag-Straschnitz bestattet.

Was von Franz Kafka bleibt

Kafka hat nur Prosatexte geschrieben. Sie reichen von kurzen, aphoristisch verknappten Parabeln über Erzählungen bis zu den großen Romanen **"Der Prozess"** und **"Das Schloss"**, die freilich Fragment geblieben sind. Die Texte Kafkas gehören der Weltliteratur an. Wer immer sich mit den letzten Gründen unseres Seins auseinandersetzen will, wird zu seinen Werken greifen. Deutschlehrer sind gut beraten, dem heute üblichen Trend zur "leichten Kost" zu widerstehen und zumindest seine Parabeln im Literaturunterricht zu besprechen. Sie können die Sinnstiftung und geistige Orientierung vermitteln, nach der es Heranwachsende verlangt. Sie sind zudem Meisterwerke sprachlicher Gestaltung.

Verwendete Literatur

Franz Kafka: Gesammelte Werke in 7 Bänden, S. Fischer Verlag, Frankfurt/M. 1976
Klaus Wagenbach: Franz Kafka in Selbstzeugnissen und Bilddokumenten, Rowohlt Verlag, Reinbek bei Hamburg, 1964
Marthe Robert: Einsam wie Franz Kafka, S. Fischer Verlag Frankfurt/M. 1985

Gottfried Benn

„Die Leere und das gezeichnete Ich"

Gottfried Benn wird am 2. Mai 1886 in dem kleinen Dorf Mansfeld in der Westprignitz (Brandenburg) geboren. Sein Vater ist protestantischer Pfarrer, seine Mutter eine ehemalige französische Gouvernante. Bald zieht die junge Familie nach Sellin, einem Dorf in der Neumark. Das Dorf heißt heute Czelin und liegt in Polen. Benn schreibt zur Ehe seiner Eltern, hier hätten sich *"das Germanische und das Romanische"* in exemplarischer Weise gefunden. Der junge Gottfried erlebt eine unbeschwerte Kindheit in einer von der Natur geprägten bäuerlichen Welt. Zur Pfarre seines Vaters gehört, wie es damals üblich ist, auch ein kleine Landwirtschaft, weil das Pfarrergehalt allein nicht zum Leben reicht. Spielkameraden des Jungen sind Arbeiter- und Bauernkinder, aber auch die Söhne ostelbischer Adelsfamilien. Benn besucht das hoch angesehene Königliche Friedrichs-Gymnasium in Frankfurt an der Oder. Die Ansprüche an die Schüler sind hoch. Der junge Gottfried weiß sie mit befriedigenden Leistungen zu erfüllen. Schon mit 17 Jahren besteht er das Abitur. Dem Wunsch des Vaters, gleichfalls Pfarrer zu werden, widersetzt er sich. Er studiert in Marburg Theologie und Philologie, wechselt aber bald zum Medizinstudium an die "Kaiser-Wilhelm-Akademie für das militärärztliche Bildungswesen" in Berlin. Den mit dem Studium an dieser Anstalt verbundenen Militärdienst leistet er in verschiedenen Regimentern ab. Wegen eines orthopädischen Leidens wird er dienstuntauglich und nimmt seinen Abschied. Ab 1912 arbeitet er als Pathologe am Krankenhaus Charlottenburg-Westend.

Die expressionistische Phase: "Die Krone der Schöpfung, das Schwein, der Mensch"

In das gleiche Jahr fällt die Veröffentlichung seines ersten Gedichtbandes, der in der Weltmetropole Berlin für Furore sorgt:

"Morgue" (Leichenschauhaus). Die Gedichte bringen ihm den Ruf eines Kaffeehausliteraten und provokanten Snobs ein. Sie lösen einen Skandal aus, weil sie, wie Kritiker schreiben, jeglichem guten Geschmack Hohn sprechen. Mit dieser Anthologie reiht sich Benn in den Kreis junger Dichter ein, die bald als Expressionisten (Ausdruckskünstler) bezeichnet werden. Im gleichen Jahr beginnt auch die kurze Liebesbeziehung zu der Dichterin Else Lasker-Schüler. Sie durchschaut den Antrieb, der Benn zum Dichten treibt: "Er steigt hinunter ins Gewölbe eines Krankenhauses und schneidet die Toten auf. Ein Nimmersatt, sich zu bereichern am Geheimnis."

Schöne Jugend

Der Mund eines Mädchens
sah so angeknabbert aus.
Als man die Brust aufbrach,
war die Speiseröhre so löcherig.
Schließlich in einer Laube unter dem Zwerchfell
fand man ein Nest von jungen Ratten.
Ein kleines Schwesterchen lag tot.
Die andern lebten von Leber und Niere,
tranken das kalte Blut und hatten
hier eine schöne Jugend verlebt.
Und schön und schnell kam auch ihr Tod:
Man warf sie allesamt ins Wasser.
Ach, wie die kleinen Schnauzen quietschten!

Das Gedicht "Schöne Jugend" ist das zweite Gedicht der Sammlung mit dem anstößigen Titel "Morgue". Unverkennbar ist, dass Benn hier mit demselben präzisen Beschreibungsstil zu Werke geht, den er für seine medizinischen Sektionsprotokolle verwenden muss. Nach eigener Auskunft hat er in der Pathologie an 197 Obduktionen mitgewirkt. Das Gedicht beschreibt, was die Obduktion eines jungen Mädchens, dessen Leiche aus dem Wasser geborgen worden ist, zutage fördert. Dabei verwendet es die korrekten Fachbegriffe. Die

Botschaft bezieht sich auf den darwinschen Grundsatz der Evolution: Fressen und gefressen werden ("survival of the fittest"). Die jungen Ratten haben sich im Hohlraum der Leiche *"gemütlich"* eingerichtet, wie es Menschen in einer *"Laube"* tun, und sich von den Organen der Toten ernährt. Der Vermenschlichung, sie hätten im Körper der Frau *"eine schöne Jugend verlebt"*, stellt die Ratten auf eine Ebene mit dem Menschen. Der Natur ist es gleichgültig, welches Lebewesen überlebt. Von der vermeintlich höheren Natur des Menschen, von seinen Geistesgaben und seiner kulturellen Stellung ist hier nicht die Rede. Die Formulierung *"Schwesterchen"* für eine junge Ratte setzt diese Vermenschlichung fort. Das Gedicht spielt bewusst mit dem Affekt der emotionalen Abwehr des Lesers, weil es jedes Mitleid vermissen lässt und sich auch jeder moralischen Wertung enthält. Dass die jungen Ratten zum Schluss selbst getötet werden, also im Überlebenskampf ihrerseits unterliegen, kann den Leser nicht trösten. Das Gedicht wendet sich gegen den Schönheitsbegriff der idealistischen Kunstepoche. Die Zerstörung der ästhetischen Normen wurde aus der Erfahrung der modernen Großstadt gewonnen, die Armut, Elend und Tod zur alltäglichen Erscheinung macht.

In dem Gedicht **"Kreislauf"** aus demselben Lyrik-Band spielt Benn mit christlichen Sentenzen, die ihm als Pfarrerssohn geläufig sind. Ein Leichendiener schlägt einer verstorbenen Prostituierten den Backenzahn mit einer Goldplombe heraus. Lapidar sagt er: *"...nur Erde solle zu Erde werden"*. Für den Erlös des Goldes besucht er ein Tanzlokal. Was hier herrscht, nennt man Sozialdarwinismus. Religiöse oder moralische Bedenken spielen keine Rolle. In dem Gedicht **"Kleine Aster"** wird geschildert, wie ein *"ersoffener Bierfahrer"* obduziert wird. Der Mensch, der ihn aus dem Wasser geborgen hat, hat ihm eine lila Aster *"zwischen die Zähne geklemmt"*. Als der Obduzent die Leiche wieder zunäht, packt er die Aster in die Bauchhöhle. Dazu sagt er: *"Trinke dich satt in deiner Vase! / Ruhe sanft, / kleine Aster"*. Die Verfremdung besteht darin, dass der Arzt die christlichen Abschiedsworte, die für einen verstorbenen Menschen benutzt werden, an die Blume adressiert. Benn löst Versatzstücke aus dem christlichen Zusammenhang und fügt sie in fremde Kontexte ein.

Ein Gedicht aus dem Umkreis von **"Morgue"** wurde besonders berühmt. Es heißt **"Mann und Frau gehen durch die Krebsbaracke"**. Ein Arzt zeigt einer Frau seinen Arbeitsplatz im Krankenhaus. Dabei führt er sie in die Frauenabteilung, in der die hoffnungslos an Krebs Erkrankten auf ihren Tod warten. Der Sprecher nimmt den Gestus der Chefarztvisite mit Falldemonstration ein: *"Komm"*, *"Hier"*, *"Fühl ruhig hin"*. Die Demonstration der einzelnen Krankheitsfälle zeigt die Verdinglichung, die in Krankenhäusern herrscht: *"...diese Reihe ist zerfallene Brust"*. Für den Arzt reduziert sich der Mensch auf die Krankheit, die er mit seinem professionellen Wissen behandeln muss. Die Pflegehandlungen der Krankenschwestern sind Routine, gelten nicht mehr dem Menschen, sondern einem Stück Fleisch: *"Wie man Bänke wäscht"*. In der Folge werden bei der Demonstration der Krankheiten die Körperteile betont, die man mit Sexualität in Verbindung bringt (Brust, Schoß). Der Verfall des Körpers wird an der ehemaligen sexuellen Attraktivität gemessen: *"das war einst irgendeinem Manne groß"*. An einer Stelle wird die Operationsnarbe mit dem christlichen Rosenkranz verglichen. Es scheint, als wolle der Sprecher den Schöpfer anklagen, dass er dem Menschen solche Krankheiten mitgegeben hat. Die letzte Strophe thematisiert den Tod, dem diese Schwerkranken entgegengehen. Für sie ist die Erde schon bereitet, in die sie in Kürze gebettet werden: *"...schwillt der Acker schon um jedes Bett"*; *"Erde ruft"*. Diese Formulierungen variierten das biblische Wort, das bei Bestattungen gesprochen wird: "Denn du bist Erde und sollst Erde werden" (1. Mose 3,19). Eine Tröstung der Kranken durch Transzendenz und Auferstehung kommt in dem Gedicht nicht vor. Die Sprache des Gedichts ist drastisch, direkt und ohne Tabus (*"Bett stinkt bei Bett"*; *"...diese blutet wie aus dreißig Leibern"*).

Auch das Gedicht **"D-Zug"** entstand in dem produktiven Jahr 1912. Das Gedicht thematisiert die triebhafte Anziehung der Geschlechter. Vom Urlaub gebräunte Menschen fahren mit dem D-Zug Berlin - Trelleborg. Das Gedicht rückt die Körperlichkeit der Menschen in den Vordergrund: *"Fleisch, das nackt ging..."*. Die Folge körperlicher Liebe, die Schwangerschaft, wird benannt und mit der Reife in der Natur in Beziehung gesetzt (*"Reif gesenkt...neunten Monats..."*). Die Sichel verkörpert ein Todessymbol. Sie ist ein Werkzeug der Ernte, gilt aber auch als Symbol des Todes (Sensenmann). Der Mensch spürt das Ende des Sommers und wird müde, schwer und verwirrt. Die vereinzelt stehenden Verse 11 und 20 veranschaulichen die erotische Anziehung der Geschlechter. Dabei dominiert die männlich geprägte, aggressive Haltung, die die Frau als Sexualobjekt betrachtet ("*stürzt sich auf...*"; "*eine Frau ist etwas für eine Nacht*"). Die Hingabe der Frau wird als südlich-leichtes Abenteuer beschrieben, als die Suche nach dem unbeschwerten Glück. Der zweite Einzelvers beschreibt die umgekehrte Anziehung, die Hingabe der Frau an den Mann ("*taumelt an...*"). Antrieb hierfür ist die Suche nach Schutz und Halt. Letztlich werden in beiden Annäherungsformen der Geschlechter typische gesellschaftliche Rollenklischees beschrieben: starker, dominanter Mann und hingabebereite, schutzsuchende Frau. Es wird gezeigt, dass die Liebe elementar-triebhaft abläuft und keinerlei geistige Überhöhungen benötigt, dass allenfalls ein Ur-Instinkt, die Suche nach Glück und Erfüllung, den Menschen leitet.

Das gleichfalls 1912 entstandene Gedicht **"Nachtcafé"** beschreibt eine typische Szene in einem (vermutlich Berliner) Nachtcafé. Eine Musikkapelle spielt zur Unterhaltung auf. Geboten wird ein klassisches Musikprogramm, so z.B. die b-moll-Sonate für Klavier op. 35 von Chopin, die auch die "Sonate mit dem Trauermarsch" genannt wird. Das lyrische Ich tritt völlig hinter das Geschehen zurück und begnügt sich mit der Rolle des scharfsichtigen Beobachters. Auffällig ist die Beschreibung der Personen. Sie werden meist nur mit einem charakteristischen Merkmal benannt, oft mit einem für sie unvorteilhaften körperlichen Makel, z. B. "*Pickel*", "*Sattelnase*" und "*Bartflechte*". Die Musiker werden mit ihren Instrumenten in eins gesetzt: "*Das Cello trinkt rasch mal*". Die Frauen spielen in diesem Gedicht eine besondere Rolle. Sie erwarten "*Liebe und Leben*", also erotischen Genuss, vielleicht auch eine gute Partie. In jener Zeit waren viele Frauen auf eine solche angewiesen, weil sie nicht wie heute üblich über ein eigenes Einkommen verfügten. Im Café lassen sie sich von den Männern aushalten ("*Er bezahlt für sie drei Biere*") und setzen sich dafür verführerisch in Szene ("*Ein Weib. / Kanaanitisch braun.*

Höhlenreich / ...Ein Duft kommt mit."). Eine Person scheint sich in dem Lokal zu befinden, die dem oberflächlichen Treiben und dem "Anmachen" des anderen Geschlechts nichts abgewinnen kann und stattdessen auf einem perfekten Musikgenuss besteht. In seinen Augen wird diese herrliche Musik, die Chopin seiner Krankheit Tuberkulose abgerungen hat (*"das Blut von Chopin"*), nutzlos verschwendet. Es bleibt offen, ob sich hinter der geheimnisvollen Bezeichnung *"zwei Augen brüllen auf"* das lyrische Ich verbirgt. Benn hat in seinen Gedichten gerne die Attitüde des geistreichen Intellektuellen angenommen, der sich angewidert vom seichten Massengeschmack des Publikums abwendet. Das auffälligste sprachliche Mittel in diesem Gedicht ist die Metonymie, hier in Form des Pars pro toto. Bei dieser Redefigur steht ein Teil für das Ganze. Das Ungewöhnliche und Verstörende bei der Verwendung dieser Figur besteht darin, dass nicht wie gewöhnlich die typischen Teile für das Ganze genommen werden, sondern Zeichen von Krankheit und körperlichem Verfall (*"Lidrandentzündung"*, *"Rachenmandel"*). Auch hier hat Benn in seinem Beruf als Arzt gewonnene Erkenntnisse literarisch verarbeitet. Ein weiteres charakteristisches Mittel ist die Ellipse: *"Ein Weib. / Wüste ausgedörrt / Keusch. Höhlenreich."* Die Auflösung der Satzstruktur gibt der Beobachtung im Nachtcafé etwas Improvisiertes, Zufälliges. Das Gedicht ist wie viele von Benns Gedichten aus seiner Frühzeit in freien Rhythmen gestaltet.

Benn als Arzt: "Meint ihr, um solche Geknolle wuchs die Erde?"

Während des Ersten Weltkriegs wird Benn vom Militär reaktiviert und in die deutsche Garnison im besetzten Belgien versetzt. In der Hauptstadt Brüssel arbeitet er als Militärarzt. Die reichlich freie Zeit nutzt er ausgiebig für seine literarische Produktion. Ein Jahr vor Kriegsende, am 10. November 1917, lässt sich Benn in der Kreuzberger Belle-Alliance-Str. 12 - heute Mehringdamm 38 - als Facharzt für Haut- und Geschlechtskrankheiten nieder. In seiner Praxis erlebt er das ganze Elend der Krankheiten, die in der sozialen Unterschicht der

Großstadt grassieren. Die Weltwirtschaftskrise von 1929 bis 1932 verschärft die soziale Not. Prostituierte ohne Krankenversicherung behandelt Benn umsonst. Bis zum Jahr 1935 sollte er diese Praxis betreiben. Dann tritt er freiwillig in die Wehrmacht ein, um ein gesichertes Auskommen zu haben. Die Funktion als Oberstabsarzt führt ihn über Hannover nach Landsberg an der Warthe. 1945 kehrt Benn in das zerstörte Berlin zurück und nimmt in seiner alten Praxis die ärztliche Tätigkeit wieder auf. Während der Berlin-Blockade durch die Sowjettruppen (1948) schreibt er das kulturpessimistische Gedicht **"Berlin"**.

Berlin

Wenn die Brücken, wenn die Bogen
von der Steppe aufgesogen
und die Burg im Sand verrinnt
wenn die Häuser leer geworden
wenn die Heere wenn die Horden
über unsern Gräbern sind -

Eines lässt sich nicht vertreiben:
dieser Stätte Male bleiben
Löwen noch im Wüstensand,
wenn die Mauern niederbrechen,
werden noch die Trümmer sprechen
von dem großen Abendland.

Benns Flirt mit dem Nationalsozialismus: "...mitarbeiten am Neubau eines Staates"

Als Adolf Hitler 1933 zum Reichskanzler ernannt wird, gerät Benn vorübergehend in den Bannkreis der nationalsozialistischen Ideologie. Neben der strikt antimarxistischen Rhetorik der NSDAP dürfte ihn vor allem die Vision von der "Höherzüchtung" des Menschen fasziniert haben. Als Arzt ständig mit der Hinfälligkeit des menschlichen

Körpers konfrontiert, erträumt er sich das Erscheinen eines *"neuen menschlichen Typs"*. In einem Brief an Klaus Mann, der aus dem Exil mit ihm abrechnet, schreibt er: *"Verstehen Sie doch endlich [...] es handelt sich um das Hervortreten eines neuen biologischen Typs, die Geschichte mutiert und ein Volk will sich züchten."* Als die NS-Zeitung "Völkischer Beobachter" Benns frühe Gedichte aus der expressionistischen Sammlung **"Morgue"** entdeckt, wird er als Schmutzfink und undeutscher Geist aus der Bewegung ausgestoßen und erhält Publikationsverbot. Fortan führt er das Leben eines unpolitischen Menschen, der seinen Arztberuf gewissenhaft ausübt und für die Schublade (und die Nachwelt) Gedichte schreibt. Seine schönsten Gedichte sind in dieser Zeit der Inneren Emigration entstanden.

Innere Emigration: "...dienst du dem Gegenglück, dem Geist"

Astern

Astern - schwälende Tage,
alte Beschwörung, Bann,
die Götter halten die Waage
eine zögernde Stunde an.

Noch einmal die goldenen Herden,
der Himmel, das Licht, der Flor,
was brütet das alte Werden
unter den sterbenden Flügeln vor?

Noch einmal das Ersehnte,
den Rausch, der Rosen Du -
der Sommer stand und lehnte
und sah den Schwalben zu,

noch einmal ein Vermuten,
wo längst Gewissheit wacht:
Die Schwalben streifen die Fluten

Und trinken Fahrt und Nacht.

Das Gedicht **"Astern"** ist 1935 entstanden und zählt zu den schönsten Gedichten Gottfried Benns aus der Zeit der sog. Inneren Emigration. Benn nannte die Gedichte jener Zeit *"statische Gedichte"*. Sie widmen sich dem Verhältnis des Dichters zur Welt. Er hat den Begriff selbst so definiert: *"Statik heißt Rückzug auf Maß und Form, es heißt natürlich auch ein gewisser Zweifel an Entwicklung und es heißt auch Resignation, es ist antifaustisch"*. Das Gedicht setzt mit einem Schlüsselwort ein, das wie ein Fanal wirkt: *"Astern"*. Die typischen Blumen des frühen Herbstes stimmen den Leser auf das Kommende ein: die Schilderung des Sommerendes. Das Gedicht gestaltet das Unerklärliche und Magische, das dem Wechsel der Jahreszeiten innewohnt. Der Hinweis auf höhere Mächte (*"Götter"*) und die Veranschaulichung des Wechsels durch das Bild der Waage, versuchen den Wandel, der in der Natur vor sich geht, zu verstehen. Die Attribute des vergangenen Sommers werden noch einmal beschworen: Wolken, Himmel, Licht und Blüten. Der Hinweis auf das *"alte Werden"* bezieht sich auf den ewigen Kreislauf der Natur, der aus Werden und Vergehen besteht. Die zweimalige Wiederholung von *"Noch einmal"* erzeugt ein Gefühl des Abschieds und der Wehmut. Der Sommer wird mit Sehnsucht (*"das Ersehnte"*), mit einer trunkenen Stimmung (*"Rausch"*) und mit der Blume der Liebe (*"Rosen"*) in Verbindung gebracht. Die Schwalben, die sich zum Flug in den Süden sammeln, sind Sendboten des unaufhaltsamen Wandels vom Sommer zum Herbst. Mit den dunkel getönten Wörtern *"Fahrt und Nacht"* endet ein wehmütiges, aber in seiner sprachlichen Raffinesse magisches Gedicht.

Anemone

Erschütterer – : Anemone,
die Erde ist kalt, ist Nichts,
da murmelt deine Krone
ein Wort des Glaubens, des Lichts.

Die Erde ohne Güte,
der nur die Macht gerät,
ward deine kleine Blüte
so schweigend hingesät.

Erschütterer – : Anemone,
du trägst den Glauben, das Licht,
das einst der Sommer als Krone
aus großen Blüten flicht.

Das 1936 entstandene Gedicht **"Anemone"** zählt ebenfalls zu den "statischen Gedichten" Benns. Das lyrische Ich redet die Blume an: *"Erschütterer... / ...deine kleine Blüte... / ...du trägst den Glauben..."*. Die kalte Erde und das *"Nichts"* stehen für die abgestorbene Vegetation. Die unscheinbare, kleine, weiße Anemone zählt zu den ersten Frühlingsblühern. Sie verkörpert deshalb das Wiedererwachen der Natur. Der Begriff *"Krone"* verleiht der Anemone das Zeichen von Würde und Herrlichkeit, gerade weil sie die Zuversicht des Menschen auf einen Neubeginn weckt. Der Sommer mit seinen *"großen Blüten"* setzt nur das fort, was die kleine Anemone begonnen hat. Das Gedicht hat eine politische Dimension, die sich auf seine Entstehungszeit - die Herrschaft des Nationalsozialismus - bezieht. Es ist eine Zeit *"ohne Güte"*, in der Machtpolitik (*"nur die Macht gerät"*) dominiert. Die Anemone, die gerne in einem großen Blütenteppich erscheint (*"hingesät"*), bildet den denkbar größten Kontrast zu Unterdrückung und Terror. Die Anemone kann in den Menschen *"den Glauben"* an etwas Besseres wecken. Das *"Licht"*, für das sie steht, ist deshalb ein Licht der Hoffnung. Interessant ist, dass Benn die Gegnerschaft zum Nationalsozialismus nicht in einer politischen Kraft sieht, sondern in der ewigen Natur, deren Kreislauf die kurzlebigen Verirrungen der Menschen zu überdauern vermag.

Einsamer nie -

Einsamer nie als im August:
Erfüllungsstunde – im Gelände
die roten und die goldenen Brände,
doch wo ist deiner Gärten Lust?

Die Seen hell, die Himmel weich,
die Äcker rein und glänzen leise,
doch wo sind Sieg und Siegsbeweise
aus dem von dir vertretenen Reich?

Wo alles sich durch Glück beweist
und tauscht den Blick und tauscht die Ringe
im Weingeruch, im Rausch der Dinge −:
dienst du dem Gegenglück, dem Geist.

Ein weiteres "statisches Gedicht" aus dem Jahr 1936 ist "**Einsamer nie**". Es thematisiert ein Grundmotiv Benns: den Gegensatz von sinnlichem Leben und Geist und die Einsamkeit des Intellektuellen. Am Beispiel des Hochsommers (August) wird dieser Gegensatz veranschaulicht. Die *"roten und goldenen Brände"* in der Natur verkörpern den Reifeprozess der Vegetation. In der *"Erfüllungsstunde"* wird die Ernte eingeholt. Auch der Mensch hat eine solche Stunde, z.B. wenn er einen Liebespartner findet *("tauscht den Blick und tauscht die Ringe")*. Auch diese Vereinigung ist Ausdruck eines natürlichen Gesetzes. Das lyrische Ich spricht zweimal ein fiktives Gegenüber an und fragt es nach seiner *"Erfüllungsstunde"*: *"Wo sind deiner Gärten Lust?"*; *"...wo sind Sieg und Siegsbeweise / aus dem von dir vertretenen Reich?"* - Dieses Reich ist unverkennbar das des Geistes. In ihm gedeiht nicht das sinnliche Glück, das in der *"Gärten Lust"* zu Hause ist, sondern das *"Gegenglück"*, das aus einem geistigen Leben entspringt.

Das Alterswerk: "Die Himmel segnen nicht"

Nach einer kurzen Phase der Irritation wegen Benns Verstrickung in den Nationalsozialismus setzt der Ruhm des Dichters ein, der mit der Verleihung des Georg-Büchner-Preises 1951 seinen Höhepunkt erreicht. Seine Werke werden in zahlreiche Sprachen übersetzt. Im Ausland gilt Benn als wichtigster deutscher Vertreter der lyrischen Moderne. In einem Vortrag an der Universität Marburg am 21. August 1951 zum Thema "Probleme der Lyrik" erläutert der Dichter sein lyrisches Prinzip.

"Ein Gedicht entsteht überhaupt sehr selten — ein Gedicht wird gemacht. Wenn Sie vom Gereimten das Stimmungsmäßige abziehen, was dann übrigbleibt, wenn dann noch etwas übrigbleibt, das ist dann vielleicht ein Gedicht."

"...in der Lyrik [ist] das Mittelmäßige schlechthin unerlaubt und unerträglich, Lyrik muss entweder exorbitant sein oder gar nicht."

"...die Form ist...das Gedicht. Die Inhalte eines Gedichtes, sagen wir Trauer, panisches Gefühl, finale Strömungen, die hat ja jeder, das ist der menschliche Bestand, sein Besitz in mehr oder weniger vielfältigem und sublimem Ausmaß, aber Lyrik wird daraus nur, wenn es in eine Form gerät...".

"Wir werden uns damit abfinden müssen, dass Worte eine latente Existenz besitzen, die auf entsprechend Eingestellte als Zauber wirkt und sie befähigt, diesen Zauber weiterzugeben. Dies scheint mir das letzte Mysterium zu sein...".

"Der Reim ist auf jeden Fall ein Ordnungsprinzip und eine Kontrolle innerhalb des Gedichts ... das Raffinierte und das Sakrale..."

Aus der Lyrik der Altersphase ragen die Gedichte **"Ebereschen"** (1954), **"Letzter Frühling"** (1955) und **"Tristesse"** (1954) heraus. Sie zeigen den Dichter auf der Höhe seiner Kunst: Sprachliche Perfektion paart sich mit verhaltener Melancholie. Die Wortmagie, von der Benn in seinem Lyrik-Vortrag spricht, zeigt sich hier in Perfektion.

In dem Gedicht **"Nur zwei Dinge"** (1953) drückt sich die Weltanschauung aus, zu der Gottfried am Ende seines ereignis- und konfliktreichen Lebens gefunden hat:

Nur zwei Dinge

Durch so viel Formen geschritten,
durch Ich und Wir und Du,
doch alles blieb erlitten
durch die ewige Frage: wozu?

Das ist eine Kinderfrage.
Dir wurde erst spät bewusst,
es gibt nur eines: ertrage
- ob Sinn, ob Sucht, ob Sage -
dein fernbestimmtes: Du musst.

Ob Rosen, ob Schnee, ob Meere,
was alles erblühte, verblich,
es gibt nur zwei Dinge: die Leere
und das gezeichnete Ich.

Das Gedicht zeigt das Leben als ein "Geworfensein in die Welt" (Martin Heidegger). Der Sinn des Daseins erschließt sich dem Menschen nicht. Die klassischen Sinnstifter - Religionen und Mythen - versagen, weil ihre Botschaften nicht mehr überzeugen. Deshalb sieht sich der Mensch einer metaphysischen Leere gegenüber. Ihm bleibt nichts übrig, als das kontingente Leben zu ertragen. Benn hat den Verlust des transzendenten Weltgefühls schon früh gespürt. Schon seine Gedichte der expressionistischen Frühzeit ("Morgue") handeln von der Abwesenheit Gottes und dem Fehlen eines Weltsinns. In seinen Gedichten hat er versucht, den an das Nichts verlorenen Sinn durch sprachliche Zauberkraft zu bannen.

Gottfried Benn stirbt am 7. Juli 1956 - nur wenige Tage nach seinem 70. Geburtstag - in Berlin. Er wird auf dem Waldfriedhof Dahlem bestattet.

Was von Benn bleibt

Unsterblich sind die meisten seiner Gedichte, die in allen literarischen Epochen, in denen sie entstanden sind, einen eigenen Ton gefunden haben. Der typische Bennsche "Sound", seine Sprachmagie, werden immer Anhänger finden, die sich davon gerne berauschen lassen. In der öffentlichen Wahrnehmung tritt der Prosaautor Benn bis heute hinter den Lyriker zurück, obwohl Benn auch in diesem Genre Literaturgeschichte geschrieben hat. Seine 1916 unter dem Titel **"Gehirne"** veröffentlichten **"Rönne-Novellen"** sind Musterbeispiele expressionistischer Prosa. Nach dem Zweiten Weltkrieg knüpft Benn im **"Ptolemäer"** und dem **"Roman des Phänotyp"** an diese Meisterschaft an.

Verwendete Literatur:

Gottfried Benn: Gedichte, in der Fassung der Erstdrucke, Fischer Verlag, Frankfurt/M. 2013
Walter Lennig: Gottfried Benn in Selbstzeugnissen und Bilddokumenten, Rowohlts Monographien, Reinbek bei Hamburg, 1980
Thilo Koch: Gottfried Benn. Ein biographischer Essay, Fischer Verlag, Frankfurt/M. 1986.
Helmut Lethen: Der Sound der Väter. Gottfried Benn und seine Zeit, Rowohlt Verlag, Berlin 2006

Else Lasker-Schüler

„Es ist ein Weinen in der Welt, als ob der liebe Gott gestorben wäre"

Emanzipierte Frau der Berliner Boheme

Else Lasker-Schüler wird am 11. Februar 1869 als Tochter von Jeanette und Aaron Schüler in Wuppertal-Elberfeld geboren. Else ist die Abkürzung ihres eigentlichen Vornamens Elisabeth. Sie gilt als Wunderkind, weil sie schon mit vier Jahren lesen und schreiben kann. Wegen einer schweren Erkrankung muss sie mit elf Jahren die Schule verlassen und wird seitdem von Hauslehrern unterrichtet. Da ihre Familie wohlhabend ist - der Vater ist Bankier - , verlebt sie mit ihren fünf Geschwistern eine wohlbehütete Kindheit. Eine erste seelische Krise erlebt sie mit dreizehn Jahren, als ihr Lieblingsbruder Paul stirbt. Wenige Jahre später stirbt auch ihre Mutter. Das Gedicht **"Mutter"** schildert die Zäsur, die der Tod der Mutter für die Tochter bedeutet: *"So nackt war nie mein Leben, / So in die Zeit gegeben / Als ob ich abgeblüht..."*. 1894 heiratet Else Schüler den jüdischen Arzt Jonathan Berthold Lasker, den Bruder des Schachweltmeisters Emanuel Lasker. Das Paar zieht nach Berlin, wo die künstlerisch begabte junge Frau Privatunterricht in Malerei nimmt. In dieser Zeit veröffentlicht sie ihre ersten Gedichte. Else Lasker-Schüler wird in der Vernunftehe mit ihrem Mann nicht glücklich und geht mehrere Liebschaften mit anderen Männern ein. Das bittere Fazit der jungen Frau über ihre Ehe vertraut sie ihren Versen an: *"Ich küsste deine bleichen Wangen rot, / Entwand ein Lächeln deinem starren Blick, / Du tratest meine junge Seele tot"*. (**"Verwelkte Myrten"**). Am 24. 8. 1899 wird ihr Sohn Paul geboren, dessen Vater nach ihrer Aussage vor Gericht nicht ihr Ehemann ist. Den Namen des Kindsvaters wird sie zeitlebens nie preisgeben. Nach Pauls Geburt wird die Ehe geschieden. Mit dem neun Jahre jüngeren Dichter und Komponisten Georg Levin geht sie eine zweite Ehe ein, die ebenfalls scheitert, weil er seine Frau mit einer jungen Schwedin betrügt. Der Künstlername "Herwarth Walden", der Levin bekannt machen sollte, geht auf Elses Anregung zurück. Mit seiner Zeitschrift "Der Sturm" wird Walden zu einem der wichtigsten Vertreter des Expressionismus. Nach der Trennung von Levin lebt die Dichterin unter ärmlichen Bedingungen in Pensionen. Ohne eigenes Einkommen ist sie auf die Unterstützung durch Freunde angewiesen. Im "Café des Westens", wo die Boheme verkehrt, erhält sie Lokalverbot, weil sie zu wenig verzehrt. Karl Kraus sammelt Geld, damit ihr Sohn Paul die private Odenwaldschule besuchen kann.

Im anregenden Künstlermilieu der brodelnden Großstadt Berlin entfaltet sich die lyrische Produktivität der Künstlerin. Es entstehen die beiden Gedichtbände **"Styx"** (1902) und **"Der siebente Tag"** (1905). Mit dem Gedichtband **"Meine Wunder"** (1911) wird Else Lasker-Schüler zur führenden deutschen literarischen Expressionistin. Ihr geistiger Mentor in der frühen Berliner Zeit ist der Schriftsteller Peter Hille, den sie als "Propheten St. Petrus" verehrt. Hille ist ein typischer Vertreter der damals entstehenden Lebensreform-Bewegung, die die rigiden Regeln des gesellschaftlichen Lebens durch Natürlichkeit aufbrechen will. Die Kunst soll sich den Gesetzen des Marktes entziehen, weil sie durch den Mammon in ihrer Wahrhaftigkeit und Würde beschädigt werde. Hille ist ein entschiedener Verteidiger der Lyrik von Else Lasker-Schüler, die in den Feuilletons der Zeit gerne als "Frauenlyrik" abgetan wird. Geradezu hymnisch besingt er die junge Dichterin: "Sie hat Schwingen und Fesseln, Jauchzen des Kindes, der seligen Braut fromme Inbrunst, das müde Blut verbannter Jahrtausende...Der schwarze Schwan Israel, eine Sappho, der die Welt entzwei gegangen ist." Nach dem frühen Tod Hilles im Jahre 1904 setzt Else Lasker-Schüler dem Freund und Mentor mit dem **"Peter-Hille-Buch"** ein Denkmal. Es ist ihr erstes Prosawerk. In Clubs und Cafés liest sie daraus vor, um den verstorbenen Freund zu ehren.

Else Lasker-Schüler fällt im ersten Jahrzehnt des 20. Jahrhunderts durch ihre exzentrische Erscheinung auf. Das damals noch übliche Damen-Korsett lehnt sie ab und kleidet sich in lange "Hängerkleider" oder Hosenanzüge. Auch grellbunte Gewänder und Schmuck haben es ihr angetan. Gerne verkleidet sie sich als "Prinz Jussuf von Theben", mit seidener Pluderhose, Turban und Pan-Flöte. Auch ihre Korrespondenz unterzeichnet sie mit diesem Titel. In den Salons und literarischen Cafés der Zeit geht sie ein und aus. Mit zahlreichen Geistesgrößen ist sie bekannt, so mit Georg Trakl, Gottfried Benn, Karl Kraus, Alfred Döblin, Franz Marc, George Grosz, Oskar Kokoschka und Rudolf Steiner. Sie wird auch zur Förderin der jungen Dichtergeneration, die den Expressionismus begründen sollte.

Lyrisches Duett: Else Lasker-Schüler und Gottfried Benn

1912 lernt Else Lasker-Schüler den Arzt und Dichter Gottfried Benn kennen. Sie ist fasziniert von dem kühlen, sezierenden Intellekt des Arztes. Sein skandalumwitterter Gedichtband "Morgue" (1912) hat sie sehr beeindruckt. In einer mit **"Doktor Benn"** betitelten Prosaskizze schreibt sie über ihn: *"Er ist ein evangelischer Heide, ein Christ mit dem Götzenhaupt, mit der Habichtnase und dem Leopardenherzen"*. Die Gedichte, die Else Lasker-Schüler ihrem Freund widmet, zeugen von ihrer leidenschaftlichen Liebe. Dem Gedicht-Zyklus **"Gottfried Benn"** stellt sie das Motto voran: *"Der hehre König Giselheer / Stieß mit seinem Lanzenspeer / Mitten in mein Herz"*. In den Gedichten wird der Geliebte wahlweise als *"Giselheer"* oder *"Barbar"* angesprochen. Die Verse schwanken zwischen inständigem Flehen (*"Immer bettle ich vor deiner Seele"*), Liebesbeteuerungen (*"Liebe dich so"*) und Liebeserfüllung (*"Ich schenkte dir die Blüte / Meines Leibes"*). In dem Gedicht **"Höre"** lässt die Sprecherin ihrer Eifersucht - auch mit aggressiven Untertönen - freien Lauf:

> Ich raube in den Nächten
> Die Rosen deines Mundes,
> Dass keine Weibin Trinken findet.
>
> Die dich umarmt,
> Stiehlt mir von meinen Schauern,
> Die ich um deine Glieder malte

Ich bin dein Wegrand.
Die dich streift,
Stürzt ab.

Fühlst du mein Lebtum
Überall
Wie ferner Saum?

In einem Antwortgedicht mit dem Titel "Hier ist kein Trost" nimmt Benn die Metapher vom Wegrand auf und schreibt apodiktisch:

Keiner wird mein Wegsaum sein.
Lass deine Blüten nur verblühen.
Mein Weg flutet und geht allein.

Unübersehbar ist, dass sich Benn, der sich in Liebesdingen an das Motto "gute Regie ist besser als Treue" hält, einer Freundin entledigt, die ihm mit ihren Gefühlen zu nahe getreten ist. Immerhin bezeichnet Benn die Dichterin als "die größte Lyrikerin, die Deutschland je hatte."

Leben im Exil: "Und Reif erstarrte alle Liebeslieder"

Else Lasker-Schüler emigriert am 19. April 1933 in die Schweiz, nachdem sie auf offener Straße von enthemmten SA-Männern geschlagen worden ist. Im Gastland erhält sie - mittellos, wie sie ist - Unterstützung vom Jüdischen Kulturbund. Auch Künstler und Schauspieler sammeln Spenden für ihren Lebensunterhalt. Im Ausbürgerungsbescheid des NS-Regimes von 1938 heißt es: "Durch Vorträge und Schriften versuchte sie, den seelischen und moralischen Wert der deutschen Frau verächtlich zu machen".

"Die Verscheuchte": "Bald haben Tränen alle Himmel weggespült"

In dem Gedicht **"Die Verscheuchte"** setzt sich die jüdische Dichterin mit ihrem erzwungenen Exil auseinander. Die erste Veröffentlichung erfolgt im März 1934 in der Exilzeitschrift "Die Sammlung", die von Klaus Mann in Amsterdam herausgegeben wird.

Die Verscheuchte

Es ist der Tag in Nebel völlig eingehüllt,
Entseelt begegnen alle Welten sich –
Kaum hingezeichnet wie auf einem Schattenbild.

Wie lange war kein Herz zu meinem mild ...
Die Welt erkaltete, der Mensch verblich.
- Komm, bete mit mir – denn Gott tröstet mich.

Wo weilt der Odem, der aus meinem Leben wich?
Ich streife heimatlos zusammen mit dem Wild
Durch bleiche Zeiten träumend – ja ich liebte dich...

Wo soll ich hin, wenn kalt der Nordsturm brüllt?
- Die scheuen Tiere aus der Landschaft wagen sich
Und ich vor deine Tür, ein Bündel Wegerich.

Bald haben Tränen alle Himmel weggespült,
An deren Kelchen Dichter ihren Durst gestillt,
Auch du und ich.

Das Gedicht entwirft düstere Bilder der Vereinsamung und menschlichen Kälte. Der im ersten Vers genannte *"Nebel"* steht für die Orientierungslosigkeit, die die Emigranten nach ihrer Vertreibung aus der Heimat befiel. Damit einher gehen menschliche Kälte und das Fehlen von Nähe und Zuwendung. Trost sucht das lyrische Ich in der

Hinwendung zu Gott. Die Entwurzelung der Emigranten wird in Analogie zum umherstreifenden Wild geschildert. Die *"scheuen Tiere"* sind ihre Begleiter, wo Zuspruch durch Menschen fehlt. Die Frage *"Wo soll ich hin?"* veranschaulicht die existentielle Not, der sich die Sprecherin ausgesetzt fühlt. An drei Stellen im Gedicht wird ein *"Du"* angeredet. Es handelt sich um einen ehemaligen Geliebten (*"ja ich liebte dich"*), von dem sie Zuspruch und Schutz erhofft (*"...vor deine Tür"*). In der letzten Strophe wird deutlich, dass der Geliebte auch ein Dichter ist. Beide haben sich der schönen Dinge des Lebens erfreut und sie in ihrer Dichtung besungen (*"An deren Kelchen Dichter ihren Durst gestillt"*). Die düstere Wirkung des Gedichts entsteht durch ein negativ geprägtes Wortfeld (*"Nebel"*, *"Nordsturm"*, *"Tränen"*). Der erkalteten Welt der Heimatlosigkeit kann die Sprecherin nur das im Rückblick Erträumte entgegensetzen (*"Herz"*, *"Himmel"*, *"Kelch"*). Der Begriff *"Kelch"* verweist auf ein christliches Symbol. Im Kelch kredenzt Jesus Christus seinen Jüngern kurz vor seinem Tod beim Abendmahl den Wein als symbolisches Zeichen für sein Blut, das er für die Menschheit vergossen hat. Damit verbürgt er den Jüngern seine symbolische Anwesenheit auch nach seinem leiblichen Tod. Wenn, wie hier im Gedicht, die Dichter an den *"Kelchen"* der Himmel *"ihren Durst gestillt"* haben, wird die Poesie zur göttlichen Inspiration. Mit der Vertreibung aus der Heimat ist der himmlische Quell für die dichterische Produktivität versiegt. Der Titel "Die Verscheuchte" gibt das Existentielle der Situation eindringlich wieder. Die Dichterin fühlt sich wie eine Aussätzige verscheucht, von den Orten der Zivilisation und Menschlichkeit vertrieben. Das Umherstreifen mit dem Wild und das Warten vor der Tür des ehemaligen Geliebten vermitteln auf bewegende Weise das Gefühl, unbehaust und ungeborgen zu sein.

Man kann annehmen, dass sich der Schluss-Vers *"Auch du und ich"* auf Gottfried Benn bezieht, mit dem sie mehr als nur eine Dichterfreundschaft gepflegt hat. Als tragisch muss man das *"Auch du und ich"* empfinden, wenn man weiß, dass sich Gottfried Benn am 24. 4. 1933 in einem Rundfunkvortrag dem Nationalsozialismus angedient hat. Er polemisiert gegen die Emigranten, denen er vorwirft, sich der "neuen Vision von der Geburt des Menschen" zu entziehen und es sich an südlichen Stränden wohl sein zu lassen.

Während ihres Schweizer Exils reist Else Lasker-Schüler mehrfach nach Palästina, um das Ursprungsland des Judentums kennen zu lernen. Bei Ausbruch des Zweiten Weltkrieges 1939 wird ihr nach einer solchen Palästinareise die Wiedereinreise in die Schweiz verwehrt. Sie bleibt in Jerusalem, wo sie völlig verarmt lebt und auf die Hilfe von Freunden und Zuwendungen der Jewish Agency angewiesen ist. Trotz ihrer prekären Lage versiegt ihre lyrische Produktivität nicht. 1943 erscheint der Gedichtband **"Mein blaues Klavier"**, der die Dichterin auf dem Höhepunkt ihrer Kunst zeigt.

"Mein blaues Klavier": "Ich aß vom bitteren Brote"

Ich habe zu Hause ein blaues Klavier
Und kenne doch keine Note.

Es steht im Dunkel der Kellertür,
Seitdem die Welt verrohte.

Es spielten Sternenhände vier
- Die Mondfrau sang im Boote -
Nun tanzen die Ratten im Geklirr.

Zerbrochen ist die Klaviatür....
Ich beweine die blaue Tote.

Ach liebe Engel öffnet mir
– Ich aß vom bitteren Brote –
Mir lebend schon die Himmelstür -
Auch wider dem Verbote.

Am bildungsbürgerlichen Requisit des Klaviers veranschaulicht die Dichterin die Verrohung, die durch die kulturbarbarische NSDAP über Deutschland und Europa gekommen ist. Das Klavier wird in das

Dunkel des Kellers verbannt. "*Sternenhände*" und "*Mondfrau*" verweisen auf die Nachtsymbolik der Romantik, für die die Kulturzerstörer keinen Sinn hatten. Der Schock über das Erlöschen der Musik ist so tief, dass sich die Sprecherin wünscht, die schlechte Welt noch vor der von Gott gesetzten Frist verlassen zu dürfen. Sie bittet die Engel um Erfüllung dieses Wunsches. Unverkennbar ist hier die Anspielung auf Henoch, die biblische Gestalt, die noch vor ihrem Tod von Gott in den Himmel entrückt worden ist. Das Gedicht gewinnt seine Eindrücklichkeit durch die aussagekräftige Metaphorik, die in einfachen, einprägsamen Sätzen durchgeführt wird.

"Hebräische Balladen":   "Und meine Gotteslieder singe..."

Geschichten aus der Bibel sind der Dichterin seit ihrer Kindheit geläufig. Ihr Bruder Paul hat sie ihr auf Waldspaziergängen erzählt. Im jüdischen Religionsunterricht muss sie über die Josefsgeschichte weinen. Ihr Künstlername "Jussuf" ist die arabische Übersetzung von Josef. Häufig fließt ihr Bibelwissen in ihre Dichtung ein. In dem Gedichtzyklus **"Hebräische Balladen"** (1914) besingt sie die biblischen Gestalten Abel, Abraham, Isaak, Jakob, Esau und Josef. Vor allem die Frauengestalten haben es ihr angetan: Hagar, Abigail, Esther, Sulamith und Ruth. Das "Buch Ruth" im Alten Testament berichtet von Ruth, die mit ihrer Schwiegermutter von Moab nach Israel ziehen will, obwohl sie dort als Fremde mit Ausgrenzung zu rechnen hat. In eindringlichen Worten erklärt sie ihren Willen, sich dem Schicksal auszuliefern: "Wohin du gehst, dahin gehe auch ich, und wo du bleibst, da bleibe auch ich. Dein Volk ist mein Volk und dein Gott ist mein Gott". Else Lasker-Schüler wird das Schicksal der Heimatlosen bewegt haben. In ihrem Gedicht **"Ruth"** findet sie dafür diese Worte: "*Am Brunnen meiner Heimat / Steht ein Engel, / Der singt das Lied meiner Liebe*". Der Dichterin spürt im Schicksal mythologischer und biblischer Figuren die eigene Befindlichkeit und Betroffenheit auf und gestaltet sie in moderner Sprache. Bei aller freizügiger Lebensführung bleibt Else Lasker-Schüler immer ihrem jüdischen Glauben treu. Ihr war das traurige Schicksal, das das Judentum über Jahrtausende hinweg getroffen hat, stets gegenwärtig. In dem Drama **"Arthur Aronymus"** von 1933 nimmt sie hellsichtig die Judenverfolgung vorweg: *"Unsere Töchter wird man verbrennen auf Scheiterhaufen / Nach mittelalterlichem Vorbild. Der Hexenglaube ist auferstanden / Aus dem Schutt der Jahrhunderte. / Die Flamme wird unsere unschuldigen jüdischen Schwestern verzehren"*.

Am 22. Januar 1945 stirbt Else Lasker-Schüler in Jerusalem im Alter von 76 Jahren und wird auf dem Ölberg begraben. Am Grab rezitiert der Rabbiner ihr Gedicht **"Ich weiß..."**: *"Mein Odem schwebt über Gottes Fluss - / Ich setze leise meinen Fuß / Auf dem Pfad zum ewigen Heime"*.

Nach der Teilung Jerusalems im Jahre 1948 durch die Vereinten Nationen wird das Grab der Dichterin wie viele andere historische Gräber von den jordanischen Behörden zerstört. Erst nach dem Sechstagekrieg 1967 und der Eroberung des Westjordanlandes durch Israel wird der Grabstein wieder aufgefunden und an seinem heutigen Ort aufgestellt.

Was von Else Lasker-Schüler bleibt

Die Prosa-Werke und Dramen der Dichterin sind heute nur noch von literaturhistorischem Interesse. Bleiben werden die Gedichte aus allen Lebensphasen der Dichterin. Sie künden vom Lieben und Leiden einer großen Lyrikerin und einer Frau, die aus ihrer Lebensgier nie einen Hehl gemacht hat. Die ungebrochene Beliebtheit ihrer Gedichte straft die Behauptung des "Völkischen Beobachters" Lügen, "die rein hebräische Poesie der Lasker-Schüler [gehe] uns Deutsche gar nichts [an]". Die schönsten Gedichte von Else Lasker-Schüler gehören für immer zum Schatz der deutschen Poesie.

Verwendete Literatur

Else Lasker-Schüler: Die Gedichte. Suhrkamp Verlag, Frankfurt/M. 1966

Kerstin Decker: Mein Herz - Niemandem, Biografie Else Lasker-Schülers, List Verlag, Berlin 2010
Else Lasker-Schüler: Die Kreisende Weltfabrik. Berliner Ansichten und Portraits, hgg. von Heidrun Loeper, Transit Verlag, Berlin 2012

Hermann Hesse

„Des Lebens Ruf an uns wird niemals enden"

Von Johann von Goethe kennen wir das berühmte Zitat aus seiner Autobiografie "Dichtung und Wahrheit", wonach all seine Werke "Bruchstücke einer großen Konfession" darstellten. Mit Konfession ist nicht das religiöse Bekenntnis gemeint, sondern die Fähigkeit des Dichters, das im Leben Erlebte, ja Erlittene in Dichtung zu verwandeln, um es so erträglicher zu machen und sich selbst "im Innern [...] zu beruhigen". Was Goethe hier über die Beziehung zwischen Leben und Dichtung sagt, gilt in gleichem Maße auch für Hermann Hesse. Man könnte sein umfangreiches Werk als eine große Autobiografie in literarischer Gestalt bezeichnen. Alle Häutungen und Entwicklungen, die das Ich des Dichters in seinem langen Leben vollzieht, spiegeln sich in Werken wider, die für den seelischen Wandlungsprozess typische Ausdrucksformen gefunden haben. Dabei hat Hesse stets versucht, den Zauber, den er in seinem berühmten Gedicht "Stufen" für den Neuanfang beschwört, poetisch Gestalt werden zu lassen.

"Unterm Rad": "...ein Stück wirklich erlebten und erlittenen Lebens"

Hermann Hesse ist ein begabtes Kind, das vom protestantisch-pietistisch geprägten Elternhaus früh geistige und literarische Anregungen erfährt. Schon mit 13 Jahren äußert er den Wunsch, Dichter zu werden und seinem Vorbild Friedrich Hölderlin nachzueifern. Nach dem Besuch des Göppinger Gymnasiums wechselt der Knabe in die protestantische Klosterschule in Maulbronn, wo die künftige geistige und geistliche Elite des Landes ausgebildet wird. Schon nach kurzer Zeit verlässt er das Klosterseminar wegen einer tiefen seelischen Krise wieder. In den Briefen aus dieser Zeit klingt das Grundmotiv an, das Leben und Werk des Dichters durchzieht. Dem

Schüler Hermann Hesse geht es um die Verteidigung des eigenen sensiblen Ichs gegen eine als feindselig empfundene Umwelt.

Fünfzehn Jahre später (1906) hat Hesse die Maulbronner Episode in dem Roman **"Unterm Rad"** literarisch gestaltet. In dem Schüler Hans Giebenrath erkennt der Leser unschwer den Autor wieder. Der sensible Junge leidet unter dem strengen Reglement und der sturen Paukerei der Schule. Als sein bester Freund, der genialisch-freisinnige Hermann Heilner, einen Fluchtversuch aus dem Kloster unternimmt und deshalb relegiert wird, verdächtigt man Hans der Mitwisserschaft. Unter dem Druck des Verdachts vereinsamt der Knabe immer mehr, bis er schließlich einen nervlichen Zusammenbruch erleidet und die Schule verlässt. Nach einer kurzen Episode als Mechanikerlehrling findet Hans den Tod im Wasser eines Flusses. Der Text legt nahe, dass er den Freitod gewählt hat: *"Vielleicht hatte der Anblick des schönen Wassers ihn gelockt, dass er sich darüberbeugte, und da ihm Nacht und Mondblässe so voll Frieden und tiefer Rast entgegenblickten, trieb ihn Müdigkeit und Angst mit stillem Zwang in die Schatten des Todes."* - Der Roman ist eine Anklage an das rigide Schulsystem der Zeit, das schöpferischer und sensibler Individualität keinen Raum gewährt. Die Schüler werden zu uniformen und autoritätsgläubigen Untertanen herangebildet: *"Ein Schulmeister hat lieber zehn notorische Esel als ein Genie in seiner Klasse, [...] denn seine Aufgabe ist es nicht, extravagante Geister heranzubilden, sondern gute Lateiner, Rechner und Biedermänner."* Hesse kritisiert die Absicht der Schule, in den Schülern die *"Begierden der Natur zu bändigen und auszurotten."* Das Ziel solcher Erziehung seien *"stille, mäßige und staatlich anerkannte Ideale".* In diesem Roman des 29-jährigen Hesse findet sich schon ein Grundzug des ganzen Schaffens des Dichters vorgebildet: das Aufbegehren gegen die Nivellierungstendenzen staatlicher Institutionen und die entschiedene Verteidigung der Individualität.

Der bewegende Roman "Unterm Rad" über das Scheitern eines begabten Schülers wird nach der Veröffentlichung zum Kultbuch all derer, die sich einer menschlichen Pädagogik verpflichtet fühlen. Der Titel "Unterm Rad" wird das Stichwort zur Kennzeichnung einer Schwarzen Pädagogik, die es aus Ignoranz verabsäumt, das Lernen vom Kinde aus zu denken und zu organisieren und dabei der Menschlichkeit Raum zu geben. Der Roman hat Hermann Hesse allerdings in konservativen Kreisen den Ruf eines "Jugendverführers" eingebracht.

"Siddhartha": Die Musik des Lebens finden

Zusammen mit dem Maler Hans Sturzenegger reist Hermann Hesse im Jahre 1911 nach Indien. Sein Elternhaus hat einen starken Bezug zu diesem Land, weil sowohl sein Großvater mütterlicherseits, Hermann Gundert, als auch seine Eltern als christliche Missionare in Indien gewirkt haben. Mit Buddha und Laotse wächst der Knabe genauso heran wie mit der Bibel. Wie Hesse später bekennt, war die Indien-Reise auch eine Flucht vor der Krise, in die sein Schaffen und auch seine Ehe geraten waren. Die Reise kann die erhoffte innere Befreiung allerdings nicht bewirken. In den 1913 erschienenen Aufzeichnungen "Aus Indien" schreibt Hesse selbstkritisch: *"Ich musste [...] aufhören, dort die Erlösung von Europa zu suchen, ich musste aufhören, Europa im Herzen zu befeinden."*

1922 erscheint dann als Frucht der jahrelangen Auseinandersetzung mit der Philosophie und Religion Indiens der Roman **"Siddhartha"**. Er schildert die Lebensreise des Brahmanensohns Siddhartha auf der Suche nach Erkenntnis und Erleuchtung. Er durchläuft eine Phase strengster Askese, die ihm freilich keine Erfüllung bringt. Die Hinwendung zur Welt - die Parallele zum Leben der späteren Romanfigur Goldmund ist unübersehbar - lässt ihn zum Geliebten einer Kurtisane und zum skrupellosen Händler werden, lässt ihn in Geldgier, Glücksspiel und Alkohol schwelgen. Der Lebensekel, der aus dieser tiefen Selbsterniedrigung resultiert, führt ihn schließlich an die Schwelle der Selbsttötung, von der er durch eine Erleuchtung bewahrt wird: *"Ich habe Verzweiflung erleben müssen, ich habe hinabsinken müssen bis zum törichtesten aller Gedanken, zum Gedanken des Selbstmords, um Gnade erleben zu können."* Er wird zum Gehilfen des weisen Fährmanns Vasudeva. Erst nach Jahren der Meditation in der Einsamkeit glaubt Siddhartha, das Wesen der Weisheit verstehen zu können: *"Keinem* *wird Erlösung zuteil durch Lehre"*, man muss *"den Gedanken der Einheit denken, die Einheit fühlen und einatmen können."* In der Einheit des Ich mit dem überindividuellen Sein sieht Hesse nicht nur den Weg zur persönlichen Erlösung, sondern auch das gemeinsame Substrat aller Weltreligionen. Der Roman hat einen durchschlagenden Erfolg. Seine Weltauflage geht bis heute in die Millionen.

"Der Steppenwolf": "...leben und das Lachen lernen"

1927 erscheint das Werk, das den Weltruhm Hermann Hesses begründen sollte: **"Der Steppenwolf"**. Der Roman ist kunstvoll in Analogie zur musikalischen Kompositionsform der Sonate konstruiert: mit Exposition (Vorwort des Herausgebers), erster Durchführung (Harry Hallers Aufzeichnungen), Intermezzo (Traktat vom Steppenwolf), zweiter Durchführung (Fortsetzung der Aufzeichnungen Harry Hallers) und Reprise (Magisches Theater). In Harry Haller begegnet der Leser einem intellektuellen Außenseiter, der sich infolge seiner inneren Zerrissenheit völlig von der bürgerlichen Welt entfremdet hat. Er leidet unter der Diskrepanz zwischen den Idealen der Dichter - vor allem seines Idols Goethe - und der schlechten Verfasstheit der Welt. In einem Traktat, das ihm von einem Bauchladenhändler zugespielt worden ist, wird das Psychogramm des Steppenwolfs entworfen, dessen Wesen in einen bürgerlichen Teil - Sehnsucht nach Zugehörigkeit und Geborgenheit - und einen wölfischen Teil - Einsamkeit des verkannten Intellektuellen und Kulturkritikers - zerfällt. Das Traktat zeigt, wie dieser unfruchtbare Dualismus überwunden werden kann: durch die Entdeckung der inneren Mannigfaltigkeit. Um die verschiedenen Facetten seines Inneren zu finden, stürzt sich Haller in den Lebensgenuss der halbseidenen Großstadtwelt, vor allem in erotische Abenteuer, ohne Erlösung von seinem quälenden Intellektualismus zu finden. Erst im Magischen Theater seines neuen Freundes Pablo entdeckt er den Schlüssel zum gelassenen Umgang mit der Differenz von Ideal und Wirklichkeit. In der Begegnung mit Mozart erfährt er dessen Lebensmotto: *"Sie sollen leben, und sie sollen das Lachen lernen."*

Zur Lebensbejahung findet man nur in einer humoristisch-gelassenen Haltung gegenüber den Defiziten der Welt.

Hermann Hesse hat eingeräumt, dass es sich bei der Hauptfigur Harry Haller um ein literarisches Selbstporträt handele. Der Schreibprozess sei deshalb für ihn eine Katharsis gewesen. *"In meinem Leben haben stets Perioden einer hochgespannten Sublimierung, einer auf Vergeistigung zielenden Askese abgewechselt mit Zeiten der Hingabe an das naiv Sinnliche, ans Kindliche, Törichte, auch ans Verrückte und Gefährliche. Jeder Mensch hat dies in sich."* Mit dieser Diagnose sollte Hesse recht behalten. Unzählige Leser in aller Welt können sich mit dem einsamen Intellektuellen auf der Suche nach der harmonischen und stimmigen Lebenshaltung identifizieren. Die Hesse-Renaissance in den 1960er Jahren geht in erster Linie auf die Wiederentdeckung dieses Romans zurück. Schriftstellerkollegen rühmen vor allem die kühne Kompositionstechnik des Werkes: "Ist es nötig zu sagen, dass der `Steppenwolf´ ein Romanwerk ist, das an experimenteller Gewagtheit dem ´Ulysses`, den ´Faux monayeurs` nicht nachsteht?" [...] "Der ´Steppenwolf` hat mich seit langem zum erstenmal wieder gelehrt, was Lesen heißt." (Thomas Mann).

"Narziß und Goldmund": Geist und Eros

Mit **"Narziß und Goldmund"** - erschienen 1930 - gelingt Hermann Hesse einer seiner erfolgreichsten Romane. Das Werk versetzt den Leser in die Welt des christlichen Mittelalters. In der Klosterschule Mariabronn - dem Kloster Maulbronn nachempfunden - schließen zwei Schüler mit unterschiedlichen Wesenszügen Freundschaft: der intellektuell scharfsinnige Denker Narziß und der schöpferisch veranlagte, dem Sinnlichen zugetane Goldmund. Narziß rät dem Freund, von der wissenschaftlichen Ausbildung und der Perspektive eines Mönchs abzulassen und stattdessen ins wirkliche Leben zu treten. Dort könne er seine Begabungen, die er im Schöpferischen und in der Welt der Erotik sieht, besser verwirklichen als in klösterlicher Abgeschiedenheit. Goldmund folgt dem Rat und zieht ins Leben hinaus. Jahrelang führt er ein freies Vagabundenleben. Er liefert sich ganz den durch die Jahreszeiten geprägten Unbilden der Natur aus, treibt von einem erotischen Abenteuer zum nächsten, bis er schließlich in der Werkstatt eines Holzschnitzers sein Künstlertum entdeckt. Er schnitzt eine Figur, der er den Habitus von Jesu Lieblingsjünger Johannes und das Antlitz seines Freundes Narziß verleiht. Nach dem kurzen schöpferischen Rausch verschmäht Goldmund das Angebot der Sesshaftigkeit als Künstler und Ehemann und zieht wieder in die Welt hinaus. Dort erlebt er während einer Pestepidemie die Todesgegenwart und die Vergänglichkeit alles Irdischen. Am Ende seiner Reise kehrt Goldmund wieder in das Kloster Mariabronn zurück, wo er sich eine künstlerische Werkstatt einrichtet und zum letzten Mal etwas Gültiges - eine Marienfigur - schafft. Von einem Reitunfall schwer verletzt, stirbt er in den Armen seines Freundes Narziß.

Hesse hat in diesen Roman Erkenntnisse einfließen lassen, die er bei seiner psychoanalytischen Behandlung durch den Freud-Schüler C. G. Jung gewonnen hatte. Ausgehend von der Theorie des Archetypus gestaltet Hesse in den beiden gegensätzlich veranlagten Figuren Narziß und Goldmund die Polarität des menschlichen Daseins und die Zerrissenheit des Individuums. Der sinnlich-künstlerischen Weltorientierung Goldmunds steht die intellektuelle und spirituell-geistige Lebenshaltung von Narziß gegenüber. Wie man einigen Äußerungen in Hesses Briefen entnehmen kann, hat der Dichter die hier gestaltete Polarität in seiner eigenen Persönlichkeit so empfunden.

Der Roman steht in der Tradition des Vaganten- und Bildungsromans. Im Mittelteil gelingt Hesse eine der eindringlichsten und ergreifendsten Schilderungen des Lebens eines Vaganten und fahrenden Gesellen in der deutschen Literatur. Die schmerzlich-süßen Erlebnisse des freiheitlichen Landfahrers Goldmund sind das realistische Pendent zu den phantastischen Reiseerlebnissen des "Taugenichts", den uns Joseph von Eichendorff in seiner romantischen Novelle geschenkt hat.

Der Roman findet eine begeisterte Lesergemeinde. Aber auch Schriftstellerkollegen äußern sich voll Hochachtung ob des gelungenen Werks. Thomas Mann lobt die "Mischung aus deutsch-romantischen und modern psychologischen, ja psychoanalytischen Elementen". Sein Fazit: "ein wunderschönes Buch".

"Das Glasperlenspiel": Schule der "vita contemplativa"

Im Jahre 1943 erscheint nach zwölfjähriger Arbeit der letzte Roman Hermann Hesses. In seinem gedanklichen Substrat gestaltet er die Summe der Gedanken, um die schon die vorigen Romane kreisen. Es geht um die Frage, welche Rolle der Geist in einer Welt, die sich zunehmend dem Materiellen ausliefert, noch spielen kann. In einer geschichtlichen Utopie wird vorausgeblendet in das Jahr 2400. In der Ordensprovinz Kastilien lebt eine kleine geistige Elite, die sich dem Glasperlenspiel verschrieben hat. Es wird als *"Spiel mit sämtlichen Inhalten und Werten unserer Kultur"* beschrieben. Die beiden wichtigsten Erkenntnismedien sind Meditation und Musik. Der Schüler Josef Knecht gilt als besonders begabt und steigt in der Obhut eines erfahrenen Musikmeisters in den Kreis der Erwählten auf. Knecht erkennt die Gefahr, die dem Orden durch seine hermetische Abgeschlossenheit vom Leben und die geistige Selbstgenügsamkeit der Ordensbrüder droht. Er verlässt den Orden, um eine Stelle als Hauslehrer anzutreten. Beim Wettschwimmen mit seinem Schüler ertrinkt Knecht im See.

In der "Einführung" zum Roman entwirft Hesse ein kritisches Bild vom sog. *"feuilletonistischen Zeitalter"*. Darin geht er mit der Verflachung der Kultur zur Zeit des Fin de Siècle und der Weimarer Republik ins Gericht. Er beklagt die Zerstörung der sprachlichen und dichterischen Tradition, die durch geistlose und geschwätzige Feuilletons befördert werde. Gegen diesen kulturellen Zerfall wendet sich eine *"winzig kleine, tapfere, halb verhungerte aber unbeugsam gebliebene Schar von wahrhaft Geistigen"*, eben diejenigen, die sich der Ordensrepublik Kastiliens angeschlossen haben.

Der Roman gestaltet den Gegensatz von Leben und Geist, von "vita activa" und "vita contemplativa" - ein Grundmotiv in Hesses Schaffen. Welcher Seite die Ehre gebührt, lässt der Roman offen, wie es auch im wahren Leben - jenseits der Spielanordnung des Romans - nie eine eindeutige Priorität zwischen diesen gegensätzlichen Lebenspolen geben kann.

Der Roman darf im nationalsozialistischen Deutschland nicht erscheinen. Deshalb erfährt er in der Schweiz seine Erstveröffentlichung. 1946 erscheint er dann im neu gegründeten Suhrkamp-Verlag, der aus dem alten S. Fischer-Verlag - dem Stammverlag Hesses - hervorgegangen war. Die Zustimmung zum "Glasperlenspiel" ist in der Öffentlichkeit Nachkriegsdeutschlands überwältigend. Die meisten Leser und Kritiker sehen in diesem Werk den Beleg für die Macht des Geistes und ein Fanal für einen humanistischen Aufbruch nach dem faktischen und moralischen Bankrott von Diktatur und Gewalt.

Hesse als Lyriker: "Vom Baum des Lebens fällt mir Blatt um Blatt"

In der literarischen Öffentlichkeit wird Hermann Hesse in erster Linie als Epiker wahrgenommen. Er hat aber auch zahlreiche Gedichte verfasst, und zwar in allen Lebensphasen. 1942 erscheint der Sammelband **"Die Gedichte"**, der über 600 Gedichte aus fünf Jahrzehnten vereint. Darin sind viele Gelegenheits- und Scherzgedichte noch gar nicht enthalten. Die lyrische Produktivität Hesses ist also gewaltig. Woran liegt es dann, dass man den Lyriker Hesse dem Verfasser bedeutender Romane hintanstellt? Dies liegt vor allem daran, dass seine Gedichte an denen der drei großen Lyriker des 20. Jahrhunderts, Rilke, Benn und Brecht, gemessen werden. Deren Qualität kann Hesse allerdings nur in einer geringen Anzahl von Gedichten erreichen. Die schönsten davon gehören freilich zum lyrischen Schatz der Deutschen.

Am bekanntesten ist das Gedicht **"Im Nebel"** aus dem Jahre 1905. Das menschliche Leben wird in Analogie zu einer Nebellandschaft gesehen. Wie die Bäume im Nebel isoliert und unsichtbar voneinander stehen, ist der Mensch letztlich auf sich selbst zurückgeworfen, weil er sich auf seine Mitmenschen nicht verlassen kann. Jeder lebt und stirbt für sich allein: *"Leben ist Einsamsein. / Kein Mensch kennt den andern, / Jeder ist allein"*. Das Gedicht gestaltet als Gesetz der menschlichen Existenz das "In-das-Leben-Geworfen-Sein", von dem die Existentialphilosophie von Martin Heidegger spricht.

Sehr populär wurde das Gedicht **"Stufen"** aus dem Jahre 1941. Der Vers *"Und jedem Anfang wohnt ein Zauber inne"* wurde zum geflügelten Wort. Das Gedicht zieht das Fazit aus Hesses eigenen Wandlungen und Aufbrüchen. Mehrfach hat er den Wohnort gewechselt. Auch im Privaten, in Freundschaft und Ehe, hat sich Hesse des Öfteren *"neuen Bindungen"* hingegeben. Die Wendung *"Abschied und Neubeginn"* beschreibt eine Lebenshaltung, die dem Menschen die Chance bietet, an neuen Herausforderungen zu wachsen, an der Erfahrung des bislang Fremden zu reifen und sich selbst zu vervollkommnen. Das Gedicht wird auch heute noch bei Einschnitten im Lebenslauf eines Menschen gerne zitiert: beim Eintritt in den Ruhestand, bei der Eheschließung oder beim Umzug in ein fremdes Land.

Das Gedicht **"Vergänglichkeit"** aus dem Jahre 1919 gestaltet ein Thema, das Hesse später in seinem Roman "Narziß und Goldmund" ausführlich behandeln wird: die Vergänglichkeit unseres Lebens (*"Vom Baum des Lebens fällt / Mir Blatt um Blatt"*). Goldmund vertritt in seinem Sinnenrausch und seiner Lebenszugewandtheit das weibliche Prinzip, das von der Ur-Mutter begründet wurde (*"Nur die ewige Mutter bleibt, / Von der wir kamen"*). Das Leben des einzelnen Menschen ist eingebunden in den ewigen Kreislauf von Werden und Vergehen, von Genuss und Entsagung. Im Tod kehren wir zur Natur zurück. Viele von Hesses besten Gedichten kreisen um den Gedanken der Vergänglichkeit und des Einverständnisses, das der lebenskluge Mensch mit diesem Ur-Gesetz der menschlichen Existenz haben sollte. So auch das Gedicht **"Welkes Blatt"** aus dem Jahre 1924: *"Spiel dein Spiel und wehr dich nicht / Und lass es still geschehen. / Lass vom Winde, der dich bricht, / Dich nach Hause wehen."* Dieses Gedicht kann sich in seiner meisterhaften Schlichtheit, die das Ergebnis unermüdlichen stilistischen Feilens ist, durchaus mit den Gedichten von Hesses schwäbischem Landsmann Eduard Mörike messen.

Der Dichter als Lebenshelfer

Im Nachlass Hermann Hesses hat man 35.000 Briefe von Lesern gefunden. Familienmitglieder berichten nach dem Tod des Dichters, dass er so gut wie alle Briefe, die an ihn gerichtet wurden, beantwortet hat. Von vielen Antwortbriefen hat er Durch- oder Abschriften hinterlassen. So ist neben den Briefen, die er an Freunde und Dichterkollegen gerichtet hat, ein schier unübersehbarer Schatz an Briefen entstanden, der bis heute noch nicht vollständig gehoben worden ist. Viele Leser teilen ihre Leseeindrücke mit, manche bitten um Rat in Lebensfragen, wieder andere bitten um konkrete Hilfe in einer Notlage. In klarer Diktion und ohne Anbiederung gibt der Dichter Auskunft über sein Schaffen, erteilt Ratschläge für die Bewältigung von Lebenskrisen oder mahnt - manchmal auch in deutlichen Worten - zur Umkehr in einem verfehlten Leben. Einer von Liebeskummer niedergebeugten Leserin schreibt Hesse: "*Dass ein Mensch den, den er liebt, nicht bekommen und für sich allein haben kann, ist das häufigste aller Schicksale [...].*" - Dann rät Hesse der Leserin, ihre Liebe "*diesem Objekt zu entziehen und sie anderen Zielen zuzuwenden: der Arbeit, der Mitarbeit im Sozialen, der Kunst.*" Unverkennbar drückt sich in diesem Ratschlag das protestantisch-pietistische Familienerbe aus, das in der Zuwendung zum anderen eine wichtige Quelle des Glücks sieht.

Im Laufe seines Lebens hat Hermann Hesse in über 50 deutschsprachigen Zeitungen oder Zeitschriften mehr als 3.000 Rezensionen von Büchern verfasst. Wie er selbst einmal anmerkte, hat er nur positive Kritiken geschrieben, den Verriss eines Buches gänzlich vermieden. "Gelten lassen" war sein Motto. Es war Ausdruck seiner grundsätzlichen Toleranz in Fragen der Lebensführung und der literarischen Verwirklichung eines Dichterkollegen. Wie muss man diese ausufernde Tätigkeit als Briefschreiber und Rezensent verstehen? Hermann Hesse sieht sich als Volkserzieher, der nicht nur durch seine Romane wirken will, sondern auch publizistische Kanäle benutzt, um auf Menschen pädagogisch einzuwirken. In einer herausgehobenen historischen Situation hat Hermann Hesse auch politisch Farbe bekannt. Nach Ausbruch des Ersten Weltkriegs veröffentlicht Hesse in der "Neuen Züricher Zeitung" den Aufruf **"O Freunde, nicht diese Töne"**, der in ganz Europa für Aufsehen sorgt. Darin ruft er die Konfliktparteien zu Vernunft auf, zu *"Gerechtigkeit, Mäßigung, Anstand, Menschenliebe"* und *"abendländisch-christlicher Gesittung"*. Diese Stimme des Friedens verhallt, wie wir heute wissen, ohne Resonanz. Die Folgen sind bekannt. Von deutsch-nationalen Zeitungen wird Hesse als "Verräter" und "Gesinnungslump" verunglimpft.

Hesse-Kult: "Born to be wild"

In den 1960er Jahren gründet sich in San Francisco die Rockgruppe "Steppenwolf". Mit "Born to be wild" landet sie 1968 ihren größten Hit. Das Road Moovie "Easy Rider" trägt den Song in die ganze Welt. Die Adaption des Romantitels "Steppenwolf" für eine Rock-Band ist Ausdruck der Resonanz, die Hesses Romane - vor allem "Der Steppenwolf", "Siddhartha" und "Narziß und Goldmund" - in der aufbegehrenden Jugend Amerikas gefunden haben. In den gebrochenen, am Leben leidenden und nach Erlösung suchenden Figuren dieser Romane entdeckt die Jugend Parallelen zu ihrer eigenen tastenden Suche nach Identität. Die Anhänger der Gegenkultur legitimieren ihren Protest gegen den Vietnam-Krieg, den Kampf um ein selbstbestimmtes Leben, die Experimente mit Erotik und Drogen mit Textstellen aus Hesses Romanen. Hesse gilt ihnen als "Dichter der Reise nach innen", die "Psychedelic Review" veröffentlicht 1963 einen Artikel, in dem es heißt: "...vor deiner LSD-Sitzung solltest du ´Siddhartha` und ´Steppenwolf` lesen. Der letzte Teil des ´Steppenwolfs` ist ein unschätzbares Lehrbuch."

Die Vereinnahmung von Hesses Werken durch eine politisch-kulturelle Bewegung verschafft dem Dichter für kurze Zeit eine Resonanz, die weit über den Wirkungsbereich der literarischen Öffentlichkeit hinausgeht. Nach dem Niedergang der amerikanischen Jugendbewegung ebbt die Hesse-Begeisterung genauso schnell wieder ab, wie sie gekommen ist, und Hesse wird wieder zum Dichter für literarische Kenner.

Was von Hermann Hesse bleibt

Von Hermann Hesses umfangreichem Schaffen wird vor allem das Romanwerk bleiben. In der Schule werden weiterhin die Romane und Erzählungen gelesen werden, die sich mit den Problemen der Adoleszenz auseinandersetzen (**"Unterm Rad"**, **"Demian"**, **"Peter Camenzind"**). Menschen, die nach Orientierung und Lebenssinn suchen, werden gerne zu den Romanen greifen, in denen das Leben von gebrochenen und verzweifelten Menschen gestaltet wird (**"Narziß und Goldmund"**, **"Der Steppenwolf"**, **"Siddhartha"**). Menschen mit philosophischen Ambitionen werden sich vom **"Glasperlenspiel"** begeistern lassen. Einige wenige Gedichte werden auch in Zukunft in den Lesebüchern unserer Schulen zu finden sein und die Schüler zu einfühlsamen Interpretationen herausfordern. Als ein unerschrockener und unermüdlicher Mahner für Frieden und Toleranz wird Hermann Hesse immer in unser aller Gedächtnis bleiben.

Verwendete Literatur

Die Werke Hermann Hesses werden bis heute im Suhrkamp-Verlag verlegt. Alle Erzählungen und Romane sind als Taschenbuch verfügbar. Von den Gedichten gibt es im selben Verlag eine gebundene Anthologie.
Auf den vollständigen Abdruck der besprochenen Gedichte wird aus urheberrechtlichen Gründen verzichtet. Sie lassen sich leicht in Lesebüchern und Anthologien auffinden.
Zwei Biographien liefern hilfreiche Informationen:
Bernhard Zeller: Hermann Hesse, Rowohlts Monographien, Reinbek bei Hamburg, 1963
Heimo Schwilk: Hermann Hesse - Das Leben des Glasperlenspielers, Piper-Verlag, München 2013

Kurt Tucholsky

„Stirb oder kämpfe. Drittes gibt es nicht"

Kurt Tucholsky wird am 9. Januar 1890 in Berlin-Moabit geboren. Seine Eltern sind der jüdische Bankkaufmann Alex Tucholsky, der es bis zum Bankvorstand bringt, und dessen Cousine Doris Tucholsky. Kurt hat noch einen Bruder (Fritz) und eine Schwester (Ellen). Den Vater, den er als 15-Jähriger durch frühen Tod verliert, verehrt und liebt er, während er für die Mutter, die herrschsüchtig und hysterisch gewesen sein soll, nur negative Gefühle hegt. Im Alter von drei Jahren muss Kurt mit seiner Familie nach Stettin umziehen, wo der Vater die Filiale seiner Berliner Bank leiten soll. Der Junge verbringt also einen Teil seiner Kindheit in Stettin. Nach der Rückkehr nach Berlin besucht Tucholsky das Französische Gymnasium, das in der Berliner Schullandschaft als liberal und weltoffen gilt. Das Abitur legt er am Königlichen Luisen-Gymnasium ab. Er beginnt an der Friedrich-Wilhelm-Universität zu Berlin, der Vorläuferin der heutigen Humboldt-Universität, das Studium der Rechte. Ein Semester studiert er in Genf. Er genießt das südliche Flair und die französische Lebensart dieser Stadt am See. Hier entsteht sein lebenslanges Faible für Frankreich und die französische Kultur. 1934 meint er bedauernd: *"Schade - mich haben sie falsch geboren."* Seine ersten Zeitungsartikel veröffentlicht Tucholsky als 17-jähriger Schüler. Die satirische Wochenbeilage "Ulk" des "Berliner Tageblatts" druckt kleine Märchen, in denen er sich z.B. über den altmodischen Kunstgeschmack von Kaiser Wilhelm II. lustig macht. Mit 23 Jahren (1913) gelingt ihm der journalistische Durchbruch, als er beginnt, für die "Schaubühne" (die spätere "Weltbühne") des jüdischen Verlegers Siegfried Jacobsohn zu schreiben. Bald ist er in der Redaktion unentbehrlich. Da er schnell und viel schreibt, teilt er seine Texte unter vier Pseudonymen auf: Peter Panter steht für den feinsinnigen Feuilletonisten, Ignaz Wrobel für den bissigen Kritiker, Theobald Tiger für die leichte Muse (Schlager und Chansons) und - nach dem Ersten Weltkrieg - Kaspar

Hauser für den scharfzüngigen Satiriker. *"Pseudonyme sind wie kleine Menschen"*, schreibt Tucholsky, *"was als Spielerei begonnen, endete als heitere Schizophrenie"*. Tucholsky schreibt bald für über zehn Zeitungen und ist in allen Blättern erfolgreich. Notgedrungen muss sein Jurastudium unter der Last des Schreibens leiden. Deshalb bricht er es mitten im Examen ab. Nur den Doktortitel will er noch erwerben. Dies schafft er im dritten Anlauf an der Universität Jena. Später hat er sein Bemühen um einen akademischen Titel ironisch abgetan. Als der Erste Weltkrieg ausbricht, gehört Tucholsky zu den wenigen Dichtern, die nicht in den nationalistischen Jubel und die Kriegsbegeisterung einstimmen. Er wird gemustert, eingezogen und an die Ostfront versetzt. Er überlebt den Krieg, weil es ihm gelingt, einen Posten in der Schreibstube zu ergattern. Er kann sogar in seinem Metier arbeiten, als er die Feld-Zeitung "Der Flieger" herausgibt. Offen bekennt er sich zu seiner unheroischen Überlebenstaktik: *"Ich wandte viele Mittel an, um nicht erschossen zu werden und nicht zu schießen."*

In der Zeit zwischen Kriegsende und Exil betätigt sich Tucholsky in hohem Maße politisch, weil er eingesehen hat, dass mit Schreiben allein sein Ziel einer geistigen Revolution der Deutschen nicht zu erreichen sein wird. 1920 tritt er in die USPD ein, die sich während des Krieges von der SPD abgespalten hat. Sie vertritt dezidiert linke Positionen. Er wird Mitglied im "Schutzverband deutscher Schriftsteller", im "Bund neues Vaterland", im "Friedensbund der Kriegsteilnehmer", im "Deutschen Republikanischen Reichsbund", in der "Gruppe revolutionärer Pazifisten" und in der "Roten Hilfe Deutschland". Für alle diese Gruppierungen schreibt er Manifeste und Artikel. Er schreibt unter Hochdruck, manchmal in der Woche fünf Artikel. Seine spitze Feder richtet sich vor allem gegen das Militär, das infolge des Ebert-Groener-Pakts seine ehemalige Vormachtstellung teilweise wieder erringen kann. Seine politischen Gegner zerren ihn wegen Beleidigung, Herabwürdigung und Gotteslästerung vor Gericht. Als die große Inflationskrise 1923 seine Ersparnisse aufzehrt, tritt er in das Bankhaus "Bett, Simon & Co." ein, zuerst als Schalterbeamter, dann als Sekretär des Inhabers Hugo Simon, den er aus der "Liga für Menschenrechte" kennt. 1924 nutzt er die

Gelegenheit, als Korrespondent für die "Weltbühne" und die "Vossische Zeitung" nach Paris überzusiedeln. Frankreich ist immer sein Sehnsuchtsland geblieben. Er beschreibt Alltagserlebnisse mit Lokalkolorit, um den Deutschen die französische Lebensart nahezubringen. Als der Herausgeber der "Weltbühne", sein Mentor Siegfried Jacobsohn, 1926 stirbt, gibt Tucholsky ein kurzes Intermezzo als Herausgeber, bis ihn 1927 Carl von Ossietzky in dieser Funktion ablöst. In der Folge führt Tucholsky ein unstetes Reiseleben, das ihn von Paris über Läggesta (Dänemark) nach Hindås (Schweden) führt. Immer wieder bricht er zu ausgedehnten Vortrags- und Lesereisen nach Deutschland auf. Weil er sich nicht schont, ist seine Gesundheit stark angegriffen. Die Machtübertragung an Hitler am 30. Januar 1933 erlebt Tucholsky aus der Ferne. Am 10. Mai werden auch seine Werke von NS-Studenten vor der Berliner Universität ins Feuer geworfen. Am 23. August wird er mit 32 anderen Deutschen aus dem Reich ausgebürgert. Er erhält einen schwedischen Fremdenpass. Ende 1934 sind seine finanziellen Reserven erschöpft. Er lebt von den Zuwendungen seiner Züricher Gönnerin Hedwig Müller. Über die politische Entwicklung tief verzweifelt, schreibt er keine tagespolitischen Artikel mehr. Am 21. 12. 1935 setzt Kurt Tucholsky seinem Leben mit einer Überdosis Veronal ein Ende. In Paris gibt es am 20. 01. 1936 für ihn eine Gedenkfeier des "Schutzverbandes deutscher Schriftsteller". Am 11. Juli 1936 wird Tucholskys Urne in Mariefred / Gripsholm beigesetzt.

Tucholsky und die Frauen: "Freundin, Kamerad, Frau, Mädchen und nah in der Nacht"

Tucholsky Verhältnis zu Frauen ist kompliziert, weil sich in ihm die Widersprüche seiner Persönlichkeit widerspiegeln. Hinter der oft forschen journalistischen Attacke verbirgt sich nämlich ein verletzliches Ich. Seine Stimmungen schwanken zwischen Lebens- und Liebeslust und einer quälenden Resignation, die der vermeintlichen Erfolglosigkeit seines Schreibens geschuldet ist. In der Liebe sehnt er sich nach Zweisamkeit, errichtet aber immer wieder Barrieren, die eine allzu große Nähe verhindern. Seine erste Geliebte ist die Medizinstudentin Else Weil, die er in der Erzählung **"Rheinsberg"** als "Claire" verewigt. Während seiner Soldatenzeit lernt er in Kurland, dem heutigen Lettland, die Kriegshelferin Mary Gerold aus Riga kennen und verliebt sich in sie. 1920 - Tucholsky ist jetzt 30 Jahre alt - kommt Mary nach Berlin. Tucholsky kann sich zwischen ihr und seiner Jugendliebe Else nicht entscheiden. Das Hin und Her endet damit, dass er beide Frauen verliert. Schuld daran ist auch das unstete Wanderleben des Journalisten Tucholsky, das seinen Geliebten viel zumutet. Während seiner Zeit in Schweden wird die Journalistin Lisa Matthias seine Geliebte. Sie hat er in seinem Roman **"Gripsholm"** als "Lydia" und in anderen Texten als "Lottchen" verewigt. Aber auch diese Beziehung zerbricht, weil noch andere Frauen im Leben des Schriftstellers eine Rolle spielen, z.B. die Züricher Ärztin Hedwig Müller. Die letzte Geliebte seines Lebens ist seine Sekretärin und Dolmetscherin Gertrude Meyer. Sie ist es, die den Zettel auf Tucholskys Nachttisch findet, auf dem steht: *"Laisse-moi mourir en paix"*. Psychologen haben das unstete Liebesleben Tucholskys als Bindungsangst bezeichnet, die aus einer zwiespältigen Mutterbindung resultiere.

Tucholsky und das Judentum

Kurt Tucholsky wird in ein Elternhaus hineingeboren, das den jüdischen Glauben nicht aktiv lebt. Seine Verwurzelung in den jüdischen Glaubensritualen ist deshalb gering. Mit 24 Jahren tritt er aus der Jüdischen Gemeinde zu Berlin aus. Vier Jahre später lässt er sich im rumänischen Turn-Severin, wo er im Krieg stationiert ist, evangelisch taufen. Tucholsky wird die Erfahrung machen, die viele getaufte Juden vor ihm gemacht haben. Man wird ihn immer noch dem Judentum zurechnen, weil "jüdisch" nicht nur als Religionszugehörigkeit, sondern als rassisches Merkmal betrachtet wird. Sarkastisch schreibt er an Arnold Zweig: *"Ich bin 1911 ´aus dem Judentum ausgetreten`, und ich weiß, dass man das gar nicht kann"*. In dem nationalsozialistischen Propagandafilm "Der ewige Jude" (1940) wird

Tucholsky rückblickend als "einer der übelsten Schmutzliteraten" bezeichnet. Der NSDAP galt Tucholsky als Prototyp des "zersetzenden, undeutschen Geistes". Mit seinen Texten setzt sich Tucholsky tatsächlich zwischen alle Stühle. Eine seiner erfolgreichsten literarischen Figuren ist "Herr Wendriner", ein jüdischer Kaufmann in Berlin. Seine Monologe sind Seelenergüsse, in denen der "deutsche Spießer" zum Vorschein kommt, eine Figur, die Tucholsky besonders verhasst ist. Der Religionshistoriker Gershom Scholem hat später die Wendriner-Geschichten als "erbarmungsloseste Nacktaufnahmen" des jüdischen Bürgertums bezeichnet. Für ihn ist Tucholsky der "begabteste und widerwärtigste jüdische Antisemit" gewesen. Diese Kritik verkennt, dass Tucholsky die assimilierten Juden beim Wort nimmt. Wenn sie zur deutschen Gesellschaft gehören wollen, müssen sie dieselbe Kritik ertragen, wie sie Mitglieder anderer Religionsgemeinschaften aushalten müssen. Für solch abwägende Gedanken ist in der aufgeheizten Stimmung in der Weimarer Republik kein Raum. Die Isolation im schwedischen Exil weckt in Tucholsky ein ungewohntes Interesse an den Religionen. Er erhofft sich metaphysische *"Klarheit, soweit es sie gibt"*, lehnt aber die *"protestantische saure Milch"* und den *"katholischen Weihrauch"* ab. In Kierkegaards existentialistischer Philosophie findet er Halt: Der moderne Mensch könne es *"nur zur religiösen Sehnsucht, nicht zur Frömmigkeit selber"* bringen. Völlig zufrieden stellt ihn dieses Credo freilich nicht: *"Immer suchen ist nicht schön. Man möchte auch einmal nach Hause".* Das ist ihm - auch im ganz realen Sinn des Wortes - nicht vergönnt gewesen.

Tucholsky als Lyriker

Tucholsky hat mehr als 800 Gedichte verfasst. Sie gehorchen keinem einheitlichen Formschema. Vom lyrischen Gedicht über die Ballade, das politische Zeitgedicht, das Chanson bis hin zum Couplet für das Kabarett gehören alle Formen zu seinem Repertoire. Als lyrisches Motto formuliert er: *"Nicht immer gilt der Klassik Maß."* Der (politische) Gebrauchswert ist ihm wichtiger als das ästhetisch vollendete

Kunstwerk. Um eine breite Wirkung zu erzielen, sind die meisten seiner Gedichte einfach gebaut. Viele enden mit einer Pointe, die beim Leser einen Aha-Effekt auslösen soll. Der Ton der Gedichte ist mal nüchtern berichtend, mal schnoddrig, manchmal auch sentimental. Eines seiner schönsten Gedichte lautet **"Augen einer Großstadt"** aus dem Jahr 1930. Das Gedicht fängt auf stimmige Weise das hektische Treiben der Menschen in der pulsierenden Großstadt ein. Menschen hasten aneinander vorbei, ihr Blickkontakt währt nur Sekunden: *"Zwei fremde Augen, ein kurzer Blick, / die Braue, Pupillen, die Lider. / Was war das? / Von der großen Menschheit ein Stück! / Vorbei, verweht, nie wieder."* Der Sprecher malt sich aus, was aus einem Kontakt hätte werden können, hätte man den Menschen kennengelernt. Es hätte ein Liebespartner sein können: *"Zwei fremde Augen, ein kurzer Blick, / die Braue, Pupillen, die Lider - / Was war das? vielleicht dein Lebensglück.../ vorbei, verweht, nie wieder."* Die letzte Strophe des Gedichts spielt auf die Endphase der Weimarer Republik an, als in Berlin politische Kämpfe auf der Straße ausgetragen werden. Im schnellen Blickkontakt kann man Freund und Feind unterscheiden. Die Formulierung *"es kann im Kampfe dein / Genosse sein"* spiegelt die Sympathie Tucholsky für die politische Linke wider, die sich der Angriffe der Nationalsozialisten zu erwehren hat. Einen gleichgesinnten politischen Kampfgenossen auf der Straße zu erkennen, ist für den Überlebenskampf im Großstadtdschungel wichtig. Die häufige Anrede des Lesers mit dem Personalpronomen "du" zieht diesen ins Geschehen hinein, lässt ihn teilhaben am hektischen Treiben in den Straßenschluchten der Großstadt.

Aus demselben Jahr (1930) stammt das bekannte Gedicht **"Danach"** (1930). Es beschäftigt sich mit der Frage, warum im Film gewöhnlich nach dem Happy End abgeblendet wird: *"Man sieht nur noch in ihre Lippen / den Helden seinen Schnurrbart stippen - "*. Der Sprecher versetzt sich in den Filmbesucher, der neugierig fragt: *"Wat tun sie, wenn se sich nich kissn?"* - Die Aufklärung des Rätsels ist ernüchternd, weil zutiefst prosaisch: *"Denn kocht se Milch. Die Milch looft üba"*. Dann gibt es noch andere Widrigkeiten des täglichen Lebens: Zank, Seitensprung, Scheidung. Am Schluss des Gedichts wird wehmütig auf die Jugend zurückgeschaut: *"Ach, Menschenskind, wie liecht det weit! / Wie der noch scharf auf Muttern war."* - Das Resümee des Liebesglücks, das im Film mit bunten Farben ausgemalt worden ist, klingt traurig: *"Die Ehe war zum größten Teile / vabrühte Milch un Langeweile. / Und darum wird beim happy end / im Film jewöhnlich abjeblendt."* - Tucholsky erweist sich als hellsichtiger Kenner der Filmästhetik des modernen Unterhaltungskinos, in der nur die glitzernde Oberfläche des Lebens, die Illusion fortwährenden Glücks zählt. Realistische Einblicke in das alltägliche Leben würden dabei nur stören. Das Gedicht ist im Berliner Dialekt verfasst worden, einer Mundart, die dem Dichter, der in einem Arbeiterviertel gelebt hat, vertraut gewesen ist.

Aus dem Jahr 1928 stammt das Gedicht **"Mutterns Hände"**. Das Gedicht ist eine Liebeserklärung an eine Mutter aus der Unterschicht. Sprecher ist eines ihrer Kinder. Das Leben der Mutter dreht sich nur um die Fürsorge für ihre acht Kinder. Sie werden ernährt, gekleidet und erzogen, wozu auch derbe Zurechtweisungen gehören (*"...'n Katzenkopp jejeben"*). Am Lebensende kommen die Kinder zu ihrer alten Mutter und streicheln ihr die Hände - aus Dankbarkeit für ihre aufopferungsvolle Liebe und Fürsorge: *"Heiß warn se un kalt / Nu sind se alt / nu bist du bald am Ende. / Da stehn wa nu hier, / und denn komm wir bei dir / und streicheln deine Hände."* Dass Tucholsky die Hände in den Mittelpunkt tätiger Mutterliebe rückt, kann man nachvollziehen. Unzählige Tätigkeiten des täglichen Lebens können nur mit manueller Geschicklichkeit vollbracht werden. Hinzu kommt, dass in der Unterschicht das Körperliche im Mittelpunkt steht. Deshalb ist auch von geistigen Anregungen durch die Mutter nicht die Rede. Diese Homage an eine liebevolle Mutter verdankt sich wohl auch dem Wunsch des Dichters, gerne eine so liebevolle Mutter gehabt zu haben. Auch bei diesem Gedicht verstärkt der Berliner Dialekt die Nähe zum einfachen Volk, für das Tucholsky zeitlebens eine große Sympathie hegt.

Tucholskys forscher Witz, sein frivoler Ton und seine zupackende Schärfe kommen vor allem im Kabarett und in der Revue zur Geltung. Das Kabarett "Schall und Rauch" und die Revuen von Rudolf Nelson (eigentlich Rudolf Lewysohn) leben von seinen Chansons. Am bekanntesten wird Nelsons Song **"Tamerlan"** (1922), zu dem Tucholsky den Text beisteuert. Er kokettiert mit der Verweichlichung der Männer, die es nicht mehr schaffen, Frauen kraftvoll zu erobern. Da erscheint selbst Timur ("Tamerlan"), der blutrünstige kirgisische Despot und Eroberer, als verlockend:

> Mir ist heut so nach Tamerlan zu Mut!
> Ein kleines bisschen Tamerlan wär´ gut.
> Es wäre ja, geniert mich das,
> geniert mich das, gelacht.
> Ich glaube, es passiert noch was,
> passiert noch was heut Nacht.

Die erotische Hoffnung der Frau wird enttäuscht, wenn sie die Männer im Publikum betrachtet.

> Hier ist doch gar kein Tamerlan zu sehn,
> ein kleines bisschen Tamerlan wär´ schön.
> Seh´ ich mir hier die Männer an, eih, weih!
> Da ist ja gar kein Tamerlan dabei!

Tucholsky als Erzähler

Die Kurzgeschichte **"Zeugung"** (1927) beschreibt auf eindringliche Weise das Schicksal der Menschen aus den unteren sozialen Schichten, die nicht nur ein armseliges Leben führen müssen, sondern - wenn sie Männer sind - im Kriegsfalle als "Kanonenfutter" verheizt werden. In einer armseligen Wohnung, die nur aus einem Zimmer besteht und an eine Rumpelkammer erinnert, wird in der Nacht ein Sohn gezeugt. Am nächsten Morgen nimmt das Paar ein karges Frühstück ein. Die Atmosphäre in dem Zimmer wird als trostlos charakterisiert. Das Äußere des Paares entspricht der heruntergekommenen Umgebung. Dass sie sich nichts zu sagen haben, sondern stumm ihr Frühstück einnehmen, soll andeuten, dass in dieser Schicht die einfachen Lebensvollzüge wie Essen, Trinken und Sexualität dominieren. Ein auffälliges Merkmal des Textes ist die Einmischung des auktorialen Erzählers. Mit seiner Vorausdeutung in der ersten Zeile beginnt der Text: *"Die biochemischen Vorgänge sind bekannt"*. Gemeint ist die Zeugung eines Kindes. Nicht bekannt - so die unausgesprochene Implikation dieses ersten Satzes - sind die Folgen der Zeugung eines Kindes, das in das Milieu der Unterschicht hineingeboren wird. Um diese gesellschaftlichen Konsequenzen geht es dem Autor in seiner Kurzgeschichte, die an eine knappe Sozialstudie erinnert. Im zweiten Teil des Textes wird in starker Zeitraffung berichtet, was sich in der kleinen Familie weiter zugetragen hat: Der Vater wird infolge eines Unfalls arbeitslos. Seine Frau verlässt ihn wegen eines anderen Mannes. Der Sohn ist inzwischen Soldat und fällt in der Schlacht von Verdun (1916). Das Schicksal des Sohnes gestaltet der Erzähler in einem harten Kontrast. Während der Sohn auf dem Schlachtfeld sein Leben verliert *("er verreckte bei Verdun")*, wird der Feldherr für seine "Kriegskünste" mit einem hohen militärischen Orden ausgezeichnet. Die Personen im Text tragen keine individuellen Namen, sondern nur Gattungsnamen und Berufsbezeichnungen. Auf individuelle Schicksale kommt es in Kriegszeiten nicht an, weil die Menschen Manövriermasse der Herrschenden sind. Der Text zeigt den gesellschaftskritischen Anspruch, den Tucholsky in seinem publizistischem Wirken verwirklicht hat. Die Kritik am Militär nimmt dabei einen prominenten Platz ein.

Schon früh entwickelt Kurt Tucholsky seine antimilitaristische Gesinnung. Ein typischer Text dazu heißt **"Kleine Begebenheit"** (1921). Zwei serbische Soldaten werden von einem Kommando deutscher Soldaten auf dem Schlachtfeld festgenommen. Das Feldgericht verurteilt sie zum Tode. Statt der benötigten 24 Soldaten melden sich für das Hinrichtungskommando 80 freiwillig, *"die ihn totschießen wollten. Denn es war erlaubt..."*. Tucholsky verfremdet den Text, indem er nicht von Soldaten spricht, sondern nur ihre Berufsbezeichnungen benutzt: *"Bauernsohn"*, *"Kohlenhändler"*, *"Advokat"*. Bis zur Auflösung des Rätsels fragt sich der Leser, warum ein *"Strumpfwirker"* auf einem *"Acker"* einen *"Gastwirt"* gefangen nimmt, der anschließend erschossen wird. Umso frappierender ist dann die Erkenntnis, die Tucholsky im letzten Satz des Textes bewirkt: *"Ich habe vergessen zu erzählen, dass alle verkleidet waren: die Gerichteten als serbische, die Henker als deutsche Soldaten"*. Der Text vermittelt die Botschaft, dass sich die Menschen aus unterschiedlichen Ländern nie bekriegen würden, wenn sie nicht durch eine nationalistische Propaganda auf den "Feind" gehetzt würden. Der hohe Blutzoll des Ersten Weltkriegs ist ein Resultat der nationalistischen Hetzpropaganda der beteiligten Länder.

Drastisch verfährt der Text **"Die brennende Lampe"** (1931), um die Leser zum Pazifismus aufzurütteln. Eingangs schildert er, wie ein junger Mann von 23 Jahren von einer Gasgranate getroffen röchelnd am Boden liegt und nach der Mutter schreit. Der Erzähler erklärt dem jungen Mann, warum es ihn hat treffen können: weil es Kriegspropaganda gibt, die sich ungehindert in Büchern und Zeitschriften austoben kann; weil in Schule, Universität, Kino und Kirche die *"stumpfsinnige Religion der Vaterländer"* gelehrt wird; weil die Frauen sich für *"den schlanken, ranken Leutnant"* begeistern, ohne zu bedenken, dass er ein *"Krieger und Staatsmörder"* ist. Den Krieg könne man nur aus der Welt schaffen, wenn man die *"Propaganda des Krieges"* in allen Institutionen der Gesellschaft verbietet. Sarkastisch endet der Text: *"Oh, du bist schon tot. Ruhe in Frieden. Es ist der einzige, den sie dir gelassen haben."*

Tucholsky hat sich in seinen Zeitungsartikeln auch frauenrechtlicher Themen angenommen. In der Prosa-Skizze **"Die Leibesfrucht spricht"** (1927) thematisiert er das Missverhältnis zwischen der Fürsorge um das ungeborene Leben und der Gleichgültigkeit, mit der die Gesellschaft dem Menschen nach seiner Geburt begegnet: *"Für mich sorgen sie alle: Kirche, Staat, Ärzte und Richter. Neun Monate lang. Wenn aber diese neun Monate vorbei sind, dann muss ich sehen, wie ich weiterkomme"*. Der innere Monolog der "Leibesfrucht" schließt mit der Frage: *"Sagt selbst: Ist das nicht eine merkwürdige Fürsorge - ?"* - In dem Text **"Colloquium in utero"** (1932) streiten sich zwei Embryos - Erna und Max - im Mutterleib um die Frage, ob es ratsam sei, den schützenden Mutterleib zu verlassen und sich den Unbilden der gesellschaftlichen Wirklichkeit auszusetzen:

"*Hundertdreißigtausend stellenlose Akademiker...Deutschland kann keine Kinder ernähren, nur Kartelle...*". / "*Ich gehe raus...Weil es unsere Pflicht ist...Wir haben nur für neun Monate gemietet...*". Zum Schluss kriegen sich die Föten in die Haare: "*Du gehst nicht raus! Streikbrecher!*" / "*Pergamentfrucht*" / "*Dottersack*". Die Mutter bemerkt das "*Gestrampel*" und fragt besorgt: "*Was er nur hat - ?*" - Im leichten Unterhaltungston übt Tucholsky Gesellschaftskritik: an der Arbeitslosigkeit, die im Entstehungsjahr des Textes, 1932, ihren Höhepunkt erreicht; an der durch Nationalismus vergifteten gesellschaftlichen Atmosphäre; an der strengen Sexualmoral, die Abtreibung verbietet. Der Text erzeugt eine komische Wirkung, wenn er den Begriff Kolloquium - wissenschaftliches Streitgespräch - auf den Streit zweier Embryos im Mutterleib überträgt.

"Rheinsberg. Ein Bilderbuch für Verliebte": "Schüttelt [die Ketten] ab. Sie sind leicht! Tanzt, tanzt!"

Die Erzählung ist 1912 erschienen und gibt die sorglose Atmosphäre der Vorkriegszeit wieder. Ein Studentenpaar, Wolfgang und Claire, verbringen drei unbeschwerte Herbsttage in dem märkischen Städtchen Rheinsberg, das durch Friedrich den Großen berühmt geworden ist. Sie besichtigen den beschaulichen Ort, fahren mit dem Boot auf den See hinaus und übernachten als "Ehepaar Gambetta" in einem Hotel. Charakteristisch für die Erzählung ist der heiter-unbeschwerte Ton, die graziöse Leichtigkeit, mit welcher der Liebesausflug des jungen Paares geschildert wird. Die beiden - in der Liebe nicht unerfahren - spotten über die verklemmten Kleinbürger ihrer Umgebung: "*Es prickelte, so über die Sehnsucht der Bürger zu spotten, über das, was sie Liebe nannten*". Der gesellschaftskritische Impetus, der bei Tucholsky nie fehlt, findet sich hier in eher versteckter Form. Claire fragt ihren Freund: "*Das is nu deine Heimat. Sag mal: würdest du für dieselbe in den Tod gehen?*" - Nach dem Ersten Weltkrieg beschreibt Tucholsky in einer "Vorrede zum fünfzigsten Tausend", was seine erfolgreiche Erzählung enthalte: "*Eine bessere Zeit, und meine ganze Jugend*". - Die Erzählung wird ein großer Erfolg. Die

Kritik preist die jugendliche Frische und die Grazie des Textes. Ein Kritiker des "Simplicissimus" urteilt euphorisch: "Gottlob, Eichendorff ist noch nicht tot."

"Schloss Gripsholm": "Immer ist die Zeit stärker als die Liebe."

1931 erscheint im Rowohlt Verlag Tucholskys zweiter Roman, der sein beliebtester werden sollte. Der Untertitel *"Eine Sommergeschichte"* deutet an, dass es sich um eine heiter-melancholische Liebesgeschichte handelt. Der Ich-Erzähler Kurt, alias Peter, verbringt mit seiner Freundin Lydia drei Urlaubswochen auf Schloss Gripsholm im schwedischen Mariefred am Mälarsee. Sie bekommen Besuch von Lydias Freundin Billie und Kurts Freund Karlchen. Für die damalige Zeit sehr kühn ist die eingestreute Schilderung einer erotischen Dreisamkeit. Die Zeithintergründe werden deutlich in einer Episode, bei der das Paar ein kleines Mädchen aus den Händen einer tyrannischen deutschen Heimleiterin befreit. Dunkle Wolken legen sich über das unbeschwerte Sommerglück: *"Wir hatten geglaubt, der Zeit entrinnen zu können. Man kann das nicht, sie kommt nach..."*. Der Roman hat einen autobiografischen Hintergrund. 1929 siedelt Tucholsky von Paris nach Schweden über und lebt zeitweilig in der Nähe von Schloss Gripsholm. In der charmanten Berlinerin Lydia kann man seine damalige Geliebte Lisa Matthias wiedererkennen. Tucholsky verwischt diese Spur, indem er als Widmung das Berliner Autokennzeichen von Lisa Matthias angibt: *"Für IA 47 407"*. In einem Brief an einen Leser schreibt er, alles an diesem Roman sei erfunden, auch *"(leider! leider!) Lydia, die es nun aber gar nicht gibt. Ja, es ist sehr schade."*

Was von Tucholsky bleibt

Der überwiegende Teil von Tucholskys Texten ist zeitgebundene Reaktion auf tagespolitische Ereignisse. Vieles ist deshalb nur noch für Historiker interessant. An den journalistischen Texten kann man jedoch lernen, wie man den politischen Gegner mit polemischer Schärfe, Humor und Witz aufs Korn nimmt. Etliche seiner Chansons werden heute noch in Unterhaltungsshows gesungen. Tucholskys Romane **"Rheinsberg"** und **"Schloss Gripsholm"** werden immer Leser finden, weil sie in charmant-plauderndem Tonfall unbeschwerte Liebesabenteuer schildern.

Verwendete Literatur

Kurt Tucholsky: Gesammelte Werke in 10 Bänden, Reinbek bei Hamburg, 1985
Michael Hepp: Kurt Tucholsky, Rowohlts Monographien, Reinbek bei Hamburg, 1998
Fritz J. Raddatz: Tucholsky, ein Pseudonym. Essay, Reinbek bei Hamburg, 1993

Thomas Mann

„Wo ich bin, ist Deutschland"

Thomas Mann wird am 6. Juni 1875 in Lübeck geboren. Sein Vater ist der angesehene Kaufmann und Senator Thomas Johann Heinrich Mann. Seine Mutter Julia Mann, geborene Silva-Bruhns, ist brasilianischer Abstammung. Das strenge Pflichtbewusstsein des Vaters und das exotische Element der Mutter hat Thomas Mann in seinem Erfolgsroman "Buddenbrooks" im Ehepaar Thomas und Gerda Buddenbrooks gestaltet. Thomas Mann besucht das angesehene Lübecker Gymnasium Katharineum, das er zwei Jahre vor dem Abitur mit der "Mittleren Reife" verlässt. Seiner Schulzeit, die er als stumpfsinnig empfunden hat, hat er in den Schulkapiteln des Romans "Buddenbrooks" ein kritisches Denkmal gesetzt. Nach dem frühen Tod des Vaters 1891 wird die Firma liquidiert und das Elternhaus verkauft. Mit dem Erlös und den Zinsen der Geldanlage bestreitet die Familie, die inzwischen nach München übergesiedelt ist, ihren Lebensunterhalt. Eine Stelle als Volontär in einer Versicherungsanstalt beendet der 20-Jährige schon nach einem Jahr, um an der Technischen Universität Vorlesungen in Journalistik zu hören. Mit Beginn der Volljährigkeit im Jahr 1896 lebt Thomas Mann als freier Schriftsteller von monatlich 180 Mark aus den Zinsen des väterlichen Vermögens. Schon als Gymnasiast veröffentlicht Thomas Mann in der Schülerzeitung Gedichte und Prosatexte. Als 14-Jähriger unterschreibt er einen Brief mit "Thomas Mann. Lyrisch-dramatischer Dichter". Mit 19 Jahren erscheint seine erste Novelle **"Gefallen"** im Druck. 1896 tritt er gemeinsam mit seinem Bruder Heinrich die damals übliche Kavaliersreise nach Italien an. In Palestrina bei Rom atmen sie antike Luft und widmen sich ausschließlich der Literatur. In Italien entsteht die Novelle **"Der kleine Herr Friedemann"**. Außerdem beginnt Thomas Mann mit den **"Buddenbrooks"** seinen ersten Roman, der 1901 erscheint. 1903 werden sechs Novellen veröffentlicht, unter ihnen **"Tristan"** und **"Tonio Kröger"**. Thomas Mann fühlt sich erotisch zu

Männern hingezogen. Mit dem Maler Paul Ehrenberg hat er eine Liebesbeziehung, die er im Roman **"Doktor Faustus"** literarisch verewigt hat. Am 11. Februar 1905 heiratet Thomas Mann die schöne und intelligente Mathematikstudentin Katja Pringsheim. Ihr Vater ist Mathematikprofessor an der Universität zu München, ihre Mutter Hedwig Pringsheim, geb. Dohm, ist jüdischer Abstammung. Zu Anfang des 20. Jahrhunderts ist es üblich, dass Männer ihre homosexuellen Neigungen durch eine Heirat mit einer Frau vor der Öffentlichkeit verbergen. Katja Mann verzichtet auf eine Karriere als Mathematikerin und widmet sich ganz der Unterstützung ihres Mannes. Sie organisiert sein Leben, führt Verhandlungen mit Verlagen und Zeitschriften und wird zur *"außerordentlichen Gefährtin"* des Dichters, dessen Ruhm schnell wächst. Mit der Veröffentlichung der **"Buddenbrooks"** und der sechs Novellen tritt Thomas Mann in den Kreis der erfolgreichsten deutschen Schriftsteller zu Anfang des 20. Jahrhunderts ein.

Die berühmten Novellen

"Tonio Kröger": "Bürgerlichkeit mit schlechtem Gewissen" und "Künstlertum mit schlechtem Gewissen"

1903 erscheint die Novelle **"Tonio Kröger"**, die des Verfassers *"literarisches Lieblingskind"* werden sollte. Auch beim Lesepublikum stößt sie auf viel positive Resonanz. Tonio Kröger, ein sensibler, introvertierte Schüler, der schon kleine Gedichte schreibt, leidet darunter, dass er wegen seiner sensiblen Introvertiertheit am Leben seiner Altersgenossen, die eine gesunde Vitalität ausstrahlen, nicht teilhaben kann. Er freundet sich mit Hans Hansen an, dem Sohn eines Holzhändlers, der - blond und mit stahlblauen Augen - den Gegentypus verkörpert. Ihm versucht er die Lektüre von Schillers "Don Carlos" nahezubringen. Er verliebt sich in die blonde, lebenslustige Inge, der er in der Tanzstunde wieder begegnet. Ganz in ein Gedicht von Theodor Storm versunken ("Ich möchte schlafen, aber du musst tanzen"), bringt er während der Quadrille die Anordnung der Tänzer durcheinander. Der Tanzmeister Knaak stellt ihn vor allen Jugendlichen bloß: *"O weh...Halt! halt! Kröger ist unter die Damen geraten. En arrière, Fräulein Kröger, zurück...!"* - Voller Scham zieht sich Tonio in der Pause, in der die anderen Tänzer kleine Erfrischungen zu sich nehmen, in eine einsame Ecke zurück. *"Schwermütiger Neid"* auf die Vitalen, Lustigen und dem Leben Gewachsenen erfüllt sein junges Herz. Nach dem Tod des Vaters geht Tonio auf Reisen in den Süden und lebt das Leben eines Bohemien. Mit dreißig Jahren lässt er sich als inzwischen anerkannter Schriftsteller in München nieder. Immer noch leidet er unter der Unzugehörigkeit zum normalen Leben, spricht von *"Erkenntnisekel"* und sehnt sich nach den *"Wonnen der Gewöhnlichkeit"*. In einem langen Kunstgespräch mit der befreundeten Malerin Lisaweta Iwanowna legt Tonio ihr seine Auffassung über das Verhältnis von Kunst und Leben dar. Sie nennt ihn einen *"verirrten Bürger"*. Tonio Kröger erwidert ihr: *"Man ist als Künstler innerlich immer Abenteurer genug. Äußerlich sollte man sich gut anziehen, zum Teufel, und sich benehmen wie ein anständiger Mensch."* Zum Schluss der Novelle reist Tonio Kröger in den Norden. Er besucht seine Vaterstadt, besichtigt Kopenhagen und lässt sich in einem Hotel am Sund nieder. Während eines abendlichen Tanzfestes glaubt er in einem dänischen Paar seine Jugendlieben Hans und Inge zu erkennen. Er wird von Heimweh nach der Jugend erfasst. Auch die Sehnsucht nach einem unkomplizierten Glück lebt wieder auf. In einem langen Brief an Lisaweta berichtet er, dass allein die Liebe zum Leben ihn zum Dichter mache. Die Antinomie zwischen Leben und Geist ist damit zwar nicht gelöst, sie ist aber einem versöhnlichen Miteinander gewichen.

"Der Tod in Venedig": "Problematik der Künstlerwürde" und "Tragödie des Meistertums"

Diese Novelle erscheint im Jahre 1912 und wird zu einem seiner Hauptwerke. Der erfolgreiche Schriftsteller Gustav Aschenbach wird bei einem Spaziergang durch den Alten Nordfriedhof von München durch den Anblick eines fremdländisch anmutenden Mannes mit Strohhut von einer leidenschaftlichen Reiselust befallen, der er im

Widerstreit zwischen *"von jung auf geübter Selbstzucht"* und *"Weltbummelei"* nachgibt. Er reist nach Venedig, wo er im Bäder-Hotel Quartier nimmt. Bei den Mahlzeiten betrachtet er das bunte Treiben der Hotelgäste. Im Liegestuhl am Strand liegend, gewahrt er einen *"schönen Knaben"*, der *"leicht und stolz"* am Wassersaum entlangschlendert. Er erfährt, dass es sich um Tadzio, den Sprössling einer polnischen Adelsfamilie, handelt. In der vierten Woche seines Aufenthaltes häufen sich merkwürdige Ereignisse. Es gibt überhastete Abreisen von Badegästen, Zeitungen werden aus den Lesehallen der Hotels entfernt. Schließlich gibt es die Gewissheit, dass die Stadt von einer Cholera-Epidemie befallen worden ist. Trotz der Gefahr bleibt Aschenbach in der Stadt, da er dem Knaben Tadzio vollständig verfallen ist. In seinem Gefühlsrausch verwirft er den Gedanken, Tadzios Familie vor der Seuche zu warnen, da er die Nähe des anmutigen Knaben nicht entbehren kann. In einem Anfall von Gefallsucht lässt er sich von einem Friseur die Haare färben und das Gesicht schminken. Er hat alle Selbstachtung und die ihm früher eigene Selbstdisziplin verloren. Durch überreife Erdbeeren infiziert, stirbt Gustav Aschenbach an der Cholera, während er aus dem Liegestuhl ein letztes Mal Tadzio am Strand beobachtet. Als ihm die Sinne schwinden, erscheint es ihm, als deute Tadzio mit der Hand aufs Meer hinaus ins *"Verheißungsvoll-Ungeheure"*. [...] *"Und, wie so oft, machte er sich auf, ihm zu folgen"*.

Auch diese Novelle gestaltet das Motiv, das Thomas Mann in immer wieder neuen Varianten in seinem Werk ausgeführt hat: das Verhältnis des Künstlers zur Welt. Hier geht es um einen Künstler, der sich durch eine maßlose Leidenschaft korrumpieren lässt und dadurch seinen eigenen Untergang heraufbeschwört. Das Dionysische, das Nietzsche in seiner Philosophie verherrlichte, bricht sich in Gustav Aschenbach Bahn und kann nicht länger durch *"Haltung"* und *"Würde"*, die Tugenden des Bürgertums, in Zaum gehalten werden. Der *"Leistungsethiker"* unterliegt einer *"Ausschweifung des Geistes"*. Die Antinomie zwischen Kunst und Leben endet tragisch.

"Mario und der Zauberer. Ein tragisches Reiseerlebnis": "Ein Ende mit Schrecken"

1930 erscheint diese novellistische Erzählung, die auf ein Erlebnis der Familie Mann während eines Badeurlaubs 1926 in Italien zurückgeht. Das Erlebnis findet während der Ära des faschistischen "Führers" Benito Mussolini statt, der von 1922 bis 1943 italienischer Ministerpräsident gewesen ist. Die Familie des Erzählers verbringt einige Wochen in Torre di Venere, einem Badeort in der Toskana. Von Anfang an trägt die Reise *"den Stempel des Ungehaglichen"*: Sie wechseln das Quartier, nachdem sie im Grand Hotel schlecht behandelt worden sind. In der Pension Eleonora werden sie in einen Nebenbau umquartiert, weil sich eine Fürstin über den noch nicht ganz abgeklungenen Keuchhusten der Tochter beschwert. Am Strand entsteht ein Konflikt, weil die Eltern der achtjährigen Tochter gestatten, nach dem Bad im Meer einige Zeit nackt zu gehen, um den Badeanzug vom Sand zu säubern. Die einheimischen Strandbesucher können sich mit diesem liberalen Umgang mit der Nacktheit nicht anfreunden und suchen die Konfrontation. Sie bezichtigen die Familie der Schamlosigkeit und des *"beleidigenden Missbrauchs der Gastfreundschaft Italiens"*. Die Ehre ihres Landes sei *"freventlich verletzt"* worden. Die Familie überlegt, ob es nicht ratsam sei, abzureisen. Sie bleibt aus einer Mischung aus Trägheit und Trotz: *"Soll man die Segel streichen und dem Erlebnis ausweichen, sobald es nicht vollkommen danach angetan ist, Heiterkeit und Vertrauen zu erzeugen?"* - Eines Abends besuchen sie die Vorführung eines *"Unterhaltungskünstlers"*, der das Publikum mit Zauberkunststücken zu beglücken verspricht. *"Cavaliere Cipolla"* ist von verkrüppelter Gestalt und agiert mit der Körpersprache eines *"marktschreierischen Possenreißers"*. Er veranstaltet mit dem Publikum verblüffende Zahlenspiele, die er immer gewinnt, und Kartentricks, die die Bewunderung der Zuschauer hervorrufen. Nach der Pause geht Cipolla zu hypnotischen Handlungen über. Gegenüber einer Versuchsperson, dem Kellner Mario, setzt sich Cipolla an die Stelle von dessen Geliebter Silvestra. Als er Mario auffordert, ihn zu küssen, vollzieht der in Leidenschaft Entflammte den widerlichen Akt. Als er kurz darauf aus der Trance erwacht, schießt er den Zauberer mit einer Pistole nieder. Die Familie des Erzählers entflieht mit den Kindern dem Tumult, den das Attentat ausgelöst hat. Die Kinder lassen die Eltern in dem *"glücklichen Wahn"*, dass *"alles Theater gewesen sei"*. Der Schlusskommentar des Erzählers lautet: *"Ein Ende mit Schrecken, ein höchst fatales Ende. Und ein befreiendes Ende, - ich konnte und kann nicht umhin, es so zu empfinden!"* - In Cipolla hat der Autor den Typus des faschistischen Verführers gezeichnet, gleichzeitig die Möglichkeit gewaltsamer Gegenwehr vorgeführt. In einem späteren Brief deutet Thomas Mann die Erzählung als *"Warnung vor der Vergewaltigung durch das diktatorische Wesen"*.

Die großen Romane

"Buddenbrooks. Verfall einer Familie": „Ich glaubte…ich glaubte…es käme nichts mehr!"

1901 erscheint mit **"Buddenbrooks"** Thomas Manns erster Roman. Mit ihm schafft der junge Schriftsteller seinen endgültigen Durchbruch. Er sollte das meistgelesene und meistgeliebte Buch Thomas Manns werden. 1929 wird Thomas Mann für diesen Roman mit dem Literaturnobelpreis ausgezeichnet. Der Roman schildert über vier Generationen hinweg den ökonomischen und sozialen Abstieg einer angesehenen Kaufmannsfamilie. Während der Urgroßvater Johann Buddenbrook noch das unerschütterliche Lebensgefühl des erfolgreichen Bürgers besitzt, werden seine Nachfolger, Johann und dessen Sohn Thomas, von Zweifeln und Lebensschwächen befallen. Äußere Umstände wie zwei Betrugsfälle im Familienkreis, Missernten und Konkurse befreundeter Firmen setzen der Finanzkraft der Familie schwer zu. Der äußere ökonomische Abstieg der Familie drückt sich in einer geistigen Differenzierung der männlichen Protagonisten aus. Konsul Johann verfolgt ein strenges pietistisches Ethos, Thomas sucht vor dem aufreibenden Geschäftsgang Zuflucht in der Lektüre Schopenhauers. Er liest ein Kapitel aus dessen Hauptwerk "Die Welt als Wille und Vorstellung", in dem von der Unzerstörbarkeit des menschlichen Wesens im Tod die Rede ist. Bei Thomas´ Bruder Christian hat die Lebensuntüchtigkeit groteske Züge angenommen. Er spielt in literarischen Gesellschaften den Clown und pflegt eine abstoßende Hypochondrie. Vom Pech verfolgt ist die Schwester Antonie (Tony). Der erste Ehemann geht nach einem betrügerischen Bankrott pleite, den zweiten ertappt sie bei einem erotischen Abenteuer mit einem Dienstmädchen. Thomas und Gerda haben nur ein Kind, den Knaben Johann (Hanno). Er zeigt sich als sensibles, musikalisch hochbegabtes Kind. Er lernt das Klavier- und Orgelspiel so gut, dass er schon mit elf Jahren das Violinspiel seiner Mutter begleiten kann. In der Schule erlebt Hanno qualvolle Stunden, in denen er nicht nur die Rohheit der Mitschüler, sondern auch die pädagogische Ignoranz der Lehrkräfte erleidet. Für heutige Pädagogen sind diese Kapitel ein hellsichtiges Zeugnis Schwarzer Pädagogik. Die Genealogie der Familie Buddenbrook findet ihr Ende, als Thomas nach einer Zahnoperation stirbt. Hanno folgt ihm bald in den Tod, als er einer in der Stadt grassierenden Typhusepidemie erliegt. Gerda löst Firma und Haushalt auf und zieht wieder in ihre niederländische Heimat. Thomas Mann will sein erfolgreiches Erstlingswerk nicht als kulturpessimistische Verfallsgeschichte missverstanden wissen: *"Es ist die Lebensuntauglichkeit, welche das Leben steigert, denn sie ist dem Geist verbunden."* - Thomas Mann zeigt an den Figuren des Romans, dass mit dem ökonomischen Niedergang durchaus eine Steigerung der geistigen und ästhetischen Empfindungsfähigkeit einhergehen kann.

In den "Buddenbrooks" zeigt sich schon die viel gelobte Fähigkeit Thomas Manns, seine Romanfiguren anschaulich und differenziert zu charakterisieren. Antonie wird als naives, aber liebenswertes junges Mädchen geschildert, das sich von den schlechten Erfahrungen, das es mit ihren Ehemännern sammelt, nicht unterkriegen lässt. Ihr erster Ehemann Bendix Grünlich wird als affektierter, aufgeblasener Geschäftsmann charakterisiert, dem es mit zwielichtigen Geschäftsmethoden und einem affektieren Auftreten gelingt, den ehrbaren Konsul Buddenbrook hinters Licht zu führen. Gerda ist die begabte Musikerin, die mit ihrer *"nervösen Kälte"* einen Kontrapunkt zu den warmherzigen Frauen im Hause Buddenbrook setzt. Sie lässt sich mutmaßlich auf eine Liaison mit ihrem Klavierpartner Leutnant Rene´ Maria von Trotha ein, mit dem sie in musikalischen Empfindungen schwelgen kann. Dass sie dabei ihren Ehemann auf die Folter spannt, stört sie nicht: "[Nach dem Klavier- und Geigenspiel] *war eine unlautere, hinterhältige, schweigende, verschweigende Stille...Dann saß Thomas Buddenbrook und ängstigte sich so sehr, dass er manchmal leise ächzte".* Hier variiert Thomas Mann ein Motiv aus der Novelle "Die Kreuzersonate" von Lew Tolstoi, in der die verführerische Kraft der Musik zu einem Gattenmord führt.

Thomas Mann gelingt es vorzüglich, die Zeitumstände unaufdringlich in das Romangeschehen zu integrieren. Als 1848 die bürgerliche Revolution ausbricht, streiken auch die Arbeiter der Firma Buddenbrook. Sie ziehen vor das Rathaus, in dem gerade eine Ratsversammlung stattfindet. Konsul Buddenbrook stellt sich dem revoltierenden Haufen: " *´Je, Herr Kunsel...Wi maaken nu Revolutschon` - ´Wat´s dat för Undög, Smolt!` - ´Smolt, wat wull Ji nu eentlich! `- ´Wi wull nu ´ne Republike!` - ´Öwer, du Döskopp - Ji heww ja schon een!`- ´Je, Herr Kunsel, denn wull wi noch een`"* - Als der Konsul darauf verweist, dass die Arbeiter nicht einmal die Gaslaternen in der Straße angezündet haben, bricht der Aufstand in sich zusammen. Ordnung muss schließlich sein. Die natürliche Autorität des Firmenchefs und seine Fähigkeit, mit den Arbeitern in ihrer plattdeutschen Mundart zu sprechen, haben die Situation beruhigt. Diese Textstelle ist ein schönes Beispiel für den augenzwinkernden Humor, der den ganzen Roman durchzieht.

"Der Zauberberg": "Ich will dem Tode Treue halten in meinem Herzen."

1924 erscheint der Roman **"Der Zauberberg"**, an dem Thomas Mann seit 1913 gearbeitet hat. Er erzählt den siebenjährigen Aufenthalt des jungen Ingenieurs Hans Castorp in einem Lungensanatorium in Davos. Eigentlich will er nur für drei Wochen seinen Vetter Joachim Ziemßen besuchen, bleibt dann aber im Sanatorium hängen. Der Zeitraum der Romanhandlung umfasst die Jahre 1907 bis 1914. Von der Lebensform des *"Flachlands"*, die von Ordnung und Disziplin geprägt ist, wird der junge Mann in ein ihm fremdes Milieu versetzt, in dem Pflichtvergessenheit herrscht und die Zeit eine andere Funktion erfüllt als im Arbeitsleben. Er lernt zwei Philosophen kennen, deren engagierten Debatten er als Laie lauscht. Lodovico Settembrini steht für den Optimismus und Humanismus der Aufklärung. Er ist der typische Vertreter des Zivilisationsliteraten, der am Gebäude des Fortschritts baut. Sein Gegenspieler Leo Naphta ist Jesuit und Kommunist. Er ist ein religiöser Fundamentalist, der für *"Terrorismus"* und die Unterwerfung der Menschheit unter eine Erziehungsdiktatur plädiert. Sein Weltbild ist entschieden antiaufklärerisch. Am Ende des Romans kommt es zu einem Duell der beiden Kontrahenten. Während Settembrini in die Luft schießt, tötet sich Naphta selbst. Hans Castorps Aufenthalt im Sanatorium wird durch die Anziehung der *"Asiatin"* Clawdia Chauchat bestimmt. Mit ihrer *"tatarischen Physiognomie"* und ihren *"Steppenwolfslichtern"* übt sie einen exotisch gefärbten erotischen Reiz auf den jungen Ingenieur aus. Bei einer Faschingsfeier, die an die Walpurgisnacht von Goethes "Faust"-Drama erinnert, kommt es zu einer vom Erzähler nur angedeuteten erotischen Annäherung. Castorps Vetter Joachim kann seine Heilung nicht erwarten, weil er als Fähnrich die baldige Beförderung zum Leutnant zu erwarten hat. Im Jahr 1909 entlässt er sich deshalb unvollständig ausgeheilt selbst aus dem Sanatorium. Nach wenigen Monaten kehrt er nach einem schlimmen Rückfall in die Klinik zurück, um dort zu sterben. Die Sterbeszene wird detailliert geschildert und hinterlässt beim Leser ein bedrückendes Gefühl. Ein zentrales Kapitel des Romans ist überschrieben mit *"Schnee"*. Hans Castorp bricht mit Skiern allein ins Hochgebirge auf. Im Schneesturm verirrt er sich und läuft im Kreis. Vor Erschöpfung schläft er ein. In einem Traum sieht er in einer Art mythischer Rückschau verschiedene Naturbilder. Der Traum endet mit einem Lebensbefehl: *"Der Mensch soll um der Güte und Liebe willen dem Tode keine Herrschaft einräumen über seine Gedanken."* Ethos und Gesittung - so die Botschaft des Traums - sollen das Leben des Bürgers bestimmen, nicht aber die *"Sympathie mit dem Tode"*, von der Thomas Mann selbst mitunter heimgesucht worden ist. In dem Kapitel "*Donnerschlag*" bricht die Nachricht vom Ausbruch des Ersten Weltkriegs in die abgeschirmte Welt des Sanatoriums ein. Hans Castorp verlässt die Klinik und eilt zu den Waffen. Wie die meisten jungen Männer hat auch er sich von der Kriegsbegeisterung anstecken lassen. In einer Vision erlebt der Leser den Soldaten Castorp auf dem Schlachtfeld in Frankreich mit dem Volkslied "Am Brunnen vor dem Tore" auf den Lippen. Auch in diesem Lied schwingt Todessehnsucht mit, wenn es in der zweiten Strophe heißt: "Komm her zu mir Geselle, hier find´ st du deine Ruh".

Der Roman bietet ein vielschichtiges Geflecht an philosophischen Verweisen und literarischen Anspielungen. Er kann als Zeitroman verstanden werden, in dem Kritik an den bürgerlichen Lebens- und Denkformen der Zeit vor dem Ersten Weltkrieg geübt wird. Der Roman ist zugleich ein Bildungsroman, der schildert, wie ein unbedarfter junger Mann sich autodidaktisch mit der Welt des Geistes vertraut macht. Dabei hilft ihm die "*hermetische Pädagogik*" der beiden Philosophen, die sich des jungen Ingenieurs annehmen. Der Roman thematisiert die zentrale Fragestellung der meisten Werke von Thomas Mann: Wie kann der Ausgleich zwischen dem vitalen Leben und dem grüblerischen Geist gelingen? Erzählerisch arbeitet der Verfasser mit der Technik des Leitmotivs, einem Netz an Beziehungen, die die vielgestaltigen Elemente des Romans zusammenbinden.

"Doktor Faustus": "Dein Leben soll kalt sein."

1947 erscheint der Roman **"Doktor Faustus. Das Leben des deutschen Tonsetzers Adrian Leverkühn, erzählt von einem Freunde"**. Der Gymnasialprofessor und klassische Philologe Dr. phil. Serenus Zeitblom erzählt die Lebensgeschichte seines Jugendfreundes Adrian Leverkühn, der 1885 in der Nähe von Weißenfels in Sachsen-Anhalt geboren wird. Gemeinsam besuchen sie das Gymnasium. Adrian, von auffallender Intelligenz, studiert nach dem Abitur zuerst Theologie, wechselt dann zu seiner eigentlichen Leidenschaft, der Musik. Als er als Komponist in eine schöpferische Krise gerät, schließt er einen Pakt mit dem Teufel, der ihm zu neuer Produktivität verhelfen soll. An die Stelle der Unterzeichnung des Teufelspakts, wie wir es vom Faustoff kennen, tritt hier die willentliche Ansteckung mit Syphilis durch die Prostituierte Hetaera Esmeralda. Endgültig besiegelt wird der Teufelspakt einige Jahre später, als Adrian Leverkühn im italienischen Palestrina dem Teufel leibhaftig begegnet. Er verspricht dem Komponisten eine *"wahrhaft beglückende, entrückende...Inspiration"*. Als Gegenleistung fordert er von ihm menschliche Kälte: *"Dein Leben soll kalt sein - darum darfst du keinen Menschen lieben."* - Leverkühn lässt sich auf dem Lande nieder und komponiert in rascher Folge kühne musikalische Werke, mit denen er Beethovens "Neunte" zu übertreffen sucht. Als er das *"dunkle Tongedicht"* *"Dr. Fausti Weheklag"* vollendet hat, bricht er in einem paralytischen Schock zusammen. Nach einem jahrelangen Leben in geistiger Umnachtung stirbt er 1940. Das Leben des Komponisten Adrian Leverkühn beschreibt die Lebensspanne der Deutschen, die die beiden Weltkriege, die von Deutschland entfacht worden sind, erlebt haben. Den individuellen Pakt des Musikers mit dem Teufel kann man also als den Pakt deuten, den die Deutschen in jener unheilvollen Zeitspanne mit dem Bösen eingegangen sind und der in die Katastrophe des Zweiten Weltkriegs mündet. Der Erzähler verfasst die Lebensgeschichte seines Freundes zwischen 1943 und 1945, also auf dem Höhepunkt des Zweiten Weltkriegs. Er schildert, wie die Einschläge der Bomben der alliierten Flugzeuge immer näher kommen und wie die deutschen Armeen an allen Fronten zurückgeschlagen werden. Der Lehrer Zeitblom, *"eine gesunde, human temperierte, auf das Harmonische und Vernünftige gerichtete Natur"*, ist ein Vertreter der humanistisch geprägten Aufklärung. Er nimmt kein Blatt vor den Mund, wenn es gilt, die geistige Verirrung der Deutschen zu geißeln, die sie in die Arme der Nationalsozialisten getrieben hat, die das Land in den Untergang geführt haben. Im Schlusssatz des Romans finden Leverkühns Teufelspakt und die Heimsuchung Deutschlands in einem Stoßgebet des Erzählers zusammen: *"Ein einsamer alter Mann faltet seine Hände und spricht: Gott sei eurer armen Seele gnädig, mein Freund, mein Vaterland."*

Thomas Mann und die Politik: "Toleranz wird zum Verbrechen, wenn es dem Bösen gilt"

Als der Erste Weltkrieg ausbricht, ist Thomas Mann 39 Jahre alt. Vom Kriegsdienst freigestellt, stimmt er in die Jubelgesänge vieler seiner Dichterkollegen ein. Wie sie erwartet er vom Krieg *"Reinigung, Befreiung"* von der *"grässliche*[n] *Welt"* des Friedens. Bei Kriegsende 1918 veröffentlicht er eine kulturpolitische Streitschrift mit dem Titel **"Betrachtungen eines Unpolitischen"**. Darin verteidigt Mann den Status des Schriftstellers als unpolitischen, weltabgewandten Vertreter des Geistes. Der äußerlichen Welt von Politik und Gesellschaft setzt er die *"Innerlichkeit"* der *"deutschen Seele"* gegenüber. Sein Ressentiment gegenüber der jungen Demokratie, in der das *"Stimmrecht"* regiere, gibt er in harschen Worten Ausdruck. In der Nachfolge mystisch-romantischer Ideen verteidigt er die Vorstellung vom Menschen als *"metaphysischem Wesen"*. Schriftsteller, die sich in die politischen Auseinandersetzungen einmischen, bezeichnet Mann abfällig als *"Zivilisationsliteraten"*. Mit diesen Gedanken reiht sich Thomas Mann in die Reihe der Denker der "Konservativen Revolution" ein, die in der Weimarer Republik den Gegensatz von Geist und Politik, Kultur und Zivilisation pflegen. Dieser Aufsatz sollte zu einem vier Jahre andauernden Zerwürfnis mit dem Bruder Heinrich führen, der sich als "Zivilisationsliterat" verunglimpft sieht.

Zum 60. Geburtstag von Gerhart Hauptmann hält Thomas Mann am 15. 10. 1922 im Beethovensaal in Berlin eine Rede mit dem Titel **"Von deutscher Republik"**. Darin söhnt er sich mit der demokratischen Staatsform aus, ohne die Vorstellung vom Schriftsteller, der seine Innerlichkeit pflegt und vor allem seiner Literatur lebt, preiszugeben. Er postuliert *"die deutsche Mitte"*, in der *"Innerlichkeit und Staatlichkeit"* , Individualität und Allgemeinheit eine Symbiose eingehen. Den Anstoß zu diesem Bekenntnis zur Weimarer Republik haben die politischen Turbulenzen der Jahre 1920 bis 1922 gegeben. Vor allem die Ermordung des Reichsaußenministers Walther Rathenau am 24. Juni 1922 veranlasst Thomas Mann, in seiner Rede, die er im Herbst desselben Jahres hält, für die Werte der gefährdeten

Republik einzutreten. Die Reichstagswahl vom 14. September 1930, bei der die Nationalsozialisten 18,3 Prozent der Stimmen erreichen, veranlasst Thomas Mann zu einem klaren öffentlichen Bekenntnis zur Verteidigung der Demokratie. In seinem **"Appell an die Vernunft"** (auch als **"Deutsche Ansprache"** bekannt) vom 17. Oktober 1930 bezeichnet der den Nationalsozialismus als eine *"Riesenwelle exzentrischer Barbarei"*, die in krassem Widerspruch zu dem *"reifen...Kulturvolk wie dem deutschen"* stehe. Er fordert das Bürgertum auf, sich *"gegen die Verleugnung von Vernunft, Menschenwürde, geistiger Haltung"* mit der Sozialdemokratie zu verbünden. Im Februar 1933 tritt Thomas Mann mit seiner Frau Katia eine Vortragsreise ins Ausland an, von der beide nach einer Warnung durch ihre Kinder Erika und Klaus nicht mehr zurückkehren. Sein Haus in München wird von den Nationalsozialisten beschlagnahmt. Die Familie Mann zieht nach Küsnacht in der Nähe von Zürich. 1936 wird dem Ehepaar Mann und seinen Kindern die deutsche Staatsbürgerschaft aberkannt. 1938 siedelt die Familie Mann in die USA über und lässt sich nach einer Zwischenstation in Princeton in der Nähe von Los Angelos (Kalifornien) nieder. Bei seiner Ankunft in New York spricht er in die Rundfunkmikrofone die berühmt gewordenen Worte: *"Wo ich bin, ist Deutschland. Ich trage meine deutsche Kultur in mir."* Thomas Mann veröffentlicht regelmäßig Artikel gegen die Diktatur der NSDAP in verschiedenen Exilzeitungen. Während des Zweiten Weltkriegs unterstützt er amerikanische Hilfsorganisationen, die Flüchtlingen aus Deutschland finanziell unter die Arme greifen. Ab 1941 werden Reden von ihm unter dem Titel **"Deutsche Hörer!"** von der britischen BBC in ganz Europa ausgestrahlt. Darin beklagt er, dass Hitler den deutschen Namen *"vor Gott und der ganzen Welt zum Gräuel gemacht"* habe. Das deutsche Volk werde nach dem Krieg *"sühnen und wiedergutmachen müssen"*. Am 29. Mai 1945 - drei Wochen nach Ende des Krieges - hält Thomas Mann in der Kongressbibliothek in Washington die Rede **"Deutschland und die Deutschen"**. Darin erklärt er der Welt, wie es kommen konnte, dass die humane Kulturnation Deutschland in die Barbarei abgeglitten ist und sich ihre guten Anlagen so grotesk ins Böse verkehrt haben. Er sieht die

Ursache in einer Disposition der Deutschen für einen speziellen "*Romantismus*", der sich auf der Suche nach "*Tiefe*" und "*Innerlichkeit*" einer "*hysterischen Barbarei*" ausgeliefert habe. Thomas Mann verfolgt die Spuren weit zurück bis zu Martin Luther, der mit seinem "*Tiefsinn des Herzens*" die Romantik vorbereitet habe, die dann die "*dämonischen Kräfte des Lebens*" gefeiert habe. Als Thomas Mann in die Mühlen der antikommunistischen Untersuchungen des Kongresses gerät, kehrt er 1952 mit seiner Familie nach Europa zurück. Die Familie Mann lässt sich wie zu Beginn ihres Exils wieder in Zürich nieder. Von dort aus besucht er aus besonderen Anlässen beide Teile Deutschlands. Schon 1949 hatte er in Frankfurt /M. und in Weimar an den Gedenkfeiern zum 200. Geburtstags Goethes teilgenommen. Den Kritikern seines Auftritts in der sowjetischen Besatzungszone hält er entgegen: "*Ich kenne keine Zonen. Mein Besuch gilt Deutschland selbst, Deutschland als Ganzem.*" Auch an den Feierlichkeiten im Jahr 1955 zum 150. Todestag von Schiller in Stuttgart und Weimar nimmt er teil und hält die Festansprachen. Am 12. August 1955 stirbt Thomas Mann mit achtzig Jahren. Er wird auf dem Friedhof in Kilchberg bei Zürich beerdigt. Sein Leben steht beispielhaft für die deutschen Intellektuellen, die sich zu Beginn des 20. Jahrhunderts von der düsteren Irrationalität haben verführen lassen, die dann aber in einem Prozess der Läuterung zu einer demokratischen Haltung gefunden haben.

Was von Thomas Mann bleibt

Die großen Romane von Thomas Mann gehören zur Weltliteratur. Sie werden immer Leser finden, die sich mit dem reichhaltigen philosophischen und historischen Kosmos dieser Werke auseinandersetzen und ihre elaborierte Sprache genießen wollen. Der Dichter Botho Strauß rät der Lesergemeinde, wer süchtig nach deutscher Dichtersprache sei, der lese den "Zauberberg" auch zum dritten Mal. In der Schule werden vor allem die berühmten Novellen weiterhin gelesen werden: **"Tonio Kröger"**, **"Tristan"**, **"Tod in Venedig"** und **"Mario und der Zauberer"**. Gut geeignet für den

Literaturunterricht ist außerdem die psychologisch hellsichtige Erzählung "**Tobias Mindernickel**".

Verwendete Literatur

Thomas Mann: Gesammelte Werke in Einzelbänden, S. Fischer Verlag, Frankfurter Ausgabe, 1986
Klaus Schröter: Thomas Mann, Rowohlts Monographien, Reinbek bei Hamburg, 1964
Tilmann Lahme: Die Manns. Geschichte einer Familie, Frankfurt /M. 2015
Hermann Kurtzke: Thomas Mann, Das Leben als Kunstwerk, Eine Biographie, Frankfurt/M. 2001

Informationen zum Autor

Rainer Werner wurde im Jahre 1946 in einem schwäbischen Dorf in Hohenlohe, der Landschaft des Pfarrers und spätromantischen Dichters Eduard Mörike, geboren. In Tübingen, der Universitätsstadt mit den berühmten Absolventen Kepler, Hölderlin, Hauff, Mörike, Hegel und Schelling, studierte er Germanistik, Geschichte und Politische Wissenschaft. Das Staatsexamen legte er an der Freien Universität Berlin ab. Nach einem kurzen Intermezzo an einer katholischen Privatschule erhielt Rainer Werner 1977 seine erste feste Anstellung als Lehrer an der Thomas-Mann-Oberschule in Berlin-Reinickendorf. Dort unterrichtete er zwölf Jahre lang Deutsch, Geschichte und Darstellendes Spiel („Schultheater"). 1989 wechselte er an die Schulfarm Scharfenberg, ein Gymnasium mit Internat. Dort wurde seine Arbeit geprägt von der reformpädagogischen Tradition der Schule, die noch in Ansätzen in der Gegenwart der Schule zu spüren war. 1999 wechselte er an das John-Lennon-Gymnasium in Berlin-Mitte, wo er bis zu seiner Pensionierung im Jahre 2011 unterrichtete. An diesem Gymnasium wirkte er an der inneren Schulreform mit, die das Gymnasium zu einer der erfolgreichsten Reformschulen in Berlin machte.

Während seiner Unterrichtstätigkeit an den drei Berliner Schulen verfasste Rainer Werner zahlreiche Bücher, vor allem Unterrichtshilfen für Lehrer für das Fach Deutsch. Die Skala der Titel reicht von „Psychoanalyse und Literatur" über „Lyrik im Deutschunterricht" bis zu Schillers Drama „Die Räuber". Anliegen dieser Bücher ist es, den Lehrern didaktisch aufbereitetes Material für einen anspruchsvollen und kreativen Deutschunterricht zur Verfügung zu stellen. Mit Vorträgen und Workshops zu fachdidaktischen Themen spricht Rainer Werner vor allem junge Lehrkräfte und Referendare an, um sie für einen modernen und schülerzugewandten Deutschunterricht zu begeistern.

Rainer Werner mischte sich auch in pädagogische und schulpolitische Debatten ein, die in der Öffentlichkeit geführt wurden. In der „Tageszeitung", der „Frankfurter Rundschau", der „Welt" und der "Frankfurter Allgemeinen Zeitung" veröffentlichte er Essays und Kommentare zur Bildung und zur Schulpolitik. Auch an Streitgesprächen im Rundfunk wirkte er als Experte mit. Als Ausdruck seiner langen Unterrichtserfahrung und seines schulpolitischen Engagements entstanden seine Bücher „Auf den Lehrer kommt es an" (2012), "Lehrer machen Schule" (2014) und "Fluch des Erfolgs" (2015). Rainer Werner hält Vorträge zu pädagogischen Themen und berät staatliche Schulen und Schulen in freier Trägerschaft bei der inneren Schulreform.

Rainer Werner: Auf den Lehrer kommt es an

Rainer Werner

**Auf den Lehrer
kommt es an**

Wie Schule wirklich gelingen kann

Verlag Auriga Berlin

In den letzten Jahren hat sich an unseren Schulen die Einsicht durchgesetzt, dass es vor allem darauf ankommt, die Qualität des Unterrichts zu verbessern. Nur eine anspruchsvolle Lehr- und Lernkultur macht eine Schule zu einer wirklich guten Schule. Die Zeit, als Schulen noch selbstgenügsam vor sich hinarbeiteten, ist endgültig vorbei. Die seit der ersten PISA-Studie (2001) üblich gewordenen Leistungsvergleiche haben dazu geführt, dass die Schulen miteinander um den Zuspruch von Schülern und Eltern wetteifern.

Die marktwirtschaftliche Regel, dass Konkurrenz das Geschäft belebt, hat sich auch im pädagogischen Raum Geltung verschafft. Um bei den Vergleichstests gute Ergebnisse zu erzielen, müssen sich alle Schulen bemühen, die Leistungen ihrer Schüler zu verbessern. Eltern sind heute über die Schulen in ihrem Einzugsbereich bestens informiert. Sie studieren die Berichte der staatlichen Schulinspektion und vergleichen die Ergebnisse beim Mittleren Schulabschluss und beim Abitur. Wenn eine Schule schlecht abschneidet, kann es passieren, dass die Zahl der Schüler-Anmeldungen für die Eingangsklassen massiv zurückgeht. Dies ist dann für die Schule ein zusätzlicher Makel, den sie nur durch verstärkte Anstrengungen wieder ausbügeln kann.

Heute weiß man, wie ein guter Unterricht aussieht und wie er zustande kommt. Seit der Bildungsforscher John Hattie seine große Studie "Lernen sichtbar machen" (2009) veröffentlicht hat, wird der

Rolle der Lehrkraft wieder die Bedeutung beigemessen, die ihr zukommt. Allein der Lehrer hat es in der Hand, ob Lernen gelingt und die Schüler zu gebildeten jungen Menschen heranwachsen können. Dieser fundamentalen Einsicht trägt dieses Buch dadurch Rechnung, dass es anschaulich beschreibt, worin die Rolle des Lehrers im Lernprozess besteht. Es schildert, wie die Persönlichkeit einer Lehrkraft beschaffen sein muss, damit sie bei den Schülern so gut "ankommt", dass sie gerne bei ihr lernen. Das Buch zeigt, welche Unterrichtsmethoden sich als besonders wirksam erwiesen haben. Sie sollten im Interesse der Schüler bevorzugt eingesetzt werden.

Dieses Buch richtet sich in erster Linie an die Lehrer und Schulleiter, denen eine Verbesserung der Lernkultur ihrer Schule am Herzen liegt. Es soll ihnen dabei helfen, Unterricht und schulisches Leben kritisch zu beleuchten und zu verbessern. Das Buch kann auch von pädagogischen Laien mit Gewinn gelesen werden, weil es durch seine anschaulichen Beschreibungen den "Kosmos Schule" für Außenstehende erfahrbar macht. Die Einsichten, die in dem Buch vermittelt werden, sind nicht am grünen Tisch der Wissenschaft entstanden, sondern in über 30-jähriger Unterrichtstätigkeit gewonnen worden. Das berühmte Wort aus Goethes "Faust" trifft hier mit Fug und Recht zu: *"Grau, teurer Freund, ist alle Theorie / Und grün des Lebens goldner Baum."* Möge dieser Baum in der Praxis unserer Schulen gute Früchte tragen.

Rainer Werner: Fluch des Erfolgs

Wie das Gymnasium zur „Gesamtschule light" mutiert

Verlag Auriga Berlin

Wer hätte gedacht, dass der zündende Slogan "Das Gymnasium darf nicht sterben!", der vor 50 Jahren von erbosten Eltern erfunden wurde, nach so langer Zeit eine Auferstehung erfahren würde?

Bereits in den 1960er Jahren wollten sozialdemokratische Bildungsminister in ihrem Einflussbereich das Gymnasium durch ihre Lieblingsschule, die Gesamtschule, zu ersetzen. Ohne Erfolg. Zu groß waren die Widerstände bei Eltern und Schülern.

Heute nähern sich die "pädagogischen Partisanen" auf Samtpfoten: Nicht Konfrontation steht auf ihrer Agenda, sondern Unterwanderung. Die erfolgreichste Schulform in Deutschland, die von den Eltern hoch geschätzt wird, soll für alle Schüler geöffnet werden: "Gymnasium für alle!" - heißt die Losung. Um dieses Ziel zu erreichen, haben sich die Bildungspolitiker wirkungsvolle Maßnahmen einfallen lassen. Besonders einschneidend ist beim Übergang von der Grundschule zum Gymnasium der Wegfall des Grundschulgutachtens und seine Ersetzung durch den Elternwillen. Dies führt dazu, dass in den unteren Klassen des Gymnasiums immer mehr Kinder sitzen, die im gymnasialen Unterricht überfordert sind. Auch an der Leistungsmessung wird neuerdings gerne gedreht. Auffällig ist, dass die Durchschnittsnoten im Abitur immer besser werden, obwohl Leistungsstudien - PISA inklusive - den getesteten Schülern keinerlei Lern- und Wissenszuwachs attestieren.

Dieses Buch soll zeigen, in welcher Weise das Gymnasium gefährdet ist. Dazu werden die Maßnahmen der Schulbehörden einer kritischen Betrachtung unterzogen. Gleichzeitig wird das hinter den "Neuerungen" stehende pädagogische Konzept - das utopische Verlangen nach Gleichheit in der Bildung - einer fundamentalen Kritik unterzogen.

Das Buch richtet sich an all die Lehrer, die die Aufweichung der gymnasialen Lernkultur und die Absenkung der Leistungsanforderungen mit Unbehagen erleben. Es wendet sich gleichzeitig an die Politiker, denen es ein wichtiges Anliegen ist, die Schulform, um die uns die ganze Welt beneidet, das Gymnasium, vor weiteren Zumutungen zu bewahren.